INDETENIBLE

**365 reflexiones que impulsarán tu avance
hacia la conquista de lo que Dios ha trazado para ti.**

YESENIA THEN

Buenos Aires - Miami - Santiago
www.peniel.com

Indetenible
Yesenia Then

1a edición

Editorial Peniel
Boedo 25
Buenos Aires, C1206AAA, Argentina
Tel. 54-11 4981-6178 / 6034
e-mail: info@peniel.com
www.peniel.com

ISBN 978-1-949238-31-0

© 2019 Editorial Peniel

Diseño de portada: Omar Medina
Diseño de interior: Anamaria Torelli
Corrección de estilo: Anny C. Rodríguez

Impreso en Colombia
Printed in Colombia

Todos los derechos reservados. No se permite la reproducción total o parcial, la distribución o la transformación de este libro, en ninguna forma o medio, ni el ejercicio de otras facultades reservadas sin el permiso previo y escrito del editor. Su infracción está penada por las leyes vigentes.

INTRODUCCION

*Y*a sea que estés pasando por uno de los mejores o de los peores momentos de tu vida, tu historia aún no termina. Todavía te faltan caminos por recorrer, metas por cumplir, logros por alcanzar y una misión de vida dada por el Creador, que sólo tu eres capaz de completar; la evidencia de esto es que todavía te encuentras vivo, que tus pulmones aún respiran y que además Dios hizo que para este tiempo, te encuentres leyendo esto. Por lo que no es coincidencia, sino propósito del Señor el hecho de que éste libro haya llegado a tus manos.

En INDETENIBLE, encontrarás 365 reflexiones orientadas a servirte de inspiración y guía mientras avanzas hacia la conquista de lo que Dios ha trazado para ti; destino que para poder alcanzar, tendrás que tener la firme convicción de *Quien eres, Hacia donde vas y Quien es El que te envía ahí.*

Porque no eres víctima de tus circunstancias, eres un sobreviviente. Porque cuando sabes hacia donde vas, no permites que ningún obstáculo te detenga; al contrario, lo utilizas como puente y trampolín para moverte al destino que te fue trazado y porque cuando verdaderamente conoces al que te envía ahí, entiendes que no hay oposición (por más fuerte que parezca) capaz de impedir que llegues donde el Señor ha determinado llevarte a menos que tu lo permitas; y precisamente para animarte a qué no lo permitas, hemos escrito este libro, el cual estamos convencidos que será de edificación a tu vida y te llevará al convencimiento de que tu esencia, en el nombre del Dios invencible que te creó, no es otra cosa más que indetenible.

REFLEXIÓN 1

NO HAGAS LO MISMO

Cada inicio de año, suele ser visto por la mayoría de nosotros como una oportunidad para conquistar nuevos niveles, alcanzar nuevas metas, superar obstáculos, dejar malos hábitos, entre muchas otras cosas; lo que no sólo es el deseo nuestro, sino también el deseo de Dios, quien en cada comienzo de año espera que crezcamos y que nos parezcamos más a Él. Sin embargo, un nuevo año no hará que tengas una nueva vida a menos que decidas ser diferente. Porque tener una nueva casa, no implica tener un nuevo hogar; tener una ropa nueva, no significa tener un nuevo cuerpo y un nuevo carro con el mismo conductor, hará que el vehículo nuevo termine en las mismas condiciones que el anterior, a menos que la mentalidad del chofer cambie antes de hacer uso del nuevo vehículo.

De igual manera, si al inicio de un nuevo año, no cambias de mentalidad ni mejoras tus malas acciones, solo tendrás un nuevo calendario para repetir los mismos errores que has cometido en años anteriores. Por eso, es de vital importancia que entiendas que solo un cambio de siembra hará que tu cosecha sea diferente y que jamás tendrás resultados diferentes si sigues haciendo lo mismo. Por tanto, la mejor manera de dar inicio a cada nuevo año, es tomando decisiones firmes de cambio, transformando nuestra mente y sanando nuestras acciones porque solo así podremos con toda certeza recibir las bondades que Dios desea darnos en cada nuevo año.

"... Pues todo lo que el hombre sembrare, eso también segará."
Gálatas 6:7 (RVR 1960)

INDETENIBLE

REFLEXIÓN 2

¿QUÉ ES SER INDETENIBLE?

*I*ndetenibles, son aquellos que no se detienen ante nada, que poseen un carácter especial respecto a su forma de actuar que los hace diferentes a los demás y debido a esto tienen más y mejores resultados que el promedio de la gente.

La norma de vida de los indetenibles es no darse por vencido en alcanzar lo que el Señor les ha puesto en el corazón; actúan con una disciplina ejemplar que se impone ante los obstáculos. Las falsas declaraciones no tienen efectos sobre ellos y las palabras de desaliento no los deprimen.

Cualquiera puede hacer esfuerzos grandes durante un tiempo, pero los indetenibles no dejan a media lo que hacen. Su fecha de terminación es cuando culminan un proyecto, que para ellos solo representa el inicio de otro mayor.

"La vida de los hombres buenos brilla como la luz de la mañana: va siendo más y más brillante, hasta que alcanza todo su esplendor."
Proverbios 4:18 (TLA)

REFLEXIÓN 3

⋅❋⋅ ACCIÓN DE LOS INDETENIBLES ⋅❋⋅

Muchas son las características que definen a las personas que han decidido ser indetenibles, entre las cuales están las siguientes:

❋ No dan vueltas sin sentido. Porque han puesto su enfoque en la conquista de su destino.

❋ Sus decisiones y respuestas ante las diversas situaciones siempre son guiadas por Dios, no por lo que ellos quieren ni por lo que otros desean.

❋ No se limitan ante nada, ni necesitan escenarios para llevar a cabo lo que son porque lo que llevan dentro, y lo hacen fluir en cualquier lugar y en todo momento.

❋ No analizan lo grande de un desafío para justificar porque no han de enfrentarlo, sino que adoptan la debida actitud para conquistarlo.

❋ Son valientes y esforzados y para ellos no hay circunstancia con el poder suficiente de desviarlos de su objetivo y de lo que saben que Dios les ha determinado.

"A Jehová he puesto siempre delante de mí; porque está a mi diestra, no seré conmovido." Salmos 16:8 (RVR 1960)

REFLEXIÓN 4

SU COMBUSTIBLE

*N*ingún ladrón tiene interés de entrar a robar a una casa vacía. De igual manera, Satanás no perderá su tiempo tratando de atacar a alguien que no represente una amenaza para él. Y es que sólo el hecho de considerar lo que puede suceder si firmemente decides convertirte en todo lo que puedes llegar a ser, hace que el adversario busque todos los medios para tratar de impedirlo. Por ejemplo, en ocasiones busca que te sientas inseguro, utilizando aún tus más mínimas equivocaciones para lanzar a tu mente dardos como estos:

✤ No eres capaz de dar cumplimiento al reto que te ha sido puesto delante.
✤ No tienes lo que se requiere, mira que mal lo hiciste.
✤ Nunca serás lo suficientemente bueno como para hacerlo bien.

Ignorando que palabras como estas, son utilizadas como combustible por aquellos que en el nombre de Jesús, se han propuesto ser indetenibles y lejos de dejar que sus errores les paralicen, los utilizan como base para emprender un serio y firme plan de mejora.

"No te alegres de mí, oh enemiga mía, porque aunque caiga, me volveré a levantar y aunque more en tinieblas, Jehová será mi luz." Miqueas 7:8 (RVG)

REFLEXIÓN 5

¿QUE DEMORA REALMENTE?

En una ocasión un hombre se sentía desanimado al ver que para ese entonces su vida no había avanzado tanto como esperaba, revisó las resoluciones que tiempo atrás había hecho y según sus apreciaciones, nada había cambiado. Consideraba ser la misma persona, con los mismos defectos y problemas. Así que sintiéndose desesperanzado fue a hablar con alguien a quien estimaba y consideraba ser un maestro. Aquel hombre, luego de haber escuchado detenidamente las quejas de su amigo, le dijo:

"Querido amigo, ¿Sabes cuánto demora el gigantesco bambú chino para crecer y alcanzar el impresionante nivel de altura que lleva dentro?" El hombre procedió a responder: "No, no lo sé". Entonces el maestro decidió explicarle:

"Luego de que es sembrada la planta, durante el primer año es regada y fertilizada pero no ocurre nada. Luego de su primer año, vuelve a ser regada y fertilizada por otro año y nada sucede, al tercer año se le dan las mismas atenciones pero nada acontece y así sucede año tras año. Sin embargo, aunque los resultados de la planta no sean apreciables durante todo ese tiempo, el que la plantó debe continuamente regarla y fertilizarla, sin dejar de hacerlo bajo ningún concepto porque es solo dando continuidad a esto, que en el séptimo año la planta que estaba oculta a la vista de todos y parecía ser inexistente, se dispara hasta el cielo y en solo seis semanas luego de haber brotado de la tierra, crece hasta llegar a alcanzar hasta 40 metros de altura. Entonces partiendo de esto ¿Cuánto tiempo demora realmente el bambú chino, en alcanzar su asombroso nivel de altura?" "Seis semanas", respondió el hombre. A lo que el maestro objetó: "No. Ese es tu error. Su tiempo real de desarrollo demora realmente 7 años, porque si el que sembró la planta la hubiese dejado de regar, en el transcurso de este tiempo, lo que estaba sucediendo con el bambú internamente se hubiera paralizado y a consecuencia de eso hubiera muerto. Ya que aunque no se podía apreciar, desde que fue plantada y hasta el séptimo año bajo tierra, la planta estaba desarrollando una enorme red de raíces que la harían capaz de sostener el nivel de altura que había de revelar más adelante. De igual modo, el crecimiento en nuestras vidas requiere de paciencia y perseverancia. Ya que cada paso que damos, produce un efecto, que aunque no lo vemos inmediatamente, es parte de la red de raíces que nos sirven de soporte para los altos niveles de crecimiento a los que somos llevados mas adelante.

"Miren cómo el labrador espera el fruto precioso de la tierra, siendo paciente en ello hasta que recibe la lluvia temprana y la tardía. Sean también ustedes pacientes." Santiago 5:7-8 (NBLH)

REFLEXIÓN 6

INICIA EN EL PENSAMIENTO

𝒟ios te da la materia prima para que con ella elabores el producto. Lo que el Señor te ha dotado de habilidades para que hagas, El no lo hará por ti.

Haz uso correcto de la creatividad que te ha sido dada, remueve las distracciones, rechaza las confusiones y cuida tu pensamiento porque tu creatividad se alberga en el.

La mente es la parte del ser humano responsable del entendimiento, de crear pensamientos, de manifestar el raciocinio, la percepción, la emoción, la memoria, la imaginación y la voluntad. Es por esto que la palabra del Señor declara:

"Derribando argumentos y toda altivez que se levanta contra el conocimiento de Dios, y llevando cautivo todo pensamiento a la obediencia a Cristo." 2 Corintios 10:5 (RVR 1960)

"Piensen en todo lo que es verdadero, en todo lo que merece respeto, en todo lo que es justo y bueno; piensen en todo lo que se reconoce como una virtud, y en todo lo que es agradable y merece ser alabado." Filipenses 4:8 (TLA).

REFLEXIÓN 7

SAL DE AHÍ

𝒫arte importante de tu avance y desarrollo integral, toma lugar solo cuando identificas lo que llevas dentro, cuando inviertes en ello y le das la debida importancia.

Invierte en el desarrollo de lo que por designio de Dios te fue dado al momento de crearte, dedícale tiempo y maximízalo. Trabaja en pulir el don que te fue asignado, porque Dios te ha creado para que realices algo maravilloso y te ha dado lo que necesitas para llevarlo a cabo. De hecho, muchas de las cosas que hay en tu corazón no son simples deseos o fantasías, sino la revelación de lo que Dios quiere y espera que emprendas y manifiestes.

El Señor nunca te va a llamar a hacer algo para lo que Él no te haya dado la habilidad, todas tus cualidades fueron determinadas desde antes de tu nacimiento, por la intención que Dios tuvo al crearte. Quizás las personas a tu alrededor, hasta el momento no han sido capaces de ver en ti esas habilidades. Sin embargo, nunca debes permitir que sea otro ser humano el que determine o juzgue aquello para lo cual fuiste creado, porque sencillamente ellos desconocen los depósitos que al momento de crearte, Dios puso dentro de ti.

El sueño y la visión que están en ti, te fueron dados para revelar lo que desde antes de nacer te fue depositado.
Dios nunca nos dará un sueño para frustrarnos, sino para sacarnos de la mediocridad y revelar su grandeza al mundo, a través de nosotros.

Dios te formó, te separó y te ungió para revelarse a través de ti. Por tanto no te limites a la condición en la que te encuentras ahora, Porque en este día Dios te dice: "No te acomodes, no te limites, no te conformes, no dejes que tus circunstancias te paralicen, avanza hacia tu destino y no te quedes ahí"

Dios le dijo a Abraham: "Sal de ahí". A Moisés: "Sal de ahí". A David: "Sal de ahí" y a ti también te esta diciendo: "Activa lo que llevas dentro, persigue el sueño que he puesto en tu corazón y en cuanto a la posición estática en la que estás... ¡No dejes pasar ni un solo día más para salir de ahí!

"No que lo haya alcanzado ya, ni que ya sea perfecto; sino que prosigo, por ver si logro asir aquello para lo cual fui también asido por Cristo Jesús." Filipenses 3:12 (RVR 1960)

REFLEXIÓN 8

◆❧ EL VALOR DE LA OPORTUNIDAD ❧◆

*T*iene dos alas en los pies, es alta, fuerte y no tiene cabellos sino un mechón que se encuentra en la parte de su frente...

Así se describe la estatua que se encuentra en el monumento de Grecia, cuyo nombre es "La Oportunidad". La composición de esta estatua busca expresar ciertas características alusivas a lo que es una oportunidad, entre ellas las siguientes: vuelan, no caminan; su altura y fortaleza hacen referencia a su valor y cuando la dejamos pasar, una vez nos da la espalda, no habrá forma de volver a tomarla porque no tiene cabellos para tomarla, sino un mechón en la parte delantera, por el que debe ser tomada al tenerse de frente.

Todos nosotros en algún momento de nuestra vida hemos perdido oportunidades muy buenas que se nos han escapado por alguna razón, las cuales al dejar pasar se nos presentan otras pero no las mismas. Es por esto que necesitamos conocer algunas de las causas por las que mayormente se escapan estas oportunidades, que son:

La negligencia: Lo cual implica la falta de acción e iniciativa. Las oportunidades son de aquellos que están preparados para recibirlas.
   "La mano negligente empobrece; mas la mano de los diligentes enriquece." *Proverbios 10:4 (RVR 1960)*

La rebeldía: Por no recibir la dirección de Dios y el consejo sabio de las personas que El ha puesto para que nos sirvan de guía.

"Solamente esfuérzate y sé muy valiente, para cuidar de hacer conforme a toda la ley que mi siervo Moisés te mandó; no te apartes de ella ni a diestra ni a siniestra, para que seas prosperado en todas las cosas que emprendas." Josué 1:7 (RVR 1960)

El miedo: El cual es uno de los instrumentos más destructivos para nuestro avance, ya que nos paraliza y hace que nos apeguemos a nuestra condición actual por temor a lo desconocido. A esto responde el apóstol Pablo al decir:

"... El Espiritu de Dios no nos hace cobardes." 2 Timoteo 1:7 (TLA)

Por tanto no dejes que la negligencia, la rebeldía o el miedo te impidan tomar por el "mechón" la oportunidad que en estos momentos puede que tengas delante.

REFLEXIÓN 9

SOLO UNA OPORTUNIDAD

*T*enemos sólo una vida y con ella sólo una oportunidad para:

- Servir al Señor con toda el alma, entrega y dedicación.
- Proyectar la imagen de Cristo en nosotros.
- Cumplir con el propósito para el cual fuimos diseñados por nuestro Creador.
- Desarrollar el potencial que Dios ha depositado en nosotros.
- Ser el cónyuge ideal para nuestra pareja.
- Ser los padres que nuestros hijos merecen tener.
- Ser los mejores hijos, hermanos y amigos que podamos ser. Servir de ayuda a otros.

Para todo esto y muchas cosas más, tenemos solo una oportunidad. Así que no la dejes escapar; no te conformes con solo ser y hacer. Enfócate en ser todo lo que puedes y en hacer las cosas del mejor modo posible.

"Todo lo que te viniere a la mano para hacer, hazlo según tus fuerzas; porque en el Seol, adonde vas, no hay obra, ni trabajo, ni ciencia, ni sabiduría." Eclesiastés 9:10 (RVR 1960)

REFLEXIÓN 10

—•⊱⊰• SOMOS LA RESPUESTA •⊱⊰•—

Desde el génesis de los tiempos, podemos observar que Dios siempre tiene la forma de responder a las diferentes necesidades de la humanidad. De hecho, Él tiene la provisión antes que se presente la necesidad. Ejemplo de esto tenemos en Apocalipsis 13:8 donde se nos dice que el Cordero fue inmolado desde el principio del mundo. Es decir, antes que el veneno del pecado se manifestara, ya la respuesta de Dios, a modo de antídoto, había sido preparada.

De igual manera, en todos los tiempos, el Señor ha tenido diferentes "respuestas", que se han hecho manifiestas a través del género humano. Por ejemplo, cuando fue necesaria la construcción de una arca, uso a Noé como respuesta; para transformar un pueblo, Abraham fue su respuesta; para sacar al pueblo de la esclavitud de Egipto, uso a Moisés como respuesta; para la conquista de la tierra prometida, Josué fue su respuesta; para hacer que descendiera fuego del cielo, Elías fue su respuesta y para deshacer las obras de las tinieblas, llevar a cabo sus planes en la tierra y ensanchar su reino en esta generación, Dios ha puesto dentro de ti, su respuesta.

Todo lo que posees (capacidades, habilidades, talentos y experiencias) te ha sido provisto por el Señor para que seas su repuesta en el tiempo y el lugar donde te encuentras.
Lo que tienes es don de Dios para ti; lo que haces con todo ello, es don tuyo para Dios.

"Reconoced que Jehová es Dios; Él nos hizo, y no nosotros a nosotros mismos; Pueblo suyo somos y ovejas de su prado."
Salmos 100:3 (RVR 1960)

REFLEXIÓN 11

TU TIEMPO KAIROS

En el nuevo testamento, escrito originalmente en el idioma Griego, hay dos palabras que se utilizan para hacer referencia al término "tiempo", una es *cronos* y la otra es *kairos*.

Cuando leemos la Biblia en la traducción a nuestro idioma, siempre vemos escrita la palabra "tiempo" pero si la leyéramos en el idioma original, encontraríamos que en algunos pasajes se usa la palabra *cronos* y en otra la palabra *kairos*. La diferencia entre estas dos, es que el termino cronos se refiere a cantidad de tiempo (días, meses, años), es decir tiempo cronológico, mientras que el tiempo *kairos* hace referencia a la calidad del tiempo.

Cuando la Biblia utiliza la palabra *kairos*, se refiere al tiempo apropiado para hacer una determinada cosa, a la oportunidad que Dios está dando en ese preciso momento para ejecutar algo. Ejemplo de esto tenemos en el libro de los Hechos 13:8-12 donde dice:

"Pero, Pablo y los que con el andaban les resistía Elimas, el mago (pues así se traduce su nombre), procurando apartar de la fe al procónsul. Entonces Saulo, que también es Pablo, lleno del Espíritu Santo, fijando en él los ojos, dijo: ¡Oh, lleno de todo engaño y de toda maldad, hijo del diablo, enemigo de toda justicia! ¿No cesarás de trastornar los caminos rectos del Señor? Ahora, pues, he aquí la mano del Señor está contra ti, y serás ciego, y no verás el sol por algún tiempo (en el original, kairos). E inmediatamente cayeron sobre él oscuridad y tinieblas; y andando alrededor, buscaba quien le condujese de la mano. Entonces el procónsul,

viendo lo que había sucedido, creyó, maravillado de la doctrina del Señor"

Segun vemos en este pasaje, Pablo entendía que esa era la oportunidad de Dios para ellos lograr la asignación que el Señor les había encomendado y no estaba dispuesto a dejar que ni Elimas el mago, ni los demonios, ni aun el mismo Satanás les detuviera en medio de su tiempo. En otras palabras, parafraseando lo dicho por Pablo, este dijo:

"Hijo del diablo, este es mi kairos, esta es nuestra oportunidad de ganarnos esta gente y por el poder que tengo de parte del que me envió, yo ordeno que tu quedes ciego durante nuestro kairos y cuando lo hayamos aprovechado entonces, volverás a ver."

Siempre que llega tu tiempo *"kairos"* es decir, la oportunidad de Dios para ti, también vendrán los desafíos y los intentos del enemigo buscando intimidarte. Pero recuerda que tienes el poder y la autoridad de Dios para establecer su orden absoluto en lo que estas llevando a cabo y declarar que ninguna artimaña del enemigo que se levante en tu contra, resistirá ni será capaz de detener lo que Dios ha determinado hacer con tu vida y la de los tuyos en este tiempo, que no es cualquier tiempo, sino tu tiempo *"kairos"*.

"Todo tiene su momento oportuno; hay un tiempo para todo lo que se hace bajo el cielo." Eclesiastés 3:1 (NVI)

REFLEXIÓN 12

DIOS NO LAS DEJA A MEDIA

*D*ios no deja las cosas a media. Aquellos de ustedes que están involucrados en la administración de proyectos saben que comenzar es el paso mas importante en el proceso de edificación porque cuando se comienza la fase inicial de un proyecto, significa que en los planos del mismo ya tuvo lugar la fase final. Entonces partiendo de esto, el proyecto realmente no inicia cuando comienzan las excavaciones del fundamento sino cuando en la mente del constructor se concibió la idea de construir tal proyecto.

Cavar el fundamento, es sencillamente la evidencia de que algo que ya está terminado en la mente de alguien, será revelado ante los ojos de los demás. En este sentido, Dios no hubiera permitido que tu vida inicie a menos que ya no estuviera terminada en la eternidad. Sin embargo, a pesar de que en la mente de Dios ya fuiste terminado, necesitarás hacer uso de tu mayor nivel de dedicación, trabajo y esfuerzo para que sea revelado lo que ya Él determino para ti.

"Porque a quienes Dios conoció de antemano, los destinó tambien desse el principio a reproducir la imagen de su hijo" Romanos 8:29 (BLP)

REFLEXIÓN 13

DISEÑOS DE ÉL

El propósito, es la intencion por la que fue creado algo. Es la razón que explica el por qué, de su existencia.

Cada producto es hijo de un propósito. Dicho de otro modo, antes de fabricar cualquier objeto, existe un motivo establecido en la mente del fabricante que da luz la idea, la cual se convierte en sustancia para el diseño y producción del producto. De este modo el propósito precede a la producción. Por lo que cada producto es realizado según el propósito y sólo puede alcanzar la realización plena, cuando ejecuta el objetivo para el cual fue creado. Es por esto que hasta el momento en que se descubre el propósito, la vida carece de sentido.

Luego de determinar el propósito, la segunda etapa consiste en el desarrollo del diseño para producir la función que cumplirá. El diseño determina los componentes y materiales necesarios para la producción. Entonces luego de determinar el propósito, establecer el diseño y seleccionar el material necesario para la producción, esta se realiza; y asi como la producción del producto no comicnza hasta que se determina su propósito, el éxito del proyecto no se comprueba hasta que el producto no realiza exactamente lo que su objetivo requiere. De este modo, todas las cosas comienzan con un propósito y finalizan al dar cumplimiento al mismo.

"Trae a todo el que sea llamado por mi nombre, al que yo he creado para mi gloria, al que yo hice y formé." Isaías 43:7 (NBD)

REFLEXIÓN 14

EL PROPOSITO LO DETERMINA

𝒫artiendo de lo antes dicho, cuando alguien crea algo, lo realiza de manera tal, que pueda expresar el propósito deseado. Incorporando en el objeto, la esencia del material que fue hecho, que es lo que finalmente determina su naturaleza.

Según el diccionario, la palabra naturaleza significa: esencia, propiedad y característica de cada ser. Dicho de otro modo, la naturaleza refleja las características que ese objeto o entidad posee. De igual modo cuando Dios crea algo, pone en lo que crea la habilidad de ejercer su función. La naturaleza de algo, es un confiable indicador del propósito de ese algo.

"Habló Jehová a Moisés, diciendo: Mira, yo he llamado por nombre a Bezaleel hijo de Uri, hijo de Hur, de la tribu de Judá y lo he llenado del Espíritu de Dios, en sabiduría y en inteligencia, en ciencia y en todo arte, para inventar diseños, para trabajar en oro, en plata y en bronce y en artificio de piedras para engastarlas y en artificio de madera; para trabajar en toda clase de labor."
Éxodo 31:1-5 (RVR 1960)

REFLEXIÓN 15

—•❧• CUMPLE LAS EXPECTATIVAS •❧•—

$\mathcal{L}$os fabricantes siempre desean que el consumidor se sienta satisfecho con su producto. Las etiquetas y los manuales de instrucciones, son su manera de expresar lo que tenían en mente cuando crearon el producto y lo incluyen en el mismo a fin de que el desempeño y rendimiento de este, pueda ser comparado con la oferta del fabricante y las expectativas del comprador.

Por lo que, el cumplimiento del propósito del creador es la clave para la satisfaccion del consumidor y es lo que determina el éxito de cada producto. Del mismo modo, el dar cumplimiento al propósito destinado para ti, es la clave de tu verdadero éxito en la vida. Porque el proposito te dicta lo que debes hacer y la razón por la que debes hacerlo, te ayuda a entender mejor las diferentes circunstancias que tengas que enfrentar durante tu existencia y te hace vivir con sentido y trascendencia.

Sin propósito, la vida tiende a ser fortuita y llena de resignación ante las adversidades; y los eventos que en ella acontecen adquieren más importancia que las razones por las que suceden.
Básicamente, nunca experimentarás la paz y la realización personal verdadera, hasta que ejecutes el propósito para el cual naciste.

"Antes de darte la vida, ya te había yo escogido; antes de que nacieras, ya te había yo apartado; te había destinado a ser profeta de las naciones." Jeremías 1:5 (DHH)

REFLEXIÓN 16

FORMADOS POR ÉL

"Dios mío, tú me conoces muy bien; ¡sabes todo acerca de mí! Sabes cuándo me siento y cuándo me levanto; ¡aunque esté lejos de ti, me lees los pensamientos! Sabes lo que hago y lo que no hago; ¡no hay nada que no sepas! Todavía no he dicho nada, y tú ya sabes qué diré.
Me tienes rodeado por completo; ¡estoy bajo tu control! ¡Yo no alcanzo a comprender tu admirable conocimiento! ¡Queda fuera de mi alcance! ¡Jamás podría yo alejarme de tu espíritu, o pretender huir de ti! Si pudiera yo subir al cielo, allí te encontraría; si bajara a lo profundo de la tierra, también allí te encontraría. Si volara yo hacia el este, tu mano derecha me guiaría; si me quedara a vivir en el oeste, también allí me darías tu ayuda.
Si yo quisiera que fuera ya de noche para esconderme en la oscuridad ¡de nada serviría! ¡Para ti no hay diferencia entre la oscuridad y la luz! ¡Para ti, hasta la noche brilla como la luz del sol!
Dios mío, tú fuiste quien me formó en el vientre de mi madre. Tú fuiste quien formó cada parte de mi cuerpo. Soy una creación maravillosa y por eso te doy gracias.
Todo lo que haces es maravilloso, ¡de eso estoy bien seguro! Tú viste cuando mi cuerpo fue cobrando forma en las profundidades de la tierra; ¡aún no había vivido un sólo día, cuando tú ya habías decidido cuánto tiempo viviría!
¡Lo habías anotado en tu libro! Dios mío, ¡qué difícil me resulta entender tus pensamientos!" Salmos 139:1-18 (TLA)

REFLEXIÓN 17

LIBERALO

$\mathcal{P}$osees un asombroso potencial interno que espera ser liberado. La liberación de tu potencial, demanda que te niegues a conformarte con tus logros recientes, para que puedas aprovechar la enorme línea de crédito con la cual naciste.

Potencial es por definición: La fuente de recursos desconocidos con la que fuiste dotado desde tu nacimiento. Lo que ya has logrado, deja de ser potencial.

Para liberar tu potencial, es necesario que estés dispuesto a dejar lo que es familiar para trasladarte al reino de las posibilidades.

"Pero Jehová había dicho a Abram: vete de tu tierra y de tu parentela, y de la casa de tu padre, a la tierra que te mostraré. Y haré de ti una nación grande, y te bendeciré, y engrandeceré tu nombre, y serás bendición." Génesis 12:1 (RVR 1960)

REFLEXIÓN 18

IDENTIFICA TUS RECURSOS

Desde antes que nacieras, Dios planificó tu existencia. Por tanto, la guía y dirección precisa para tu vida sólo la puedes recibir por medio de aquel que te creó.

La razón por la que existes no la hallarás en tu familia, tus maestros, tu empleador, tu pastor o tus colaboradores; ellos son solo criaturas tal como lo eres tú.

El Señor te dio vida con el fin de usarte para dar cumplimiento a sus planes y propósitos por eso te hace demandas que están determinadas por los recursos que Él ya puso dentro de ti. Así que en vez de hacer comparaciones con lo que El ha puesto en otros, has uso de la enorme fuente de recursos que te ha dado.

Identifica y libera lo que tienes porque la medida en que usas lo que tienes, es la medida en la que te será aumentado. Dios no te confiará más recursos hasta que no hayas usado sabiamente los que ya Él te dió.

"Llegando también el de los dos talentos, dijo: 'Señor, usted me entregó dos talentos; mire, he ganado otros dos talentos.' Su señor le dijo: 'Bien, siervo bueno y fiel; en lo poco fuiste fiel, sobre mucho te pondré; entra en el gozo de tu señor." Mateo 25:22-23 (NBLH)

REFLEXIÓN 19

·•⊱❈⊰•· LA PRIORIDAD NUMERO UNO ·•⊱❈⊰•·

Tu existencia es la prueba de que esta generación necesita algo que tu vida ofrece. Tú eres la creación que puede satisfacer el resultado esperado por Dios para este tiempo.

Cumplir con la misión que de parte de el Creador te ha sido encomendada debería ser tu prioridad numero uno en la vida. porque con una asignacion naciste y por esa asignación tendrás que dar cuenta a Dios al final de tu vida.

"Llegando también el de los dos talentos, dijo: 'Señor, usted me entregó dos talentos; mire, he ganado otros dos talentos.' Su señor le dijo: 'Bien, siervo bueno y fiel; en lo poco fuiste fiel, sobre mucho te pondré; entra en el gozo de tu señor.' "Pero llegando también el que había recibido un talento (21.6 kilos), dijo: 'Señor, yo sabía que usted es un hombre duro, que siega donde no sembró y recoge donde no ha esparcido, y tuve miedo, y fui y escondí su talento en la tierra; mire, aquí tiene lo que es suyo.' Pero su señor le dijo: 'Siervo malo y perezoso, sabías que siego donde no sembré, y que recojo donde no esparcí. 'Debías entonces haber puesto mi dinero en el banco, y al llegar yo hubiera recibido mi dinero con intereses. 'Por tanto, quítenle el talento y dénselo al que tiene los diez talentos (216 kilos de plata).' "Porque a todo el que tiene, más se le dará, y tendrá en abundancia; pero al que no tiene, aun lo que tiene se le quitará. Y al siervo inútil, échenlo en las tinieblas de afuera; allí será el llanto y el crujir de dientes." Mateo 25:24-30 (NBLH)

REFLEXIÓN 20

❖ LO QUE EL ESPERA QUE SEAS ❖

El Dios que te creó, te conoce desde antes de la fundación del mundo, te ha hecho formidable y con un destino maravilloso. Sus planes son buenos para ti y te ha provisto de talentos, oportunidades y dones para que des cumplimiento a dichos planes. ¡No los descuides, aprovechalos, avívalos y ejercítalos!

Esfuérzate y conviértete en el conquistador que Dios quiere que seas, rehúsa a conformarte siendo menos de lo que El espera de ti.

"Qué preciosos son tus pensamientos acerca de mí, oh Dios. ¡No se pueden enumerar! Ni siquiera puedo contarlos; ¡suman más que los granos de la arena! Y cuando despierto, ¡todavía estás conmigo!" Salmos 139:17-18 (NTV)

REFLEXIÓN 21

SAL DEL ROLLO

*E*n una ocasión, vi a alguien ilustrar la idea del desarrollo usando un rollo de cinta, la cual pidió a una de las personas que estaban en el auditorio que halara hasta no quedar más cinta en el rollo, al quedar completamente desenrollada, el orador se refirió a los presentes diciendo: "Cuando la cinta estaba enrollada llevaba dentro todo lo que vemos revelado de ella ahora, pero no podíamos apreciarlo, ni teníamos idea de cuál podía ser su nivel de alcance, hasta que decidimos sacarla del rollo".

Me llama sobre manera la atención, el hecho de que el orador pidiera a la persona que halaba la cinta, extenderla hasta haber alcanzado su máximo nivel de expansión, hasta que no quedara ni la más mínima parte de esta sin haber salido del rollo.

Tomando esto como referencia, piensa solo por un momento cuanto pudiera ser revelado de ti, si decides llevar lo que portas a la máxima expresión. Considera, ¿Cuáles cosas que aun no has identificado, podrían estar en tu "rollo"?
Haz que el reino de Dios sea ensanchado en la tierra usando lo que tienes, responde a tu llamado y no sigas estancado.

"Y oí la voz del Señor que decía: — ¿A quién enviaré? ¿Quién irá por nosotros? Entonces yo dije: —Aquí me tienes, envíame a mí."
Isaías 6:8 (PDT)

REFLEXIÓN 22

⸻◦❥◦ LO QUE EL YA VIO ◦❥◦⸻

$\mathcal{D}$ios nunca te pedirá que des más de lo que ya Él depositó en ti, pero tampoco se conformará con que des menos.

Dios nunca nos pregunta si podemos hacer lo que Él nos manda; solamente nos ordena hacerlo y punto, porque más que a nosotros, las demandas las hace, a lo que Él ya puso dentro de nosotros.

Siempre que Dios nos da una responsabilidad, es porque ya nos ha dado también la habilidad de cumplir con ella. En otras palabras, nunca le digas a Dios que no puedes hacer lo que Él te está mandando a hacer, porque si te está pidiendo que lo hagas es porque Él sabe que puedes hacerlo.
Un creador, nunca pedirá a su creación que revele algo que él no haya puesto en ella. Por tanto, no te rehúses a hacer lo que Dios te manda, cumple con la encomienda y has uso correcto de los depósitos que Él ha puesto dentro de ti.

"...Ve, porque yo he elegido a ese hombre para que me sirva. Él hablará de mí ante reyes y gente que no me conoce, y ante el pueblo de Israel." Hechos 9:15 (TLA)

LO LLEVAS DENTRO

Louis Armstrong, fue una de las figuras más carismáticas e innovadoras de la historia del jazz y gracias a sus habilidades musicales y a su brillante personalidad, probablemente el músico más popular de este género. Sin embargo, al observar el inicio de su historia, muy pocos hubieran sospechado el modo como terminaría.

Nació en el seno de una familia muy pobre en uno de los barrios más marginados de Nueva Orleans y la miseria se agudizó cuando su padre William Armstrong, los abandonó a el y al resto de la familia.
Fue detenido a los 9 años cuando por primera vez se vio involucrado en asuntos delictivos. La mayor parte de su educación infantil la obtuvo vagabundeando por las calles, trabajando de chatarrero y creció bajo la fuerte atmósfera de odio racial que reinaba en Estados Unidos en las primeras décadas del siglo XX.

Como parte de un programa de reforma, impuesto por su mala conducta, trabajó para una familia de inmigrantes judíos, los "Karnofsky", quienes aceptaron al niño como a uno más de la familia. Louis, siempre hablaba de cómo descubrió que esta familia. No existían antecedentes musicales en su familia de sangre, por lo que su interés por este arte surgió a partir de escuchar las célebres bandas de Nueva Orleans, que desfilaban habitualmente por las avenidas de la ciudad.

Así fue como la familia judía para la que trabajaba, motivo a Armstrong a dedicarse a la música y a no ser un muchacho problemático más, de las calles de Nueva Orleans.

En 1914, tras su salida del reformatorio trabajó como vendedor de carbón, repartidor de leche, estibador de barcos bananeros y otros empleos del mismo tipo. Fue entonces que conoció al cornetista Joe King Oliver, quien fue su mentor y casi una figura paternal para él.
Fue su habilidad puesta en práctica de trompetista, junto al acompañamiento de su mentor lo que ayudo a Armstrong a salir de la miseria en la que se hallaba, mientras hacía uso de su talento.

Esta historia, deja en claro una vez más, que lo que se necesita para salir de la miseria y el estancamiento (contrario a lo que muchos creen), no viene de afuera sino que cada uno de nosotros lo lleva dentro, atrapado en nuestro interior, esperando que tomemos la decisión de desarrollarlo.

"Todo lo bueno que hemos recibido, todo don perfecto que viene de arriba es de Dios." Santiago 1:17 (PDT)

"La dádiva del hombre le abre camino Y lo lleva ante la presencia de los grandes." Proverbios 18:16 (NBLH)

¿DE QUÉ TE VISTIERON?

En una ocasión, mientras llevaba a mis hijos a su práctica de Baseball, observé que mientras llegaba el entrenador algunos de sus compañeros (aunque su fuerte era el Baseball), hacían uso de la cancha de Básquetball que estaba próxima al play.

Pero lo que más llamó mi atención, fue ver como la ropa que llevaban puesta, es decir sus uniformes, delataban la razón de su falta de habilidad al hacer los lanzamientos en el canasto. Esto de inmediato me hizo pensar en la importancia de fluir en aquello para lo que fuiste diseñado, haciendo uso de los talentos que desde antes que nacieras te fueron otorgados. En otras palabras, entendí la importancia de "jugar aquello para lo que fuimos vestidos por el Señor".

Identifica lo que tienes y has uso correcto de ello, para que no seas de aquellos que juegan Basquet estando vestidos de Baseball.

"Cada uno según el don que ha recibido, minístrelo a los otros, como buenos administradores de la multiforme gracia de Dios."
I Pedro 4:10-11 (RVR 1960)

REFLEXIÓN 25

—•❧• **IDENTIFICA LA FORMA** •❦•—

Cuando intentas hacer cosas para las que no fuiste diseñado, es como si trataras de hacer encajar por la fuerza un cuadrado dentro de un espacio que tiene forma de círculo, lo que además de frustrante, resulta ser un desperdicio de tiempo, talento y energía.

Si quieres tener una vida verdaderamente productiva debes procurar que lo que haces vaya acorde con lo que te ha sido dada.

"Porque somos hechura suya, creados en Cristo Jesús para buenas obras, las cuales Dios preparó de antemano para que anduviésemos en ellas" Efesios 2:10 (RVR 1960)

TU DESTINO NO ES TARSIS

"*V*ino palabra de Jehová a Jonás hijo de Amitai, diciendo: Levántate y ve a Nínive... Y Jonás se levantó para huir de la presencia de Jehová a Tarsis... Y descendió a Jope, y halló una nave que partía para Tarsis; Y pagando su pasaje, entró en ella para irse con ellos, lejos de la presencia de Jehová. Pero Jehová hizo levantar un gran viento en el mar, y hubo en el mar una tempestad tan grande que se pensó que se partiría la nave" Jonás 1:1-5 (RVR 1960)

Sí observamos detenidamente este texto, podemos notar que ninguno de los pasajeros que iban a Tarsis tuvo problemas con viajar hacia allá, excepto Jonás a quien Dios (como el Dueño de su vida), le había marcado otro destino. Por tanto, el avance en tu vida no depende de caminar por donde otros caminan ni de ir donde otros van; sino, de conocer y avanzar hacia el destino que Dios quiere dirigirte a ti específicamente. En otras palabras, no pagues pasaje para "Tarsis" cuando te fue dada la orden de llegar a "Nínive."

"*El Señor dirige los pasos del hombre; nadie conoce su propio destino.*" Proverbios 20:24 (DHH)

REFLEXIÓN 27

❖ LAS DOS MÁS IMPORTANTES ❖

Las dos palabras más importantes de todas las que a diario pronunciamos, son: "SI" y "NO".

Muchos de los problemas y conflictos que enfrentamos se deben a que en algún momento, nos faltó el coraje y la valentía para decir "NO" a lo que de alguna manera nos hizo caer en ellos. Asi como también muchas oportunidades y puertas abiertas por Dios se desaprovechan cada día por el temor de muchos a decir "SI"

Cada día pide al Señor el discernimiento y la sabiduría para rechazar todo lo que no viene de Él y para no desaprovechar lo que Él te está poniendo delante.

"Y si a alguno de ustedes le falta sabiduría, que se la pida a Dios, quien da a todos abundantemente y sin reproche, y le será dada."
Santiago 1:5 (NBLH)

REFLEXIÓN 28

❖ NO ADMITAS SABOTAJES ❖

*A*unque el terreno donde estás, esté llenó de víboras, serpientes y escorpiones, no permitas que estos saboteen tu crecimiento. Porque cuando hayas aprendido la lección que el Señor espera que aprendas de la situación y del lugar donde te encuentras, el mismo Dios que te permitio llegar ahí, se encargará de movilizarte.

No te muevas por tu cuenta, espera en el Señor, no hagas marchitar tu crecimiento tomando decisiones contrarias a lo que ha sido establecido, de parte del cielo para ti.
Fortaleza, tenacidad y enfoque sean sobre tu vida en este día y siempre para resistir y no abandonar, para vencer y no dejar de luchar.

"Porque Tú has sido mi ayuda... A ti oh Dios se aferra mi alma; Tu diestra es la que me sostiene." Salmos 63:7-9 (NBLH)

REFLEXIÓN 29

⋅◈⋅ **SALDRAS VENCEDOR OTRA VEZ** ⋅◈⋅

A todos nos llegan momentos en los que sentimos como si todo el infierno se hubiese desatado en nuestra contra, pero es precisamente en esos tiempos, donde la artillería del cielo también es reforzada a nuestro favor. Ya que cuando te llega la hora de ser promovido a un nuevo nivel, Dios permite que se levanten en tu contra nuevos "gigantes" que al vencerlos, se convierten en un puente de conexión hacia la próxima dimensión a la que eres promovido. Con referencia a esto, observemos lo siguiente:

"Dijo Saúl a David: No podrás tú ir contra aquel filisteo, para pelear con él porque tú eres muchacho, y él un hombre de guerra desde su juventud. David respondió a Saúl: Tu siervo era pastor de las ovejas de su padre y cuando venía un león, o un oso y tomaba algún cordero de la manada, salía yo tras él, y lo hería y lo libraba de su boca y si se levantaba contra mí, yo le echaba mano de la quijada y lo hería y lo mataba. Y añadió David: Jehová, que me ha librado de las garras del león y de las garras del oso, él también me librará de la mano de este filisteo. Y dijo Saúl a David: Ve, y Jehová esté contigo." 1 Samuel 17:33-35,37 (1960 RVR)

Según la declaración hecha por David, observamos que el tenía toda la certeza de que el mismo Dios que lo había librado del león y del oso antes, le había de dar la victoria al enfrentarse a este gigante. De hecho, David nunca llamo a Goliat, como lo llamaba el resto del pueblo; ya que mientras todos lo llamaban "gigante", David lo llamaba incircunciso. Tu confianza en la gracia, el favor y la misericordia de Dios te harán siempre ver las cosas diferentes a como las ve el resto.

Por lo que sin importar el rango ni la procedencia del ataque que estés recibiendo, no dejes que este te abrume hasta el punto de olvidar las veces que el Señor te ha sanado, te ha provisto y ha hecho defensa por ti. Ya has dejado muchos "osos y leones" muertos en el camino, así que no te rindas ante los desafíos que ahora tienes delante.

"Porque he aquí, no se ha acortado la mano del Señor para salvar; ni se ha endurecido su oído para oír." Isaías 59:1 (LBA)

INDETENIBLE

REFLEXIÓN 30

NINGUNA COMO ELLA

*D*ios tiene diferentes maneras de hacernos recordar nuestras victorias anteriores en medio de las persecuciones presentes.

Cuando David huía de Saúl, se encontró con diferentes enemigos en el camino y llegando al sacerdote Ahimelec le dijo: "¿no tienes aquí a mano lanza o espada? Porque no tomé en mi mano mi espada ni mis armas"... A lo que el sacerdote respondió: "la espada de Goliat el filisteo, al que tú venciste en el valle de Ela, está aquí envuelta en un velo detrás del efod; si quieres tomarla, tómala; porque aquí no hay otra sino esa. Y David respondió: "Dámela, ninguna como ella." (Ver 1 Samuel 21)

La espada de Goliat en este contexto, no sólo simbolizaba una arma cualquiera sino también un recordatorio de la enorme victoria que el Señor había dado a David anteriormente. Y precisamente eso es lo que nuestro Padre quiere que hagamos nosotros, que podamos siempre tener pendiente en medio de las persecuciones presentes lo que Él ha hecho a favor nuestro en otras ocasiones.

"¿Por qué voy a desanimarme? ¿Por qué voy a estar preocupado? Mi esperanza he puesto en Dios, a quien todavía seguiré alabando ¡Él es mi Dios y Salvador!" Salmos 42:5 (DHH)

REFLEXIÓN 31

•⊱❈⊰• ¡LA MUESTRA ES LA CAMA! •⊱❈⊰•

Como parte de su recuento al pueblo acerca de como Dios había estado con ellos dándoles diferentes victorias en el trayecto del camino, Moisés pronunció lo siguiente:

"Nos salió al encuentro Og rey de Basán para pelear, él y todo su pueblo, en Edrei. Y me dijo Jehová: No tengas temor de él, porque en tu mano he entregado a él y todo su pueblo, con su tierra; y harás con él como hiciste con Sehón rey amorreo, que habitaba en Hesbón. Y Jehová nuestro Dios entregó también en nuestra mano a Og rey de Basán, y a todo su pueblo, al cual derrotamos hasta acabar con todos."

Además de esto, como evidencia de esta victoria, Moisés añade a su relato:
"Porque únicamente Og rey de Basán había quedado del resto de los gigantes. Su cama, una cama de hierro, ¿no está en Rabá de los hijos de Amón? La longitud de ella es de nueve codos, y su anchura de cuatro codos, según el codo de un hombre." Deuteronomio 3:1-3, 11 (RVR 1960)

En este día te invito a creer firmemente que la victoria que Dios dará a tu vida será completa, pero si mientras esperas verla manifiesta la duda te llega, identifica el tamaño de lo que era la "cama" de los gigantes que ya venciste antes.

"Cuando salgas a pelear contra tus enemigos y veas un ejército superior al tuyo, con muchos caballos y carros de guerra, no les temas, porque el Señor tu Dios, que te sacó de Egipto, estará contigo." Deuteronomio 20:1 (NBD)

INDETENIBLE

REFLEXIÓN *32*

—•✥• **DECIDE LEVANTARTE** •✥•—

*E*l ex boxeador estadounidense Michael Gerard, mejor conocido como "Mike Tyson" ganó dos veces el título mundial de los pesos pesados en la década de los 80 y es (sin haber roto el record hasta el momento), el boxeador más joven de la historia en conseguir un título mundial en dicho deporte.

Le llamaban el invencible, el "Iron Man" o como es su traducción en español "El Hombre de Hierro" por ser invicto con 37 victorias, 32 de ellas por "Knock Out" y 17, en el primer asalto.

Sin embargo, este ilustre campeón fue vencido en Tokyo en el año 1990 por James Douglas y tras su derrota expresó lo siguiente: *"Mi vida ha sido un fracaso; tengo vergüenza de mi."*

Algo que deja en claro que cuando ganar es la costumbre las caídas son más amargas. Mientras que cuando perder es lo habitual, las victorias resultan ser alarmantes.

No dejes que los "Knock Outs" de la vida te hagan creer que eres un perdedor. Tu historia termine con una derrota. Decide volver al "ring", porque no hay nada más peligroso para el enemigo que alguien que luego de haber caído, decide levantarse; y después que todos lo pensaron muerto, decide hacer su aparición otra vez, en el mismo lugar donde fue vencido antes.

Echa a un lado todo sentimiento de derrota y decide levantarte. Porque el golpe no te mato y cuando sobrevives a lo que temías, te das cuenta que no eres tan débil como creías y cuando has pasado por todo, no puedes ser amenazado por nada.

"Entonces vinieron unos judíos de Antioquía y de Iconio, que persuadieron a la multitud, y habiendo apedreado a Pablo, le arrastraron fuera de la ciudad, pensando que estaba muerto. Pero rodeándole los discípulos, se levantó y entró en la ciudad; y al día siguiente salió con Bernabé para Derbe. Y después de anunciar el evangelio a aquella ciudad y de hacer muchos discípulos, volvieron a Listra, a Iconio y a Antioquía, confirmando los ánimos de los discípulos, exhortándoles a que permaneciesen en la fe, y diciéndoles: Es necesario que a través de muchas tribulaciones entremos en el reino de Dios." Hechos 14:19-22 (RVR 1960)

REFLEXIÓN 33

AQUI NO SE TIRA LA TOALLA

La expresión "tirar la toalla" se aplica usualmente al hecho de rendirnos y dejar de luchar por algo que hemos estado tratando de conquistar. Tiene su base en el boxeo y se refiere a la acción tomada por el entrenador, al ver al boxeador llegar al límite de su resistencia.

Esta acción consiste en tirar la toalla como símbolo de finalización del combate para evitar daños mayores o irreparables en el boxeador. En este sentido, cabe destacar que no es él que pelea quien decide tirar la toalla, sino el entrenador de éste.

En nuestro caso, aludiendo a las diversas luchas y batallas que tenemos que enfrentar, cabe destacar dos puntos interesantes:

1. Nuestro "Entrenador Especial" es Dios, quien nos conoce mejor de lo que nos conocemos a nosotros mismos y jamás nos dejará luchar con algo mayor a nuestra capacidad de soporte.

2. El Señor nunca ha tirado, ni tirará la toalla por ningunos de los que Él ha convocado porque en cuanto a nuestras luchas y guerras, El es nuestro Guerrero, el Fuerte en batalla, Jehová de los Ejércitos, el que lucha con nosotros y nuestro Árbitro. Entonces, si el que te llamó a la pelea no se rinde, tampoco lo hagas tú.

"Ustedes no han pasado por ninguna prueba que no sea humanamente soportable. Y pueden ustedes confiar en Dios, que no los dejará sufrir pruebas más duras de lo que pueden soportar.

Por el contrario, cuando llegue la prueba, Dios les dará también la manera de salir de ella, para que puedan soportarla." I Corintios 10:13 (DHH)

"*Y de la misma manera, también el Espíritu nos ayuda en nuestra debilidad.*" Romanos 8:26 (LBA)

REFLEXIÓN **34**

❖ DE PROCESOS, NO DE EVENTOS ❖

El término proceso, se define como: secuencia de pasos dispuesta y enfocada en lograr un resultado específico. Mientras que el término evento se define como: cosa que sucede.

Las personas enfocadas, persistentes y que no desisten hasta haber logrado sus metas, son admiradas por la mayoría, debido a los resultados que obtienen. Pero la clave de esto es que ellos han tomado la firme decisión de vivir una vida basada en procesos. Mientras que otros procuran tener todo fácil, rápido y sin mayores esfuerzos porque son movidos sólo por la emoción de los eventos y no por el trabajo y esfuerzo que conllevan los procesos. Pero, ¿Cómo podemos identificar si somos personas de procesos o de eventos?

❖ Las personas de eventos, se esmeran en el día de la boda pero descuidan la vida del matrimonio.

❖ Con todo entusiasmo inician diversos programas de estudios pero no llegan a terminar ninguno.

❖ Celebran y se regocijan el día del evento especial en la iglesia, pero no se comprometen con los proyectos.

No actúes sólo por la euforia de un determinado momento; procura ser siempre una persona de procesos, no de eventos.

"Mejor es la buena fama que el buen ungüento; y mejor el día de la muerte que el día del nacimiento." Eclesiastés 7:1-2 (RVR 1960)

REFLEXIÓN 35

A LA MANERA DE DIOS

Procura continuamente, agregar valor y significado a tu vida. Se ejemplo de otros, conviértete en un instrumento de transformación; ama incondicionalmente como Dios lo hace aunque no recibes lo mismo de parte de otros. Toma la determinación de no hacerlo por ellos, sino hacerlo por el amor que sientes por el Señor. No vivas la vida a tu manera, vívela a la manera de Dios.

"Esposas, sométanse a sus esposos, como conviene en el Señor. Esposos, amen a sus esposas y no sean duros con ellas. Hijos, obedezcan a sus padres en todo, porque esto agrada al Señor. Padres, no exasperen a sus hijos, no sea que se desanimen. Esclavos, obedezcan en todo a sus amos terrenales, no sólo cuando ellos los estén mirando, como si ustedes quisieran ganarse el favor humano, sino con integridad de corazón y por respeto al Señor. Hagan lo que hagan, trabajen de buena gana, como para el Señor y no como para nadie en este mundo, conscientes de que el Señor los recompensará con la herencia. Ustedes sirven a Cristo el Señor. El que hace el mal pagará por su propia maldad, y en esto no hay favoritismos." Colosenses 3:18-25 (NVI)

REFLEXIÓN *36*

DESECHA LA ANSIEDAD

*E*n cualquier medio que nos movemos, notamos como cada día las personas suelen estar cargadas de ansiedad, que en la mayoría de los casos, se revela a través de la inconformidad. Ya que muchos anhelan llegar a una posición o lugar determinado, para luego de tener cierto tiempo ahí, querer moverse a otro lugar diferente.

Los altos quieren ser bajos y los bajos quieren ser altos; los gordos quieren ser flacos y los flacos quieren ser gordos; las que llevan pelo largo quieren tener pelo corto y las de pelo corto quieren llevar pelo largo; los solteros buscan casarse y los casados quieren divorciarse; los que viven solos quieren estar acompañados y los acompañados quieren vivir solos; y estas son solo algunas de las diversas formas como a diario vemos expresado el insaciable espíritu que ataca a muchos, llamado inconformidad. Es por esto que la Biblia dice:

"Depositen en él toda ansiedad, porque él (Dios) es el que cuida de ustedes." 1 Pedro 5:7 (NVI)

REFLEXIÓN *37*

—•⊱✠• **¿SOBRE QUÉ CONSTRUYES?** •✠⊰•—

"*Por tanto, todo el que me oye estas palabras y las pone en práctica es como un hombre prudente que construyó su casa sobre la roca. Vino la lluvia, crecieron los ríos y soplaron los vientos contra la casa; pero no cayó, porque tenía su base sobre la roca.*"
Mateo 7:24-25 (NBD)

Jesucristo fue carpintero de oficio, conocía muy bien los fundamentos de la construcción y al hacer tal declaración, hace referencia a varios aspectos intrínsecos de la misma, como son los dos siguientes:

Escuchar las instrucciones: Escuchar las instrucciones acerca de cómo se ha de llevar a cabo la construcción, es crucial. Porque dependiendo de cómo se capten esas instrucciones, será finalmente construida la casa.

Seleccionar el fundamento y los materiales para la construcción: La selección del fundamento y los materiales, es también parte vital de la construcción, ya que esto determina en gran parte la calidad, y por ende el futuro de la edificación.
Por lo que según estas premisas en el texto inicial, Jesús hace referencia a lo siguiente:

✤ Toda persona tiene una vida que construir, la cual simboliza su casa.

❖ La base sobre la que construyes tu vida, determina tu destino no solamente en esta tierra, sino en la eternidad.

❖ Sólo existe un fundamento seguro para edificar nuestras vidas y es Jesucristo. Él es la Roca sobre la que deben construir todos los que procuran tener un fundamento firme.

❖ Todo el que no construye sobre la roca, construye sobre la arena porque al final todos construimos, y es la base sobre la que decidimos construir la que determina si nos caemos o permanecemos de pie ante los diferentes acontecimientos que en el transcurso de la vida, tendremos que enfrentar.

"Pero el que me oye y no hace lo que yo digo, es como un tonto que construyó su casa sobre la arena. Vino la lluvia, crecieron los ríos, soplaron los vientos y la casa se vino abajo. ¡Y fue un gran desastre!" Mateo 7:26-27 (DHH)

REFLEXIÓN 38

•∺• **TRES COSAS QUE HACEN** •∺•

*L*os diferentes vientos que te azotan en la vida, hacen tres cosas:

1. Ponen a prueba tus raíces
2. Se llevan lo que está seco
3. Dan lugar a lo nuevo

"Bienaventurado el varón que no anduvo en consejo de malos, ni estuvo en camino de pecadores, ni en silla de escarnecedores se ha sentado; sino que en la ley de Jehová está su delicia y en su ley medita de día y de noche. Será como árbol plantado junto a corrientes de aguas, que da su fruto en su tiempo y su hoja no cae y todo lo que hace, prosperará. No así los malos, que son como el tamo que arrebata el viento. Por tanto, no se levantarán los malos en el juicio, ni los pecadores en la congregación de los justos. Porque Jehová conoce el camino de los justos; mas la senda de los malos perecerá." Salmo 1 (RVR 1960)

REFLEXIÓN *39*

¿ QUÉ USO LE DARAS ?

El distraído tropezó con ella.

El violento hizo de ella un proyectil

El emprendedor construyó con ella.

El campesino cansado, la utilizó como asiento.

David, mató con ella a Goliat.

El escultor Miguel Ángel, sacó de ella una escultura.

Por lo que resulta interesante ver como en todos estos casos, la diferencia no estuvo en la piedra sino en la mentalidad de aquel que la poseía.

Y tú, ¿Qué uso darás a la piedra?

REFLEXIÓN 40

EL PUENTE CONECTOR

Entre un nivel y otro siempre hay un puente conector llamado "transición", que cuando estás en medio de él, parece como si todo estuviera paralizado, te sientes inseguro y dudas si realmente vas a poder avanzar o no.

Pero Dios no deja las cosas a medias. La obra que Él comenzó hacer contigo la perfeccionará. Así que aunque no estés donde quieres estar, reconoce que tampoco estás en la posición que te encontrabas antes.

Estas en transición y una obra que parece estar paralizada, en el glorioso nombre de Jesús pronto será terminada sobre tu vida. Ya que no en vano dijo el apóstol Pablo:

"... Estoy seguro de que Dios, quien comenzó la buena obra en ustedes, la continuará hasta que quede completamente terminada." Filipenses 1:6 (NTV)

REFLEXIÓN **41**

HABRÁ QUE DEJAR ALGO

Cuando Dios nos llama para algo, siempre nos saca de algo. Así que entender las áreas de las que Dios nos dice que salgamos, es tan importante como la comprensión de aquellas, a las que nos dice que vayamos.

"Y el Señor dijo a Abram: Vete de tu tierra, de entre tus parientes y de la casa de tu padre, a la tierra que yo te mostraré." Génesis 12:1 (LBLA)

"Y andando junto al mar de Galilea, vio a dos hermanos, Simón, llamado Pedro, y Andrés su hermano, echando una red al mar, porque eran pescadores. Y les dijo: Seguidme, y yo os haré pescadores de hombres. Entonces ellos, dejando al instante las redes, le siguieron." Mateo 4:18-20 (LBLA)

"Si alguno viene a mí, y no aborrece a su padre, y madre, y mujer, e hijos, y hermanos, y hermanas, y aun también su propia vida, no puede ser mi discípulo. Y el que no lleva su cruz y viene en pos de mí, no puede ser mi discípulo." Lucas 14:26-27 (RVR 1960)

REFLEXIÓN 42

❖ EDUCALA, LUEGO ESCÚCHALA ❖

*E*s muy común escuchar a las personas decir: "Actúa según lo que te diga la conciencia", o "Déjate guiar por lo que diga el corazón". Estas frases suelen ser acogidas por la mayoría. Sin embargo, la conciencia debe contar con una base de valores, principios y conocimientos que le permitan ser buena consejera. En otras palabras, actuamos según lo que sabemos y de acuerdo a lo que creemos.

Por lo que para ser buena consejera, tu conciencia necesita estar fundamentada en el manual por excelencia de los valores que es la palabra de Dios, ya que solo así podrá tener un marco de referencia correcto para poder guiarte.

"Porque la palabra de Dios es viva y eficaz y más cortante que toda espada de dos filos; y penetra hasta partir el alma y el espíritu, las coyunturas y los tuétanos, y discierne los pensamientos y las intenciones del corazón" Hebreos 4:12 (RVR 1960)

"Tu palabra es una lámpara que guía mis pies y una luz para mi camino." Salmos 119:105 (NTV)

REFLEXIÓN **43**

EL VALOR DE LA HONESTIDAD I

El término honestidad, significa: veraz, libre de duplicidad, recto, honorable, respetable y digno de estima.

Dios espera que como sus hijos, seamos personas honestas.

"He aquí, tú amas la verdad en lo íntimo, y en lo secreto me has hecho comprender sabiduría" Salmos 51:6 (RVR 1960)

El ser deshonesto con alguien, es tan dañino como el daño que producen las heridas físicas.

"Martillo y cuchillo y saeta aguda es el hombre que habla contra su prójimo falso testimonio" Proverbios 25:18 (RVR 1960)

El Señor no aprueba la deshonestidad en los negocios.

"Abominación son a Jehová las pesas falsas y la balanza falsa no es buena". Proverbios 20:23 (RVR 1960)

No negocies tu honestidad, se honesto, se veraz y se franco.

"Por lo cual, desechando la mentira, hablad verdad cada uno con su prójimo; porque somos miembros los unos de los otros." Efesios 4:25 (RVR 1960)

"Porque nuestra exhortación no procedió de error ni de impureza, ni fue por engaño." 1 Tesalonicenses 2:3 (RVR 1960)

REFLEXIÓN 44

•❧• EL VALOR DE LA HONESTIDAD II •❧•

La honestidad está involucrada en dos de los mandamientos, que son los siguientes: *"No hurtarás. No hablarás contra tu prójimo falso testimonio."*
Éxodo 20:15-16 (RVR 1960)

Las verdades son de más valor que la adulación.

"El que reprende al hombre, hallará después mayor gracia que el que lisonjea con la lengua." Proverbios 28:23 (RVR 1960)

Los hijos de padres honestos son dichosos.

"Camina en su integridad el justo; sus hijos son dichosos después de él." Proverbios 20:7 (RVR 1960)

Las ganancias fraudulentas son agradables sólo por poco tiempo.

"Sabroso es al hombre el pan de mentira; pero después su boca será llena de cascajo." Proverbios 20:17 (RVR 1960)

Las riquezas obtenidas deshonestamente no duran mucho tiempo.

"Amontonar tesoros con lengua mentirosa es aliento fugaz de aquellos que buscan la muerte." Proverbios 21:6 (RVR 1960)

REFLEXIÓN 45

•⊱• LLAMADOS A SER INTEGROS I •⊰•

La integridad, es el cimiento de nuestro carácter y de todas las demás virtudes. Vivir una vida basada en integridad, nos hace ser semejantes a Cristo. Cuando tenemos fisuras en nuestro carácter no contamos con el debido fundamento para poner en práctica otros valiosos atributos que como hijos de Dios estamos llamados a manifestar. Valores como la humildad, bondad, transparencia, honradez y lealtad, indefectiblemente deben estar ligados a la integridad. Ya que esta es la base que nos permite manifestar todas las demás virtudes. Pero no hacemos referencia a una integridad basada en criterios humanos, sino a la verdadera integridad, la cual se basa no solo en hacer lo que es lícito, sino lo que es moralmente correcto y lo que está de acuerdo con las directrices que nos ha dado el Señor. O sea, que aunque en algunas culturas sea lícito tener relaciones sexuales antes del matrimonio, para los íntegros esto siempre será ilícito. Aunque otros consideren ser nada el hecho de mentir, tomar lo ajeno o hablar mal de los demás, para los íntegros esto siempre será ilícito.

No es suficiente ser justos solo según los términos establecidos por la justicia humana; nuestro enfoque real debe ser parecernos a aquel que es nuestro modelo por excelencia, nuestro Señor y Salvador Jesucristo.

"Porque los ojos de Jehová contemplan toda la tierra, para mostrar su poder a favor de los que tienen corazón perfecto para con él." 2 Crónicas 16:9 (RVR 1960)

REFLEXIÓN **46**

❖ LLAMADOS A SER INTEGROS II ❖

La palabra integridad se deriva del latín "integritatis" y significa completo y total. La misma, tiene ciertas características entre las cuales están las siguientes:

✤ Tomar decisiones basadas en implicaciones eternas y no en beneficios temporales.
✤ Dar a conocer toda la verdad y no solo parte de ella.
✤ Guardar los pactos, respetar los acuerdos y honrar los compromisos.
✤ No depender de la presencia de los demás para actuar correctamente porque ser íntegros nos lleva a ser las mismas personas en privado, que manifestamos ser cuando estamos en público.

Cuando vivimos una vida basada en la integridad somos tomados como ejemplo en la tierra y somos aplaudidos en el reino de los cielos.

"Un día en que debían presentarse ante el Señor sus servidores celestiales, se presentó también el ángel acusador entre ellos. El Señor le preguntó: ¿De dónde vienes? Y el acusador contestó: He andado recorriendo la tierra de un lado a otro. Entonces le dijo el Señor: ¿Te has fijado en mi siervo Job? No hay nadie en la tierra como él, que me sirva tan fielmente y viva una vida tan recta y sin tacha, cuidando de no hacer mal a nadie." Job 1:6-8 (RVR 1960)

REFLEXIÓN **47**

❖ EL MEJOR DE TUS MENSAJES ❖

𝒫rocur aque tus actitudes siempre sean coherentes con lo que haces. Porque, ¿De qué sirven las muchas palabras que emitimos cuando no pueden ser sustentadas con nuestros hechos?

Más importante que predicar buenos mensajes, es hacer que nuestra vida misma sea una buena predicación. Ya que no en vano dijo el apóstol Pablo:

"Nuestras letras sois vosotros mismos, escritas en nuestros corazones, las cuales son sabidas y leídas por todos los hombres."
2 Corintios 3:2 (RVR 1960)

DIOS TE PUSO NOMBRE

Según el contexto bíblico, notamos que entre los hebreos, el nombre está estrechamente ligado con la existencia. En términos generales, denota la identidad de una persona e implica su estatus, personalidad y responsabilidad. La Biblia menciona los nombres de más de 3,000 personas.

Cuando el nombre de alguien era preservado, podía continuar aun después de la muerte. Como vemos en este ejemplo:
"El ángel que me ha rescatado de todo mal, bendiga a estos muchachos; y viva en ellos mi nombre, y el nombre de mis padres Abraham e isaac; y crezcan para ser multitud en medio de la tierra." Génesis 48:16 (LBLA)

Mientras que el borrarse un nombre, era lo mismo que estar olvidado por siempre.
"Yo me levantaré contra ellos, declara el Señor de los ejércitos y cortaré de Babilonia nombre y sobrevivientes, descendencia posteridad, declara el Señor." Isaías 14:22 (NBLH)

Por otro lado, el hecho de dar nombre a alguien en la Biblia, equivale a poseerlo o controlarlo.
"Ahora pues, reúna el resto del pueblo y acampe contra la ciudad y tómala, no sea que tome yo la ciudad y sea llamada por mi nombre." 2 Samuel 12:28 (NBLH)

Mientras que el cambio de nombre era entendido como una promoción a una categoría superior.

"Y no serás llamado más Abram; sino que tu nombre será Abraham; porque yo te haré padre de multitud de naciones." Génesis 17:5 (LBLA)

Por lo que en este día, el Señor quiere que recuerdes que El te ha puesto nombre.

"Ahora, así dice Jehová, Creador tuyo, Jacob y formador tuyo, Israel: «no temas, porque yo te redimí; te puse nombre, mío eres tú." Isaías 43:1 (RVR 1995)

REFLEXIÓN **49**

◆⋙◆ A VER QUIEN SERÁ EL DUEÑO ◆⋘◆

$\mathcal{E}$n una ocasión, me encontraba predicando en un pequeño pueblo llamado Jaumave, en Tamaulipas, México y como parte de mi visita allí, me fue ofertado un paseo para conocer el pueblo, a lo que con mucho gusto accedí. Aquel día tuve la oportunidad de conocer gente maravillosa y visitar lugares hermosos.

Durante el recorrido, pasamos por una zona donde pastaban varias yeguas, entre ellas una que realmente captó mi atención porque estaba muy bien cuidada, recortada, hermosa e incluso hasta brillaba, así que señalándola dije: "¡Vaya! que bien cuidada está esa yegua." Y cuando las personas que me acompañaban la vieron, estuvieron de acuerdo conmigo en que era la más hermosa de todas las que se encontraban allí y dijeron: "A ver quién será el dueño." Considerando esta experiencia podemos apreciar lo siguiente:

Nuestra vida debe expresar la mentalidad de nuestro Dueño: Como propiedad de Dios que somos, debemos vivir diferentes al resto del mundo, para que todos al vernos, admiren a nuestro Dueño.

Debemos ser buenos mayordomos de los recursos que nos ha dado nuestro Señor: Dale valor a lo que tienes porque muchos, con sólo la mitad de lo que posees, estarían haciendo mucho más de lo que estas haciendo tú. Así que no te enfoques en "yeguas ajenas" esfuérzate en mejorar la tuya continuamente.

"Porque la misma creación aguarda con ansiedad la revelación de los hijos de Dios." Romanos 8:19 (NVI)

REFLEXIÓN 50

CON LA COMPAÑIA DE DIOS

Según algunos hallazgos hechos por la ciencia, está comprobado que la presencia de una mascota en la casa, mejora el estado de ánimo, disminuye las tensiones, ayuda a evitar los problemas cardíacos y alarga las expectativas de vida a sus poseedores. Entonces considerando esto, podemos deducir que si realmente la compañía de un perro, gato o cualquier otra mascota puede hacer todo esto ¿Cuánto más podría hacer en nuestras vidas la presencia activa del único Absoluto, Soberano, Altísimo y Todopoderoso Dios? ¿Qué no sería capaz de hacer por ti aquel ante cuya presencia la tierra tiembla, los mares obedecen y los demonios huyen?

¿Qué efecto se produciría en tu vida si dependieras continuamente de la compañía de aquel que extiende como cortina los cielos, que hace de los vientos sus mensajeros, que midió las aguas con el hueco de su mano, los cielos con su palmo y con tres dedos juntó todo el polvo de la tierra?

Pensemos por un solo momento ¿Que no podría hacer por ti el Dios eterno, Señor y el Creador de los confines de la tierra que hace salir en orden a su ejército y a todos llama por su nombre? Y es que al considerar sólo algunas de las características de este gran Compañero Fiel, podemos estar plenamente convencidos de que cuando lo invitas, a ser el Centro de tu vida, su compañía, su gracia y su favor, excederán infinitamente los recientes hallazgos que ha hecho la ciencia acerca del acompañamiento que brindan las mascotas a la vida de sus dueños.

"Bendeciré a Jehová que me aconseja; aun en las noches me enseña mi conciencia. A Jehová he puesto siempre delante de mí; porque está a mi diestra, no seré conmovido." Salmo 16: 7-8 (RVR 1960)

REFLEXIÓN 51

❖ LOS FUNDAMENTOS PRECEDEN ❖

*U*no de los principios fundamentales de nuestra vida (si queremos que nos vaya bien en lo que hacemos), debe ser la práctica de la obediencia, no solo a Dios sino también a las personas que Él ha puesto sobre nosotros, porque no podemos decir que obedecemos al Señor cuando irrespetamos y manifestamos una conducta rebelde hacia los que Él ha puesto para dirigirnos. Debemos obedecer a nuestras autoridades, aun si no tenemos el sentir de hacerlo.

Porque aunque no parezca, aquel que Dios ha puesto sobre ti, algo tiene que aun a ti te hace falta recibir. Por eso, aunque no te agraden ni estés totalmente de acuerdo con ellos, a menos que el obedecerles no atente contra lo que Dios en su palabra ha establecido, procura dejarte guiar por tus autoridades.
Si están mal, no te preocupes porque el Dios que los puso, se encargará de confrontarlos en su debido momento.

"... Porque sobre el alto vigila otro más alto y uno más alto está sobre ellos." Eclesiastés 5:8 (RVR 1960)

REFLEXIÓN 52

PROCURA SER HALLADO APTO

*N*o somos aptos para ser autoridad de otros, cuando nos revelamos en contra de aquellos que Dios ha puesto para ser autoridad nuestra.

La obediencia a Dios, siempre quedará demostrada a través de nuestro sometimiento a las personas que él ha puesto sobre nosotros.

"Sólo Dios puede darle autoridad a una persona, y es él quien les ha dado poder a los gobernantes que tenemos. Por lo tanto, debemos obedecer a las autoridades del gobierno. Quien no obedece a los gobernantes, se está oponiendo a lo que Dios ordena. Y quien se oponga será castigado." Romanos 13:1-2 (TLA)

REFLEXIÓN **53**

PRIMERO RECIBE DE DIOS

Si a Dios le ha placido darte autoridad para dirigir a otros, hazlo con amor, consideración y respeto. Ya que la autoridad que tienes, viene de Dios y no debe estar fundamentada en ti mismo.

Para ejercer autoridad del modo que Dios espera que lo hagas, deberás estar basado en sus preceptos y no en los tuyos propios. La Fuente de toda autoridad, es el Señor.

Lo que dices y haces como persona que está en autoridad, debe provenir de la dirección que previamente recibes al pasar tiempo con el que te dio la autoridad. Porque si no recibes de Dios, no tendrás nada que dar a los hombres. El Señor nos llama a representar su autoridad, no a sustituirla.

"Por eso Jesús, respondiendo, les decía: En verdad, en verdad os digo que el Hijo no puede hacer nada por su cuenta, sino lo que ve hacer al Padre; porque todo lo que hace el Padre, eso también hace el Hijo de igual manera." Juan 5:19 (LBA)

REFLEXIÓN 54

¿CÓMO EXPLICAR EL AMOR?

En una de las salas de un colegio habían varios niños y uno de ellos preguntó: "Maestra, ¿Qué es el amor?"
La maestra sintió que el niño merecía una respuesta que estuviese a la altura de la pregunta inteligente que había formulado, así que como ya estaban para salir a recreo, pidió a sus alumnos que dieran una vuelta por el patio de la escuela y trajeran algo que despertara en ellos el sentimiento del amor.
Los chicos salieron apresurados y cuando regresaron, la educadora les dijo: "Quiero que cada uno muestre lo que trajo."

El primer alumno respondió: "Yo traje esta flor, porque es linda y llamó mi atención."

Al llegar el turno del segundo alumno, este dijo: "Yo traje esta mariposa. Vean el colorido de sus alas; la voy a colocar en mi colección."

El tercer alumno al presentar lo que había llevado dijo: "Yo traje este pichón de pajarito que se cayó del nido porque lo hallé gracioso."
Y así los niños, uno a uno fueron mostrando lo que habían recogido en el patio, para mostrar lo que es el amor.

Culminada la exposición, la maestra notó que una de las niñas no había traído nada y que había permanecido quieta durante todo el tiempo porque se sentía avergonzada. Así que le pregunto: ¿Y tú no encontraste nada?

La niña, tímidamente respondió: "Disculpe, pero vi la flor, sentí su perfume y pensé arrancarla pero preferí que exhalara su aroma por más tiempo. También miré la mariposa suave y colorida, pero parecía tan feliz que no tuve el coraje de aprisionarla. Luego observé el pichoncito caído entre las hojas, pero al subir al árbol, noté la mirada triste de su madre y decidí devolverlo al nido. Así que maestra, solo traigo conmigo el perfume de la flor, la sensación de libertad de la mariposa y la gratitud que observe en los ojos de la madre del pajarito al ponerlo de regreso en el lugar que pertenecía, pero no sé cómo mostrar lo que traje.

Al escuchar lo que había dicho la niña, la maestra lo tomó como ejemplo para que toda la clase entendiera el concepto de lo que es el verdadero amor.

"El amor es sufrido, es benigno; el amor no tiene envidia, el amor no es jactancioso, no se envanece; no hace nada indebido, no busca lo suyo..." I Corintios 13:4-5 (RVR 1960)

SE BIEN QUIEN ES ELLA

*U*n hombre de cierta edad, luego de haber sufrido una herida en la mano, fue a ver a su médico para que le curara y luego del procedimiento, (a diferencia de otras veces) evadió toda conversación con el doctor explicándole que llevaba mucha prisa; cuando éste le preguntó cuál era la causa de su premura el hombre le explicó que tenía que ir a una residencia de ancianos para desayunar con su mujer que vivía allí.

Le contó que llevaba algún tiempo en ese lugar y que tenía el mal de Alzheimer muy avanzado pero que cada día iba y desayunaba con ella. Al escuchar eso, el médico le preguntó si ella se alarmaría en caso de que el llegara tarde. A lo que él respondió: "No, porque ella no sabe quién soy yo. Hace casi cinco años que no me reconoce."

Entonces, muy extrañado el doctor le preguntó: "Pero ¿Si ya no sabe quién es usted, porqué esa necesidad de estar con ella todas las mañanas?" Entonces el hombre sonrió y dándole una palmadita en la mano le contestó: "Porque ella no sabe quién soy yo, pero yo sé muy bien quien es ella."

Aun en medio de las peores crisis de la vida, no olvides lo que algunas personas en algún momento fueron para ti...

REFLEXIÓN 56

◆⟩⊷• ¿POR QUÉ GRITAN? •⊶⟨◆

𝒰n día un sabio preguntó a sus discípulos lo siguiente:

–¿Por qué la gente se grita cuando están enojados? Los hombres pensaron unos momentos y luego dijeron: -Porque perdemos la calma – dijo uno.

-Pero ¿por qué gritar cuando la otra persona está a tu lado? –.
¿No es posible hablarle en voz baja? ¿Por qué gritas a una persona cuando estás enojado?- Preguntó una vez más aquel sabio.

Los hombres dieron algunas otras respuestas pero ninguna de ellas satisfacía al maestro. Finalmente él explicó:
– Cuando dos personas están enojadas, sus corazones se alejan mucho y para cubrir esa distancia piensan que deben gritar para poder escucharse. Mientras más enojados estan, más fuerte entienden que deben gritar para escucharse.-

Luego preguntó: – ¿Qué sucede cuando dos personas se enamoran? Ellos no se gritan sino que se hablan suavemente. ¿Por qué? Porque sienten que sus corazones están muy cerca el uno del otro y que la distancia entre ellos es muy pequeña.
¿Cuándo se enamoran más aún, qué sucede?- Continuó diciendo el maestro, -No hablan, sólo susurran y se vuelven aún más cerca en su amor. Finalmente no necesitan siquiera susurrar, sólo se miran y eso es todo. Así sucede cuando están cerca dos personas que se aman. - Luego el sabio concluyó: Cuando discutan no dejen que sus corazones se alejen, no digan palabras que los distancien

más, porque llegará un día en que la distancia sea tanta que no encontrarán más el camino de regreso. -

"El que ama tiene paciencia en todo, y siempre es amable... No es grosero ni egoísta, ni se enoja por cualquier cosa." I Corintios 13:4-5 (TLA)

REFLEXIÓN 57

⋅❧• SE LES LLAMA CONFIDENTES •❧⋅

*N*o todos lo que se acercan a ti lo hacen con las mismas intenciones. Pero entre los que se acercan, hay algunos que no solo llegan a tu vida a ocupar un espacio más, sino que trascienden por sus peculiares características, entre las cuales están las siguientes:

✤ Te aman no por lo que tienes, sino por lo que eres.
✤ Son leales a ti.
✤ Consideran tus asuntos como parte de ellos.
✤ Están presentes en tus altas y en tus bajas.
✤ Son los primeros que te ayudan a levantarte cuando caes y a fortalecerte cuando te debilitas.
✤ Te dicen cuando actúas bien y te confrontan cuando actúas mal.
✤ Celebran tus victorias y te sirven de soporte cuando las cosas no salen como se esperaba.

Su valor es incalculable, pero ellos no son comunes. De hecho, sí llegas a tener 2 ó 3 de estos en todo el trayecto de tu vida, puedes considerarte como bienaventurado, ya que muchos parecen serlo pero las diferentes presiones y crisis que se presentan en el camino, revelan que realmente no lo son. Por eso te invito hoy a que identifiques sí hay alguno de estos actualmente en tu vida y sí lo hallas, pídele a Dios que te ayude a valorar, cuidar y ser leal a este valioso regalo que comúnmente se le llama confidente.

"El amigo ama en todo momento; en tiempos de angustia es como un hermano." Proverbios 17:17 (RVR 1960)

REFLEXIÓN 58

SENCILLAMENTE NO LO SON

En algunas ocasiones, el hecho de aferrarnos a lo que Dios quiere sacar de nosotros, hace que se produzca un retraso en lo nuevo que Él quiere traer a nosotros. Por lo que es de suma importancia entender lo siguiente:

Lo que Dios quiere que se quede en tu vida, no se irá y lo que Él ha decidido sacar de ella, por más que quieras retenerlo, no podrás.

Algunas personas solo llegan a nosotros de pasada; vinieron con una asignación especial y al darle cumplimiento, así como llegaron se alejan. Otros fingen ser tus "mejores amigos", pero esto solo dura hasta que se presenta una crisis que pone a prueba los fundamentos de la relación.

Existen además, los que se acercan a ti no por lo que eres, sino por lo que tienes; porque lo que tú posees es algo que ellos también quisieran llegar a tener. Pero cuando encuentran a alguien que representa mejor sus intereses, así como dejaron a otros para unirse a ti, te dejarán a ti, para unirse a otros.

Finalmente, tenemos aquellos que llegan y entran en nuestras vidas, no porque los envía Dios sino porque nosotros, producto de una mala decisión, le damos entrada. Con estos, lo más sabio que puedes hacer es cortar los lazos que te unen a ellos, lo antes posible. Ya que si no lo haces, las consecuencias al final serán mucho peor que el dolor temporal que sentirás en el momento que decides dejarlos ir.

Pero Dios como parte de su perfecta provisión para contigo, se encargará de conectarte con la gente correcta para que des cumplimiento a tu destino y obrará para apartarte de aquellos que por más que aparenten ser las personas correctas para ti... ¡Sencillamente no lo son!

"Hay amigos que conducen a la ruina y hay amigos más fieles que un hermano." Proverbios 18:24 (NVI)

LA LEY DEL 25%

*E*l reconocido autor de libros John C. Maxwell en uno de sus escritos, plantea "La ley del 25%", en cuanto a la impresión que se lleva de nosotros la gente. En la misma, él establece lo siguiente:

Un 25% de las personas a tu alrededor, te amarán y estarán dispuestos a actuar en bien tuyo aunque nunca llegues a hacer nada por ellos.

Un 25%, te aborrecerán y procuraran dañarte, no importa que tanto hagas por ellos.

Un 25%, te amarán hasta que tengan la oportunidad de conocerte y darse cuenta de tus debilidades.

Y el otro 25%, te aborrecerán hasta que te conozcan y se den cuenta que no eres la persona que ellos sin conocer, mal juzgaron.

"Viniendo Jesús a la región de Cesarea de Filipo, preguntó a sus discípulos, diciendo: ¿Quién dicen los hombres que es el Hijo del Hombre? Ellos dijeron: Unos, Juan el Bautista; otros, Elías; y otros, Jeremías, o alguno de los profetas. El les dijo: Y vosotros, ¿quién decís que soy yo? Respondiendo Simón Pedro, dijo: Tú eres el Cristo, el Hijo del Dios viviente." Mateo 16:13-16 (RVR 1960)

REFLEXIÓN 60

CONEXIONES DIVINAS

Cuando el Señor quiere bendecirte, envía personas para que lo hagan y cuando el enemigo quiere destruirte también procura hacer lo mismo, y si no logra ligarte a personas dañinas, tratará de destruir las conexiones divinas que Dios ha dispuesto para tu vida.

Satanás, siempre se empeñará en alejarte de gente que te sirvan de guía en la ruta hacia tu destino, pero por más que lo intente, no se lo permitas. Muchas son las conexiones divinas que vemos a través de todo el texto sagrado, entre ellas las de David y Jonathan, Rut y Noemí, Elías y Eliseo, entre otros.

Las personas que llegan a tu vida a modo de conexiones divinas, vienen con una encomienda de parte de Dios de ayudarte a que cumplas con el propósito que fue marcado para ti; por eso te apoyan, te confrontan, se preocupan por enseñarte, te dicen cuando actúas mal y te señalan las mejoras. Por lo que si ya has identificado a alguien con estas cualidades; amale, respétale y valórale porque no por coincidencia, sino

"Algunas amistades se rompen fácilmente, pero hay amigos más fieles que un hermano." Proverbios 18:24 (DHH)

¿QUIÉNES SON TUS COMPAÑIAS?

Los conquistadores les gustan estar acompañados de aquellos que conquistan y los soñadores de aquellos que sueñan. De igual manera el chismoso disfruta la compañía de otros chismosos y los quejosos siempre se atraen entre sí. Las personas suelen sentirse muy cómodas dentro de su propio grupo.

No te dejes arrastrar por las influencias de aquellos que no avanzan y sólo se dedican a mirar las fallas y defectos de los demás. Busca siempre marcar la diferencia y trabaja para mejorar aquello que si puedes mejorar. Porque tal como dijo George Craig Stewart: *"Los hombres débiles son esclavos de lo que ocurre, mientras que los fuertes son amos de ello."*

El zapato no le dice al pie cuanto crecer, sino que la medida del pie determina el tamaño del zapato. Tener la perspectiva correcta te impulsa a obrar de acuerdo a tu visión y no conforme a las circunstancias del momento.

"Inclina tu oído, oye las palabras de los sabios y aplica tu corazón a mi sabiduría; porque es cosa deliciosa, si las guardares dentro de ti... No te entremetas con el iracundo, ni te acompañes con el hombre de enojos, no sea que aprendas sus maneras y tomes lazo para tu alma." Proverbios 22:17, 24-25 (RVR 1960)

REFLEXIÓN **62**

LO QUE PRUEBA UNA RELACIÓN

Así como el crisol prueba la plata y la hornaza prueba el oro, el fundamento de una relación es probado a través de los momentos de presión.

Si la relación que tenías con alguien se deshizo por uno de esos momentos, no te lamentes porque tarde o temprano, en algún trayecto del camino esto iba a acontecer. Así que en vez de una pérdida, podríamos decir que la "podadora de Dios" entró en acción, para remplazar estas relaciones fallidas para tu vida por relaciones que tengan fundamento sólido.

¡Mantente expectante, Dios te asombrará con lo que viene!

REFLEXIÓN **63**

⋅◦❧• SIN NADIE A QUIEN COMPARARLE •❧◦⋅

*H*ablando del Dios a quien servimos, el texto sagrado dice:

"¿Quién midió las aguas con el hueco de su mano y los cielos con su palmo, con tres dedos juntó el polvo de la tierra, y pesó los montes con balanza y con pesas los collados? ¿Quién enseñó al Espíritu de Jehová, o le aconsejó enseñándole? ¿A quién pidió consejo para ser avisado? ¿Quién le enseñó el camino del juicio, o le enseñó ciencia, o le mostró la senda de la prudencia?

He aquí que las naciones le son como la gota de agua que cae del cubo, y como menudo polvo en las balanzas le son estimadas; he aquí que hace desaparecer las islas como polvo. Ni el Líbano bastará para el fuego, ni todos sus animales para el sacrificio. Como nada son todas las naciones delante de él; y en su comparación serán estimadas en menos que nada, y que lo que no es. ¿A qué, pues, haréis semejante a Dios, o qué imagen le compondréis? El artífice prepara la imagen de talla, el platero le extiende el oro y le funde cadenas de plata.

El pobre escoge, para ofrecerle, madera que no se apolille; se busca un maestro sabio, que le haga una imagen de talla que no se mueva. ¿No sabéis? ¿No habéis oído? ¿Nunca os lo han dicho desde el principio? ¿No habéis sido enseñados desde que la tierra se fundó? El está sentado sobre el círculo de la tierra, cuyos moradores son como langostas; él extiende los cielos como una cortina, los despliega como una tienda para morar.

INDETENIBLE

El convierte en nada a los poderosos, y a los que gobiernan la tierra hace como cosa vana. Como si nunca hubieran sido plantados, como si nunca hubieran sido sembrados, como si nunca su tronco hubiera tenido raíz en la tierra; tan pronto como sopla en ellos se secan, y el torbellino los lleva como hojarasca.

¿A qué, pues, me haréis semejante o me compararéis? dice el Santo.

Levantad en alto vuestros ojos, y mirad quién creó estas cosas; él saca y cuenta su ejército; a todas llama por sus nombres; ninguna faltará; tal es la grandeza de su fuerza, y el poder de su dominio. ¿Por qué dices, oh Jacob, y hablas tú, Israel: Mi camino está escondido de Jehová, y de mí Dios pasó mi juicio?

¿No has sabido, no has oído que el Dios eterno es Jehová, el cual creó los confines de la tierra? No desfallece, ni se fatiga con cansancio, y su entendimiento no hay quien lo alcance.

El da esfuerzo al cansado, y multiplica las fuerzas al que no tiene ningunas.

Los muchachos se fatigan y se cansan, los jóvenes flaquean y caen; pero los que esperan a Jehová tendrán nuevas fuerzas; levantarán alas como las águilas; correrán, y no se cansarán; caminarán, y no se fatigarán." Isaías 40: 12-31 (RVR 1960)

NO LO DESPERDICIES

El tiempo, es uno de los regalos más valiosos que hemos recibido de Dios y Él espera que hagamos buen uso de el, procurando llevar una vida productiva.

El tiempo de nuestra estadía en la tierra, comienza el día que nacemos y termina el día que morimos. La longitud de nuestra vida física concuerda con los días que se requieren para cumplir con nuestro propósito, porque Dios planeo la madurez de nuestra vida en el total de los días que nos repartió. Por tanto, el tiempo que Dios ha determinado darnos es el que necesitamos para llevar a cabo nuestra misión.

No desperdicies tu tiempo, valóralo. Si quieres saber si estás dando buen uso a este valioso recurso, te invito a considerar lo siguiente:

¿A qué estás dedicando tu tiempo? ¿En cuales cosas lo estás invirtiendo?

Alguien escribió, que una persona vive un promedio de 25,550 días y que sería útil apartar de ellos 40 días para saber qué es lo que Dios quiere que hagas en los 25,510 días restantes...
Revélate contra todo lo que quiera hacerte malgastar los días que el Creador te ha asignado para vivir en la tierra. ¡Vive productivamente!

"Enséñanos de tal modo a contar nuestros días, que traigamos al corazón sabiduría." Salmo 90:12 (RVR 1960)

REFLEXIÓN **65**

❖ COMO BUENOS MAYORDOMOS I ❖

"De Jehová es la tierra y su plenitud; el mundo, y los que en él habitan." Salmo 24:1 (RVR 1960)

Todo lo que tenemos le pertenece al Señor, nosotros sólo somos mayordomos de lo que Él nos da y para ser buenos mayordomos, debemos tener una clara comprensión de ciertas cosas, entre ellas la diferencia que existe entre una necesidad y un deseo. Veamos por ejemplo:
Una necesidad, es aquello que resulta indispensable para vivir en un estado de salud plena. Esta se diferencia de un deseo porque de al no ser satisfecha se producen resultados negativos evidentes. Mientras que un deseo, se define como el anhelo de saciar un gusto.

Tener la plena comprensión de esto, nos ayuda a entender que (a diferencia de lo que creen muchos), realmente no "necesitamos" tener el último modelo de una marca determinada de vehículo, la última tecnología en aparatos electrónicos, la ropa de última temporada o la casa más lujosa del vecindario. Sino que el querer tener todas estas cosas, corresponde a nuestros deseos y no a nuestras necesidades y si Dios en algún momento quiere dárnoslo, Ell se encargaraa de hacerlo, sin que nosotros tengamos que ser controlados por esos deseos.

"... *Porque vuestro Padre sabe de qué cosas tenéis necesidad.*" Mateo 6:8 (JBS)

REFLEXIÓN 66

⋯·❧❦· COMO BUENOS MAYORDOMOS II ·❧❦·⋯

$\mathcal{D}$ios conoce nuestras necesidades y puede darnos mucho más de lo que necesitamos. (Ver Filipenses 4:19). Sin embargo, Él espera que sepamos administrar bien lo poco, para entonces hacernos entrega de más.

De hecho, el Señor espera que hagamos uso de nuestra creatividad para poder sacar lo mejor de lo que tenemos, sin incurrir a endeudamientos para adquirir lo que necesitamos.
A veces, incluso podemos renovar aquello que llevamos tiempo usando, como algunas prendas de vestir cambiándoles, quitándoles o poniéndoles detalles que no tienen. Así también podemos remodelar los muebles, el vehículo y mucho de los enseres que poseemos, haciendo que parezcan nuevos sin haberlos cambiado.

No seas un esclavo de las deudas por satisfacer tus deseos. Lo que es última tecnología hoy, no lo será mañana. Así que luego de comprar lo que quieres ahora, dentro de poco querrás también lo nuevo que saldrá más adelante y si no sabes manejar esas emociones, serás toda la vida un prisionero de tus continuos caprichos y deseos.

Por tanto, revélate contra el consumismo y la opresión a la que puedes ser sometido teniendo que pagar por años altos intereses de préstamos y tarjetas de crédito con el dinero que pudieras estar invirtiendo de algún otro modo o para algún otro fin.

"No deban nada a nadie, excepto el deber de amarse unos a otros."
Romanos 13:8

REFLEXIÓN 67

❖ QUE NO TE DESPOJEN ❖

"*Vinieron las hijas de Zelofehad hijo de Hefer, hijo de Galaad, hijo de Maquir, hijo de Manasés, de las familias de Manasés hijo de José, los nombres de las cuales eran Maala, Noa, Hogla, Milca y Tirsa; y se presentaron delante de Moisés y delante del sacerdote Eleazar, y delante de los príncipes y de toda la congregación, a la puerta del tabernáculo de reunión, y dijeron: Nuestro padre murió en el desierto; y él no estuvo en la compañía de los que se juntaron contra Jehová en el grupo de Coré, sino que en su propio pecado murió, y no tuvo hijos. ¿Por qué será quitado el nombre de nuestro padre de entre su familia, por no haber tenido hijo? Danos heredad entre los hermanos de nuestro padre. Y Moisés llevó su causa delante de Jehová... Y Jehová respondió a Moisés, diciendo: Bien dicen las hijas de Zelofehad; les darás la posesión de una heredad entre los hermanos de su padre, y traspasarás la heredad de su padre a ellas.*" Números 27:1-7 (RVR 1960)

Las 5 hijas de Zelofehad, se rehusaron a aceptar lo establecido por el sistema, como parte de su destino y no dejaron que les fuera quitado lo que su padre les había dejado por herencia. Aunque la ley del momento establecía que las mujeres no tenían parte en la heredad de los padres, ellas no se resignaron sino que en vez de eso, se atrevieron a abogar el caso llevándolo a las autoridades competentes, y al hacerlo fueron reconocidas por el Señor, hasta al punto de que por la demanda de ellas, a partir de ese tiempo las mujeres fueron consideradas con los mismos derechos que tenían los hombres en cuanto a la distribución de herencia. Sin embargo, a diferencia de las hijas de Zelofehad, vemos como muchas personas, continuamente se adaptan a vivir por debajo del nivel que deberían, debido a su pasividad y falta de pasión.

Nunca te conformes con menos de lo que Dios ha trazado para ti, porque si lo haces estarás destinado a escuchar tu voz interior continuamente decir: "Este no es mi nivel, fui llamado para algo mucho más grande que esto". Así que ármate de valor y lánzate a la conquista de lo que te ha sido puesto delante!

"Desde los días de Juan el Bautista hasta ahora, el reino de los cielos ha venido avanzando contra viento y marea, y los que se esfuerzan logran aferrarse a él." Mateo 11:12 (NVI)

REFLEXIÓN 68

SIGUE AVANZANDO

$\mathcal{P}$or nada del mundo dejes de hacer lo que Dios te ha llamado a hacer.

No permitas que ningún ataque, espiritual, físico o emocional te saque de circulación. Tú final lo determina Dios, no tus problemas, ni tus adversidades, ni ninguna fuerza contraria. Ya que Satanás, por más que lo desee no tiene poder (a menos que tú se lo cedas) para detener la obra que Dios está haciendo en ti y a través de ti.

Por eso cuando Herodes mando buscar a Jesús para arrestarlo él respondió diciendo:

"Vayan y díganle a esa zorra que expulsaré a los demonios de la gente, la sanaré hoy y mañana, y al tercer día terminaré lo que debo hacer." Lucas 13:32 (PDT)

REFLEXIÓN 69

—•▶• **LA FRASE IDEAL** •◀•—

*E*n cierta ocasión, un poderoso rey convocó a sus principales sabios y eruditos a una asamblea para expresarles lo siguiente:

"Acabo de traer un gran anillo de mi última conquista. Es muy valioso y además me ofrece la posibilidad de poder guardar algo aún más valioso en su interior. Así que necesito que ustedes al final del día me entreguen una frase que sea la más sabia que algún mortal haya escuchado jamás. Quiero que juntos arriben a una conclusión haciendo uso de toda su sabiduría y luego la escriban en un papel diminuto, el cual guardare en el anillo. Y si algún día llego a encontrarme en medio de una crisis muy profunda, lo abriré, esperando que esa frase me sirva de aliento."

Luego de escuchar la solicitud del rey, los sabios pasaron el resto del día debatiendo acerca de cuál sería la frase que resumiría toda la sabiduría que ningún humano había oído jamás y fue al caer la noche, luego de largas horas de debate entre todos los sabios que al rey le fue entregada la frase escrita en el pequeño papel, tal como lo había solicitado.

"Aquí está la frase, su majestad. Guárdela en su anillo y léala si alguna vez llega a estar en medio de una gran crisis que golpee su vida o su reino." Le dijo el sabio que había sido electo como la voz representativa del resto.

El monarca tomó la frase, la guardó en su anillo y se olvidó del asunto. Hasta algunos años más tarde cuando debido al saqueo y

INDETENIBLE

la ruina de su reino, sintiéndose devastado y con deseos de quitarse la vida, recordó que aún conservaba el anillo que llevaba dentro la sabia frase, decidió abrirlo y al abrirlo leyó en él lo siguiente: "Esto también pasará." Aquella frase llenó de aliento y esperanza la vida del rey, quien sonriendo cobró ánimo y luego de tan devastador ataque, años más tarde se dispuso a recuperar todo el esplendor de su reinado a través de nuevas conquistas.

"Puse en el Señor toda mi esperanza; él se inclinó hacia mí y escuchó mi clamor. Me sacó de la fosa de la muerte, del lodo y del pantano; puso mis pies sobre una roca, y me plantó en terreno firme." Salmos 40:1-2 (NVI)

REFLEXIÓN 70

── ·∗❖∗· **LO QUE SALE DEL DESORDEN** ·∗❖∗· ──

*E*n nuestra casa, tenemos por costumbre tomar los días sábados, para hacer una limpieza mucho más profunda que la que hacemos regularmente. El programa de trabajo de ese día, consiste en mover todos los muebles y demás enseres para limpiar detrás y debajo de cada cosa. Debido a esto, el orden que usualmente tiene la casa se descompone y mientras el trabajo se lleva a cabo, se nos hace incomodo incluso movernos por ciertos espacios con plena libertad. Sin embargo, al caer la tarde, luego de haber limpiado todo, la casa se ve tan impecable y reluciente que compensa el desorden que tuvimos, en las primeras horas del día.

De igual manera, siempre que Dios "descompone" algo en nosotros (como casa de Él que somos) es para que quedemos en un estado mucho mejor al estado anterior. Así que el desorden y la incomodidad que puedas estar atravesando en el momento, sólo te hará apreciar más la limpieza y el nuevo orden que Dios ha de traer a tu vida.

Cuando el Señor decide limpiarnos, nos alinea, nos hace mansos, sabios y humildes; trabaja nuestro carácter y hace que salgan a la luz cosas que de mantenerse ocultas, traerían un nivel devastador de destrucción a nuestras vidas.
El orden de Dios siempre será mejor que el orden nuestro, por tanto no te resistas a recibir su disciplina.

"Ciertamente, ningún castigo es agradable en el momento de recibirlo, sino que duele; pero si uno aprende la lección, el resultado es una vida de paz y rectitud." Hebreos 12:11 (DHH)

REFLEXIÓN 71

⋯•⋇• **TODO LO QUE QUIERE LO HACE** •⋇•⋯

"*El que se cubre de luz como de vestidura, que extiende los cielos como una cortina, que establece sus aposentos entre las aguas, el que pone las nubes por su carroza, El que anda sobre las alas del viento; El que hace a los vientos sus mensajeros y a las flamas de fuego sus ministros. El fundó la tierra sobre sus cimientos; No será jamás removida.*" Salmos 104: 2-5 (RVR 1960)

"*Porque yo sé que Jehová es grande y el Señor nuestro, mayor que todos los dioses. Todo lo que Jehová quiere, lo hace, en los cielos y en la tierra, en los mares y en todos los abismos. Hace subir las nubes de los extremos de la tierra; hace los relámpagos para la lluvia; saca de sus depósitos los vientos.*" Salmos 135: 5-7 (RVR 1960)

"*Jehová de los ejércitos juró diciendo: Ciertamente se hará de la manera que lo he pensado, y será confirmado como lo he determinado... Porque Jehová de los ejércitos lo ha determinado, ¿y quién lo impedirá? Y su mano extendida, ¿quién la hará retroceder?*" Isaías 14: 24, 27 (RVR 1960)

REFLEXIÓN 72

—•❧• COSAS QUE SUCEDEN ANTES •❧•—

*A*ntes de ser gobernador, José tuvo que ser esclavo y antes de tener la túnica de príncipe, fue despojado del manto que le había hecho su padre Jacob.

Por lo que aquello de lo que más careces ahora, será el área de tu mayor abundancia luego de haber sido procesado.

"Pues los sufrimientos ligeros y efímeros que ahora padecemos producen una gloria eterna que vale mucho más que todo sufrimiento." 2 Corintios 4:17 (NVI)

REFLEXIÓN 73

ESPERA SER REVELADO

"Cuando yo era niño, hablaba como niño, pensaba como niño, juzgaba como niño; más cuando ya fui hombre, dejé lo que era de niño." 1 Corintios 13:11 (RVR 1960)

En este pasaje hay tres importantes elementos que nos ayudan a identificar el nivel en que estamos:

* La forma en que hablamos
* La forma en que pensamos
* La forma en que juzgamos

Y es que el modo de responder ante los estímulos (modo en que hablamos), la forma como entendemos las cosas (modo en que pensamos), y la manera como establecemos un juicio (modo en que juzgamos), revela si somos "adultos" en términos espirituales o si independientemente del tiempo que tengamos sirviendo al Señor, seguimos siendo "niños".

Nuestro nivel de madurez, será siempre un importante indicador para identificar si estamos listos para ser posicionados en un nivel mayor del que nos encontramos, ya que manejar ciertas cosas sin la debida madurez, podría hacer que aquello que nos fue entregado como bendición, llegue a ser causa de destrucción.
La madurez se adquiere a través de crecer continuamente y aprender de los errores para no volver a repetir lo mismo.

"Lo que quiero decir es esto: Mientras el heredero es menor de edad, en nada se diferencia de un esclavo de la familia, aunque sea en realidad el dueño de todo." Gálatas 4:1 (DHH)

REFLEXIÓN **74**

❖ **NECESITAMOS LA FUENTE I** ❖

*E*n una ocasión, hablando a los discípulos el Señor dijo: *"Yo soy la vid verdadera y mi Padre es el labrador. Toda rama que en mí no da fruto, la corta; pero toda rama que da fruto la poda para que dé más fruto todavía."* Juan 15:1-2 (NVI)

Las ramas no tienen vida en sí mismas, estas revelan las uvas pero la vida viene de la vid. Si una rama se arranca de la vid para ser sembrada en tierra, sin importar que tan verde se vea cuando está en la planta, una vez arrancada de la vid, no vivirá. Porque las ramas no tienen vida en sí mismas.

La relación de la vid y sus ramas está reflejada a través de toda la creación. Todo ser viviente, necesita de su fuente de origen para poder subsistir.

"Permanezcan en mí y yo permaneceré en ustedes. Así como ninguna rama puede dar fruto por sí misma, sino que tiene que permanecer en la vid, así tampoco ustedes pueden dar fruto sino permanecen en mi." Juan 15: 4 (NVI)

REFLEXIÓN **75**

❖ NECESITAMOS LA FUENTE II ❖

Así como la vida de la planta cesa al ser desconectada del suelo de donde salió, así también nosotros nos secamos y no tenemos vida, estando separados de Dios. Sin embargo, al leer esto puede que digas: "Conozco muchos que no tienen a Dios y están vivos". En este sentido, cabe destacar que una cosa es vivir y otra cosa es existir. Muchos existen, pero la vida verdadera solamente la tienen aquellos que están conectados con su Creador, hallando en Él, el sentido real por el cual existen.

Jesús dijo: "Yo soy la vid verdadera", lo que implica que fuera de Él, todas las demás "vides" a las que podamos conectarnos son falsas. Ninguna otra, podrá darte lo que sólo puedes recibir de la "Vid verdadera". Es únicamente conectados a esta "Vid" que recibimos la capacidad de reproducir todo lo que llevamos dentro. Pero además de esto, al conectarnos con Cristo, nuestra "Vid Verdadera", también somos podados para sacar de nosotros todo lo que amenaza nuestra producción. Algo que queda revelado en la siguiente expresión: "... Toda rama que da fruto la poda para que dé más fruto todavía" Juan 15:2.

Esto hace referencia al hecho de cortar lo seco y las ramas infructuosas para hacer que se produzca un aumento en la producción de los frutos. Las ramas secas en nuestras vidas pueden ser los malos hábitos, las malas compañías, algún pecado oculto o cualquier otra cosa que pueda afectar nuestra esencia.

"Crea en mí, oh Dios, un corazón limpio, Y renueva un espíritu recto dentro de mí." Salmos 51:10 (RVR 1960)

REFLEXIÓN 76

❖ MANTEN LA CONEXIÓN ❖

Cuando un árbol es derribado, puede permanecer vigoroso y mostrando hojas verdes durante varias semanas, aunque las raíces del árbol estén arrancadas del suelo, esto debido a la savia que conservan las raíces, la cual sube al tronco y de ahí llega a las ramas. Pero una vez absuelta la savia, las hojas se secan y el final de la vida del árbol se hace evidente. Sin embargo, este final, tuvo lugar cuando sus raíces fueron desconectadas del suelo y no cuando las hojas evidenciaron su muerte.

De igual modo, cuando nos desconectamos de Dios, podemos por cierto tiempo aparentar que estamos vigorosos y verdes pero si optamos por permanecer desconectados de Él, nuestra muerte será eminente.

"Qué alegría para los que no siguen el consejo de malos, ni andan con pecadores, ni se juntan con burlones; sino que se deleitan en la ley del Señor meditando en ella día y noche. Son como árboles plantados a la orilla de un río, que siempre dan fruto en su tiempo. Sus hojas nunca se marchitan, y prosperan en todo lo que hacen."
Salmos 1:1-3 (NTV)

REFLEXIÓN 77

 ALINEATE

Si realmente vas a dejar de ser quien eres, para convertirte en todo lo que Dios quiere que seas, debes buscar comprender la naturaleza del diseño original del Creador para tu vida, el cual solo se hará evidente cuando establezcas una verdadera conexión con aquel que es tu Padre y es tu Fuente.

Algo que vemos revelado en la vida de Saulo de Tarso, quien en el camino a Damasco, se encontró con quien había establecido para el un destino, Jesus de Nazaret quien le habló desde una luz brillante que lo dejó ciego durante tres días.
En nuestro caso, cabe destacar que no todos experimentamos un encuentro tan sublime como el que experimentó Saulo, pero todo el que desee cumplir con el propósito para el que fue creado, deberá (como lo hizo Saulo) dejar de ser egocéntrico y rebelde para dejar que sea Cristo el Centro de todo lo que tome lugar en su vida.

"Y ya no soy yo quien vive, sino que es Cristo quien vive en mí. Y la vida que ahora vivo en el cuerpo, la vivo por mi fe en el Hijo de Dios, que me amó y se entregó a la muerte por mí." Gálatas 2:20 (DHH)

REFLEXIÓN 78

A SU PUNTO DE VISTA

*F*uimos diseñados para vivir por fe; la Biblia define la fe como: "La certeza de lo que se espera, la convicción de lo que no se ve." (Ver Hebreos 11:1)

La acción de Dios no está basada en nuestras circunstancias sino en su determinación, su poder no es afectado por los obstáculos aparentemente imposibles de vencer. Él ve las cosas diferentes a como la vemos nosotros. Por eso pudo ver dentro del asesino Saulo, al apóstol Pablo quien escribió más del 40 por ciento de todo el Nuevo Testamento y en un cobarde, vio a un valiente llamado Gedeon.

Dios quiere impartir en nosotros su punto de vista; por tanto por más complicadas que las cosas parezcan, no le creas a lo que se ve.

"Por fe sabemos que Dios formó los mundos mediante su palabra, de modo que lo que ahora vemos fue hecho de cosas que no podían verse." Hebreos 11:3 (DHH)

REFLEXIÓN 79

PASANDO TIEMPO CON DIOS

Una hora con Dios podría ahorrarte muchas horas de trabajo en el día, porque al orar actúas bajo dirección del Señor y no al azar.

Cuando pasas tiempo con tu Creador, Él se encarga de decirte lo que debes hacer para ese día y lo que debes dejar para después; la instrucción de Dios te permite percibir lo que es verdaderamente importante y lo que no.

Al pasar tiempo en la presencia del Señor, recibes sabiduría para manejarte en medio de cualquier situación y eres investido de capacidad para soportar lo que de otra manera, sentirías que te agobia.

La oración te da la capacidad de pensar sabiamente y te ayuda a percibir las cosas del modo que Dios quiere. Cuando pasamos tiempo en oración, en vez de sentirnos víctimas de las circunstancias, las enfrentamos con confianza, firmeza y valentía.

"No se inquieten por nada; más bien, en toda ocasión, con oración y ruego, presenten sus peticiones a Dios y denle gracias. Y la paz de Dios, que sobrepasa todo entendimiento, cuidará sus corazones y sus pensamientos en Cristo Jesús." Filipenses 4:6-7 (NVI)

REFLEXIÓN 80

NECESITAS SU DIRECCIÓN

La oración es más importante que todas las otras actividades que podamos hacer durante el día. Por medio de ella recibimos guía, sabiduría y discernimiento para llevar a cabo el resto de nuestras labores diarias. Por más ocupados que estemos, nunca deberíamos dejar de pasar tiempo en oración. De hecho, procura nunca tomar decisiones importantes sin antes haber recibido dirección de parte de Dios a través de la oración.

Si tienes que decidir acerca de un trabajo, si comienzas un negocio, si vas alguna universidad específica, si te mudas a un lugar determinado, o cualquier otra cosa importante que hayas de hacer; pasa tiempo a solas con tu Padre, espera su dirección y luego actúa.

Asegúrate que lo que estás haciendo no es por simple gusto ni por conveniencia propia sino porque estás siendo guiado por la orden que has recibido de parte del Señor.

La oración te conecta con Dios en propósito, pensamiento, deseo, voluntad, razón, motivo, objetivo y sentimientos. El Señor anda buscando hombres y mujeres en la tierra que operen bajo la dirección y voluntad del cielo.

"Nuestro Dios vigila todo el mundo, y siempre está dispuesto a ayudar a quienes lo obedecen y confían en él." 2 Crónicas 16:9 (TLA)

REFLEXIÓN 81

PROCURA LA GARANTÍA

Para que te vaya bien en lo que emprendas, debes contar con la aprobación de Dios en lo que haces, porque su aprobación incluye su garantía y su garantía implica que:

- Lo que recibes te será de provecho y no de destrucción y tropiezo.
- Que si sufre algún daño, podrás llevarlo a Dios para que lo repare porque fue Él quien te lo dió.

- Que vas a poder hacer frente a todo lo que se presente en la posición y en el lugar donde Él te pone porque fue Él, quien te posicionó.

- Que podrás resistir a cualquier tempestad o presión que se levante en tu contra porque Él Dios que te llamó. Se encargará de respaldarte.

"*Aunque otros piensen que no soy apóstol, ciertamente para ustedes lo soy. Ustedes mismos son la prueba de que soy apóstol del Señor.*" I Corintios 9:2 (NTV)

REFLEXIÓN 82

DE ÉL VIENE LA RESPUESTA

*E*l deseo de Dios es que dependamos completa y absolutamente de Él en todo. Y aunque muchas veces pedimos su dirección a través de la oración, generalmente tenemos "bajo la manga" un plan auxiliar, por si acaso.

El Señor espera que vayamos a Él, con una actitud que diga: "Tu eres el único que puede ayudarme, en ti esta todo lo que necesito; dependo de tu dirección y estoy dispuesto a hacer lo que me digas Señor."

El modelo de oración expuesto por Jesús, nos enseña que debemos dirigirnos a Dios en oración con la siguiente expresión: "Padre nuestro", el término usado para la palabra "Padre" en este contexto viene del término griego "páter" que se traduce como padre, patriarca o fuente.

Partiendo de esto debemos reconocer a Dios como la única Fuente capaz de proveernos todo lo que necesitamos y dar respuesta a todos los problemas que tengamos.

"... *Su Padre sabe lo que ustedes necesitan antes de que se lo pidan.*" Mateo 6:8 (NVI)

INDETENIBLE

REFLEXIÓN *83*

EL EFECTO DE LA PALABRA

*T*odas las repuestas que damos frente a las diferentes situaciones de la vida, deberían estar basadas en lo que establece la palabra de Dios, ya que en ella se encuentra expresado su deseo para con nosotros y la respuesta a los diferentes dilemas que tenemos que hacer frente en el transcurso de la vida. Por eso a Satanás le preocupa que puedas llegar a conocerla plenamente y que te aferres a ella. Así que para impedirlo, hace uso de diferentes tácticas entre las cuales está el hecho de quitarte el deseo de conocerla, haciendo que dependas más de lo que escuchas decir a otros acerca de ella, que de lo que tú mismo puedes llegar a experimentar al leerla.

Por otro lado, cuando decides profundizar en la Palabra de Dios, el enemigo procura hacer que tu mente divague de un lado a otro, haciendo uso de diversas distracciones, tratando de impedir que la conozcas y que seas ministrado a través de ella.

Y es que la Palabra de Dios genera vida, aumenta la fe, produce cambios, oprime al diablo, realiza milagros, sana heridas, edifica el carácter, transforma las circunstancias, imparte alegría, nos ayuda a superar las adversidades y derrotar las tentaciones, nos infunde esperanza, libera poder, limpia nuestras mentes, hace que las cosas existan y nos garantiza que si la cumplimos, nuestra victoria (independientemente de todo lo que en tu contra pueda venir), esté garantizada.

Así que recordemos lo dicho por el Señor a su siervo Josué y procuremos hacer lo mismo:

"Solamente esfuérzate y sé muy valiente, cuidando de obrar conforme a toda la Ley que mi siervo Moisés te mandó; no te apartes de ella ni a la derecha ni a la izquierda, para que seas prosperado en todas las cosas que emprendas." Josué 1:7 (RVR 1960)

REFLEXIÓN 84

CUMPLIENDO SUS LEYES

𝓓ios ha establecido muchas leyes que influencian nuestra vida. Algunas de ellas gobiernan el mundo físico en el cual vivimos y otras controlan nuestras relaciones con Él y con nuestros semejantes. Por ejemplo, el Señor estableció el matrimonio como la estructura en la cual las relaciones sexuales deben disfrutarse y en la que los hijos deben crecer. Por lo que para proteger ese mandato, estableció esta ley: "**no cometerás adulterio**" (Ver éxodo 20:14).

Cabe destacar que las demandas de Dios no están basadas en caprichos, sino en el deseo de proteger su creación y librarle de los daños que ésta sufre cuando no opera de acuerdo al orden para el que fue creada.

La ley la establece Dios, pero nosotros decidimos como impactará ésta en nosotros, porque la decisión de obedecer o desobedecer esos mandamientos y demandas, siempre será nuestra. De manera que es a través de nuestras decisiones como determinamos nuestro destino.

"*Si realmente escuchas al Señor tu Dios, y cumples fielmente todos estos mandamientos que hoy te ordeno, el Señor tu Dios te pondrá por encima de todas las naciones de la tierra. Si obedeces al Señor tu Dios, todas estas bendiciones vendrán sobre ti y te acompañarán siempre: »Bendito serás en la ciudad y bendito en el campo... »Pero debes saber que, si no obedeces al Señor tu Dios ni cumples fielmente todos sus mandamientos y preceptos que hoy te ordeno... El Señor enviará contra ti maldición, confusión y fracaso en toda la obra de tus manos, hasta que en un abrir y cerrar de ojos quedes arruinado y exterminado por tu mala conducta y por haberme abandonado.*"
Deuteronomio 28:1-3, 15 (NVI)

REFLEXIÓN 85

·›✣‹· PARA SU COMPLACENCIA ·›✣‹·

Cerca de terminar su misión en la Tierra, Jesús les recordó a sus discípulos que no podían lograr nada sin Él. Lo mismo es verdad para nuestras vidas, porque sin la consistente asociación con Dios, nuestra fructificación será afectada y solo seremos ramas secas.

Nuestro Padre nos creó para llevar frutos que reflejen su naturaleza y su gloria y cuando no cumplimos con este propósito, afligimos el corazón de nuestro Creador.

El agrado de Dios en Jesús fue expresado cuando hablo desde el cielo en el momento de su bautismo, diciendo: *"Este es mi hijo amado, en quien tengo complacencia."*

La fuente de su complacencia era la buena voluntad de Jesús para cumplir el propósito para el cual había sido enviado a este mundo.

"Yo no puedo hacer nada por iniciativa mía; como oigo, juzgo, y mi juicio es justo porque no busco mi voluntad, sino la voluntad del que me envió." Juan 5:30 (LBA)

"Y una voz del cielo decía: «Éste es mi Hijo amado; estoy muy complacido con él." Mateo 3:17 (NVI)

REFLEXIÓN 86

A TI TE PATROCINAN

No esperes recibir de personas determinadas, lo que Dios a la manera de Él, quiere darte, ni te sientas ofendido con las personas que pueden proveerte, abrirte puertas y darte prebendas, pero no lo hacen. Porque en algunas ocasiones, no es que ellos no quieren ayudarte, es que Dios no les permite que lo hagan para que cuando Él te ponga en abundancia, ellos no digan que tu abundancia vino de ellos. Por eso, cuando el rey de Sodoma, quiso dar riquezas a Abraham, este le dijo:

"He alzado mi mano a Jehová Dios Altísimo, creador de los cielos y de la tierra, que desde un hilo, hasta una correa de calzado, nada tomaré de todo lo que es tuyo, para que nunca puedas decir: Yo enriquecí a Abraham." Génesis 14:22 (RVR 1960)

Así que, no te aflijas cuando no recibas ayuda de aquellos que tienen la posibilidad de ayudarte, porque tus recursos, tu provisión y patrocinio provienen de Dios y Él se encargará de proveerlos a través de los medios que menos esperas.

"Porque mía es toda bestia del bosque y los millares de animales en los collados. Conozco a todas las aves de los montes y todo lo que se mueve en los campos me pertenece. Si yo tuviese hambre, no te lo diría a ti; porque mío es el mundo y su plenitud." Salmos 50:10-12 (RVR 1960)

REFLEXIÓN 87

 QUE ME CONOZCAN ASÍ

"*E*ntonces Moisés respondió a Dios: ¿Quién soy yo para que vaya a Faraón, y saque de Egipto a los hijos de Israel? Y él respondió: Ve, porque yo estaré contigo; y esto te será por señal de que yo te he enviado: cuando hayas sacado de Egipto al pueblo, serviréis a Dios sobre este monte. Dijo Moisés a Dios: He aquí que llego yo a los hijos de Israel, y les digo: El Dios de vuestros padres me ha enviado a vosotros. Si ellos me preguntaren: ¿Cuál es su nombre?, ¿qué les responderé? Y respondió Dios a Moisés: YO SOY EL QUE SOY. Y dijo: "Así dirás a los hijos de Israel: YO SOY me envió a vosotros."* Éxodo 3: 11-14 (RVR 1960)

Cuando recordamos que Moisés fue criado en la casa de Faraón, entendemos mejor la importancia que tenía para él, saber en nombre de quien había de presentarse ante los hijos de Israel. Ya que Moisés conocía en términos protocolares, el valor que tendría una buena representación ante la corte de Faraón y sabía que por tratarse de la "máxima autoridad que había en Egipto", quien lo enviaba a la realización de tal misión, debía ser igual o mayor al que gobernaba la nación. Sin embargo, resulta interesante ver como Dios en vez de solo dar a Moisés uno de los tantos nombres por los que a través de los tiempos se ha dado a conocer, le dice a Moisés: "YO SOY EL QUE SOY. Así dirás a los hijos de Israel: YO SOY me envió a vosotros"

Dejando claro con esta expresión, que estaba dispuesto a revelarse de la manera que fuera necesaria para sacar a Israel de la cautividad. Por lo que no se había de presentar sólo como el Dios Proveedor

INDETENIBLE

porque a su vez es Libertador, no sólo como Guerrero, cuando también es Pastor, no sólo como Bandera, porque también es Dios de Paz, no se daría a conocer sólo como Sanador, siendo también su Ayudador. En fin, al revelarse a Moisés con este nombre, el Señor expresa lo siguiente: "Moisés, ve delante de Israel con esta carta de presentación: "EL YO SOY ME HA ENVIADO A VOSOTROS" y en cuanto a Faraón, no te preocupes porque de ese, me encargo yo".

Por otro lado, a través de este nombre Dios le estaba dando a Moisés un cheque en blanco. El cheque es: "YO SOY" sin mencionar un nombre especifico, es decir no tiene un monto limitado, se trata de un cheque en blanco, pero ¿cual podría llegar a ser la suma más alta que podría soportar? La cuenta tampoco tiene límite de fondo. El valor real es este: "LO QUE ELLOS NECESITEN QUE YO SEA". Así que Moisés no te daré solo uno de mis nombres porque te estaría limitando el monto y yo con mis hijos, no tengo límites. Mi nombre para ellos es "EL YO SOY" y con este nombre es que quiero que me conozcan.

REFLEXIÓN **88**

⋯◈⋯ LO QUE NECESITAS QUE ÉL SEA ⋯◈⋯

*D*ios siempre se revela al hombre de acuerdo a su necesidad. Sin embargo, debido a las diferentes circunstancias que tenemos que atravesar en el transcurrir de la vida, estas necesidades no siempre son las mismas. Por lo que el texto sagrado nos revela que nuestro Señor es:

El Padre de los huérfanos. (Salmos 68:5)

El Defensor de las viudas. (Salmos 68:5)

El Marido de las desamparadas. (Isaías 54:5)

El consolador de los que están abatidos. (Isaías 51:12)

El Ayudador de los que necesitan socorro. (Hebreos 13:6)

El Proveedor de los que tienen necesidad. (Salmos 40:17)

El Sanador de los que están enfermos. (Éxodo 15:26)

El Pan de los que tienen hambre. (Juan 6:51)

El Agua de los que tienen sed. (Juan 4:14)

El que tiene la llave para aquellos que les son cerradas las puertas. (Apocalipsis 3: 7)

El que restaura quien ha sido dañado. (Proverbios 24:16)

El que perdona a los que les han fallado. (I Juan 1:9)

El que liberta a los que están atados. (Salmos 18:2)

Y bien pudiéramos escribir infinidades de cosas más acerca de lo que Él es, pero no habría forma de hacer que todas quepan en este, ni en todos los libros que podamos escribir mientras nos dure la existencia. Por lo que sencillamente, nos limitaremos a recordar, lo que hablando de Dios, dijo el Apóstol Pablo:

"Él es quien llena todas las cosas, en todos nosotros." Efesios 1:23 (JBS)

REFLEXIÓN 89

• CON TODAS LAS ESPECIALIDADES I •

Ningún hombre, por más que se afane podrá jamás definir a Dios. El es indescriptible, su creación no lo resiste y al hombre no le alcanza el entendimiento para comprender la plenitud de Él. Por esto desde un torbellino, le dijo a uno de ellos:

"¿Quién es ése que oscurece el consejo con palabras sin sabiduría? Ahora ciñe como varón tus lomos; Yo te preguntaré, y tú me contestarás. ¿Dónde estabas tú cuando yo fundaba la tierra? Házmelo saber, si tienes inteligencia. ¿Quién ordenó sus medidas, si lo sabes? ¿O quién extendió sobre ella cordel? ¿Sobre qué están fundadas sus bases? ¿O quién puso su piedra angular, cuando alababan todas las estrellas del alba y se regocijaban todos los hijos de Dios? ¿Quién encerró con puertas el mar, cuando se derramaba saliéndose de su seno, cuando puse yo nubes por vestidura suya y por su faja oscuridad, y establecí sobre él mi decreto, le puse puertas y cerrojo, y dije: Hasta aquí llegarás, y no pasarás adelante y ahí parará el orgullo de tus olas? ¿Has mandado tú a la mañana en tus días? ¿Has mostrado al alba su lugar, para que ocupe los fines de la tierra y para que sean sacudidos de ella los impíos? ella muda luego de aspecto como barro bajo el sello y viene a estar como con vestidura; Mas la luz de los impíos es quitada de ellos y el brazo enaltecido es quebrantado.

¿Has entrado tú hasta las fuentes del mar y has andado escudriñando el abismo? ¿Te han sido descubiertas las puertas de la muerte y has visto las puertas de la sombra de muerte? ¿Has considerado tú hasta las anchuras de la tierra? Declara si sabes todo esto." Job 38: 2-18 (RVR 1960)

REFLEXIÓN 90

⋯•❧•❀• CON TODAS LAS ESPECIALIDADES II •❀•❧•⋯

"¿*P*or dónde va el camino a la habitación de la luz, y dónde está el lugar de las tinieblas para que las lleves a sus límites y entiendas las sendas de su casa?

¡Tú lo sabes! Pues entonces ya habías nacido, y es grande el número de tus días. ¿Has entrado tú en los tesoros de la nieve, o has visto los tesoros del granizo, que tengo reservados para el tiempo de angustia, para el día de la guerra y de la batalla? ¿Por qué camino se reparte la luz y se esparce el viento solano sobre la tierra? ¿Quién repartió conducto al turbión y camino a los relámpagos y truenos, haciendo llover sobre la tierra deshabitada, sobre el desierto, donde no hay hombre, para saciar la tierra desierta e inculta, y para hacer brotar la tierna hierba? ¿Tiene la lluvia padre? ¿O quién engendró las gotas del rocío? ¿De qué vientre salió el hielo? Y la escarcha del cielo, ¿quién la engendró?

Las aguas se endurecen a manera de piedra, y se congela la faz del abismo. ¿Podrás tú atar los lazos de las Pléyades, o desatarás las ligaduras de Orión? ¿Sacarás tú a su tiempo las constelaciones de los cielos o guiarás a la Osa Mayor con sus hijos? ¿Supiste tú las ordenanzas de los cielos? ¿Dispondrás tú de su potestad en la tierra? ¿Alzarás tú a las nubes tu voz, para que te cubra muchedumbre de aguas? ¿Enviarás tú los relámpagos, para que ellos vayan? ¿Y te dirán ellos: Henos aquí?

¿Quién puso la sabiduría en el corazón? ¿O quién dio al espíritu inteligencia? ¿Quién puso por cuenta los cielos con sabiduría? Y *los odres de los cielos, ¿quién los hace inclinar, cuando el polvo se ha convertido en dureza y los terrones se han pegado unos con otros? ¿Cazarás tú la presa para el león? ¿Saciarás el hambre de los leoncillos, cuando están echados en las cuevas, o se están en sus guaridas para acechar?*

¿Quién prepara al cuervo su alimento, cuando sus polluelos claman a Dios, y andan errantes por falta de comida? " Job 38: 19-41 (RVR 1960)

INDETENIBLE

REFLEXIÓN **91**

CON TODAS LAS ESPECIALIDADES III

*E*l Señor a quien servimos, es el único Ser Inmutable, Inmenso, Eterno, Incomparable, Todopoderoso, Todosabiduria, Todosantidad, Soberano y absolutamente libre, para hacer todas cosas según el puro afecto de su voluntad, así que en un sencillo diálogo con una de sus criaturas le continúa diciendo:

"¿Sabes tú el tiempo en que paren las cabras monteses? ¿O miraste tú las ciervas cuando están pariendo? ¿Contaste tú los meses de su preñez, y sabes el tiempo cuando han de parir? Se encorvan, hacen salir sus hijos, pasan sus dolores. Sus hijos se fortalecen, crecen con el pasto; salen, y no vuelven a ellas. ¿Quién echó libre al asno montés y quién soltó sus ataduras? Al cual yo puse casa en la soledad y sus moradas en lugares estériles.

Se burla de la multitud de la ciudad; no oye las voces del arriero. Lo oculto de los montes es su pasto y anda buscando toda cosa verde. ¿Querrá el búfalo servirte a ti, o quedar en tu pesebre? ¿Atarás tú al búfalo con coyunda para el surco? ¿Labrará los valles en pos de ti? ¿Confiarás tú en él, por ser grande su fuerza, y le fiarás tu labor? ¿Fiarás de él para que recoja tu semilla y la junte en tu era?

¿Diste tú hermosas alas al pavo real o alas y plumas al avestruz? El cual desampara en la tierra sus huevos, y sobre el polvo los calienta, y olvida que el pie los puede pisar y que puede quebrarlos la bestia del campo.

Se endurece para con sus hijos, como si no fuesen suyos, no temiendo que su trabajo haya sido en vano; porque le privó Dios de sabiduría y no le dio inteligencia.

Luego que se levanta en alto, se burla del caballo y de su jinete. ¿Diste tú al caballo la fuerza? ¿Vestiste tú su cuello de crines ondulantes? ¿Le intimidarás tú como a langosta?

El resoplido de su nariz es formidable. Escarba la tierra, se alegra en su fuerza, sale al encuentro de las armas; hace burla del espanto, y no teme, ni vuelve el rostro delante de la espada. Contra él suenan la aljaba, el hierro de la lanza y de la jabalina; y él con ímpetu y furor escarba la tierra, sin importarle el sonido de la trompeta; antes como que dice entre los clarines! El! y desde lejos huele la batalla, el grito de los capitanes, y el vocerío.

¿Vuela el gavilán por tu sabiduría, y extiende hacia el sur sus alas? ¿Se remonta el águila por tu mandamiento y pone en alto su nido?

Ella habita y mora en la peña, en la cumbre del peñasco y de la roca. Desde allí acecha la presa; sus ojos observan de muy lejos. Sus polluelos chupan la sangre; y donde hubiere cadáveres, allí está ella." Job 39 (RVR 1960)

INDETENIBLE

REFLEXIÓN 92

⋯•❧• DE ACUERDO A SU VOLUNTAD •❧•⋯

*M*ás que llevarle planes a Dios, nuestra prioridad debería ser preguntarle a Él, cuáles son sus planes para nosotros porque el Señor, es Omnisapiente y tiene conocimiento de todos los tiempos, de todas las cosas y de cómo las cosas se tornarán con el paso del tiempo y es precisamente por esto, que a veces aunque oremos con insistencia por determinados asuntos, debido al inmenso amor que Dios nos tiene, no, no los concede. Porque tal como dice Lucas 11:11-12
"¿Qué padre de vosotros, si su hijo le pide pan, le dará una piedra? ¿O si pescado, en lugar de pescado, le dará una serpiente?"
En otras palabras, nuestro Padre no se negará a darnos aquello que es de provecho para nosotros como el pan y el pescado. Pero en ocasiones, la desesperación y la ansiedad que enfrentamos, hace que veamos lo que realmente es "piedra" como si fuera "pan" y lo que es "serpiente" como si fuera "pescado". Por tanto, la próxima vez que vayas al Señor en oración, pídele que se haga su voluntad en todos los aspectos de tu vida, ya que su voluntad es perfecta y siempre será mucho más sabía y provechosa para ti, de lo que es tu voluntad propia. Como ejemplo de esto tenemos a Jesús, quien al estar a punto de ser crucificado, pasó toda la noche orando en el huerto de Getsemaní y dijo:

"Padre mío, si es posible, líbrame de este trago amargo; pero que no se haga lo que yo quiero, sino lo que quieres tú." Mateo 26:39 (DHH)
Imagina solo por un momento, lo que hubiera sucedido si el Padre le hubiera concedido al Hijo la petición de "pasar la copa".

Jesús sabía que lo que había de atravesar sería extremadamente difícil pero a pesar de eso expreso: "Que no se haga lo que yo quiero, sino lo que quieres tú". Revelando así, que por encima de su voluntad, estaba su deseo de dar cumplimiento a la voluntad del Padre que lo comisionó para tal misión; y es precisamente esta actitud es la que nosotros cada día debemos procurar imitar.

"A mí me agrada hacer tu voluntad Dios mío; ¡Llevo tus enseñanzas en el corazón." Salmos 40:8 (DHH)

REFLEXIÓN 93

❖ NO ESTANQUES EL CUMPLIENTO ❖

El modo de Dios obrar, no está condicionado a nuestras limitaciones. Si el Señor te ha dicho que hará algo contigo, aunque a simple vista parezca imposible, persiste en creer. No dejes que la desesperación te lleve a tomar lo primero que te sea puesto delante, aprende a esperar en Dios.

El Señor se encargará de dar cumplimiento a lo que dijo que haría; El no fallará en cumplir su promesa. Sin embargo, a veces no llegamos a ver el cumplimiento de la misma porque nos desesperamos y llenamos el espacio que Dios ha de usar para nuestra bendición, con algo o alguien que nosotros mismos decimos tomar debido a nuestra carencia, o con algo que queremos retener (según nosotros) mientras llega la bendición.

Como ejemplo de esto, tenemos la historia de Abraham y Sara, a quienes el Señor había hecho la promesa de darles un hijo. Sin embargo, al momento de recibir esta promesa ambos eran ancianos y Sara además de ser estéril, estaba fuera del tiempo para concebir. Así que en términos humanos, era prácticamente imposible que la promesa de Dios pudiera llegar a cumplirse. Por esto, Sara decide proponer a su esposo acostarse con su criada Agar, para que esta quedara en cinta, porque según la costumbre de aquel tiempo los hijos que tenían las criadas eran considerados como propiedad de su señora. Sin embargo, aquello que parecía ser una "buena idea" procedente de Sara, se convirtió en un desastre del cual se sufren las consecuencias hasta el día de hoy. (Ver Génesis 16)

Así que no seas como Sara, confía en Dios y aguarda a sus promesas, porque El conocía todas tus limitaciones antes de dártelas y como quiera te las dio y como Él fue quien te las dio, Él es responsable de hacer que se cumplan. Espera con toda firmeza lo que Dios dijo que ha de hacer. Haciendo referencia a esto, el reformador alemán Martin Lutero, dijo en una ocasión:

"El fervor de nuestra fe, debe ser tan fuerte que debe sofocar toda razón, sentido común y entendimiento."

REFLEXIÓN **94**

EL MONTE DE DIOS

La palabra hebrea "Horeb" significa desolado, destruido y silencioso. Sin embargo, es a este monte que la Biblia le llama "El Monte de Dios" porque fue ahí donde el Señor le entregó a Moisés las herramientas necesarias para sacar al pueblo de la cautividad de Egipto y donde además le entregó los 10 mandamientos.

Fue también en Horeb, donde el Señor fortaleció el espíritu de Elías y le instruyo acerca de cada uno de los pasos que debía dar al bajar de ahí.

Por lo que si sientes que estás en un lugar desolado y desértico, considéralo como el "Horeb" donde Dios te ha permitido estar para traer a tu vida nuevos niveles de gloria y revelación. Porque no coincidencialmente, al monte desolado y desértico también le llaman "El Monte de Dios".

"Y apacentando Moisés las ovejas de su suegro Jetro, sacerdote de Madián, llevó las ovejas más allá del desierto y llegó a Horeb, monte de Dios. Y se le apareció el ángel de Jehová en una llama de fuego en medio de una zarza; y él miró y vio que la zarza ardía en fuego, más la zarza no se consumía." Éxodo 3:1-2 (RVR 1960)

REFLEXIÓN 95

•⊰• EL DESIERTO NOS FORMA •⊱•

Al desierto que el Señor te permite pasar, le fue asignada la forma que debe darte. En ocasiones pedimos a Dios que nos saque del desierto, ignorando que la duración de nuestra estadía ahí, la determinamos nosotros mismos, porque siempre dependerá de que tan flexible seamos para dejarnos moldear hasta tomar la forma que el Señor determinó que "el desierto" nos diera al pasar por ahí. Por lo que si quieres acortar tu paso por el desierto, no te resistas a tomar la forma que Dios le ordenó darte.

"Y te acordarás de todo el camino por donde te ha traído Jehová tu Dios estos cuarenta años en el desierto, para afligirte, para probarte, para saber lo que había en tu corazón, si habías de guardar o no sus mandamientos. Y te afligió, y te hizo tener hambre, y te sustentó con maná, comida que no conocías tú, ni tus padres la habían conocido, para hacerte saber que no sólo de pan vivirá el hombre, más de todo lo que sale de la boca de Jehová vivirá el hombre. Tú de trigo vestido nunca se envejeció sobre ti, ni el pie se te ha hinchado en estos cuarenta años. Reconoce asimismo en tu corazón, que como castiga el hombre a su hijo, así Jehová tu Dios te castiga. Guardarás, pues, los mandamientos de Jehová tu Dios, andando en sus caminos, y temiéndole. Porque Jehová tu Dios te introduce en la buena tierra, tierra de arroyos, de aguas, de fuentes y de manantiales, que brotan en vegas y montes; tierra y cebada, de vides, higueras y granados; tierra de olivos, de aceite y de miel; tierra en la cual no comerás el pan con escasez, ni te faltará nada en ella; tierra cuyas piedras son hierro, y de cuyos montes sacarás cobre. Y comerás y te saciarás, y bendecirás a Jehová tu Dios por la buena tierra que te habrá dado." Deuteronomio 8:2-10 (RVR 1960)

REFLEXIÓN 96

❖ NO EVITES EL CRECIMIENTO ❖

*N*o te agobies tratando de controlar aquello que no puedes. Sí ya has depositado algo en las manos del Señor, demuestra que confías en que su amor, poder y gracia trabajan a tu favor.

No des rienda suelta a tu ansiedad, no te desesperes ni trates de manipular nada para ver lo que quieres; saca tus manos del asunto y espera que las cosas sucedan a la manera de Dios.

La razón por la que el Señor nos permite pasar por cosas que nos producen dolor, es porque estas nos preparan para hacer entrada en un nivel mayor. Así que si llevas tiempo pidiendo a Dios que resuelva algo que Él no ha resuelto, es porque eso será usado como puente para llevarte a otra dimensión.

Nuestros mayores niveles de crecimiento se producen a causa del dolor. Por lo que cortar el sufrimiento antes de que cumpla el propósito para el cual fue permitido, es evitar el nivel de crecimiento, al que (si lo soportas) serás promovido.

"Cuando estaba en angustia, tú me hiciste ensanchar." Salmo 4:1 (RVR 1960)

"Aunque él me matare, en él esperaré." Job 13:15 (RVR 1960)

REFLEXIÓN 97

❧ NO DEJO SOLO LOS AGUACATES I ❧

*U*n joven cristiano, pidió a un vendedor de aguacates a quien cada día le predicaba, que le acompañara a uno de los servicios especiales que se llevaban a cabo en su congregación el día domingo, prometiéndole que estaría de regreso en su puesto de venta entes del medio día. Ante tal solicitud, el vendedor le dijo: "No le puedo acompañar, porque no tengo quien cuide mis aguacates"

El joven insistió y le dijo: "No se preocupe amigo, vamos. Dios se encargará de cuidar sus aguacates". Ante tal declaración, el hombre preguntó: "¿Estás seguro de eso?" "Si", respondió el joven. "Está bien, entonces vamos" dijo el vendedor.

No mucho tiempo después de que ambos llegaran a la iglesia, el pastor con mucho fervor exclamó: "Hermanos, gócense en esta mañana porque Dios está aquí, en medio de nosotros". Al oír eso, el vendedor llevó sus manos a la cabeza y dijo al joven que lo había invitado: "Pero, ¿Cómo que Dios está aquí? Pensé que estaba cuidando mis aguacates" entonces salió apresuradamente del templo para ir a cuidar su mesa de venta.

Quizás para la mayoría de nosotros, esta historia puede parecer inconcebible. Sin embargo, esta es precisamente la forma en que muchos actúan, cuando en vez de ir al templo prefieren quedarse cuidando sus casas, atendiendo sus negocios, pasando tiempo entre amigos, o cuidando de cualquier otra "mesa" a las que han dado prioridad en sus vidas, antes que a Dios.

"Pero Marta se preocupaba con muchos quehaceres, y acercándose, dijo: Señor, ¿no te da cuidado que mi hermana me deje servir sola? Dile, pues, que me ayude. Respondiendo Jesús, le dijo: Marta, Marta, afanada y turbada estás con muchas cosas. Pero sólo una cosa es necesaria; y María ha escogido la buena parte, la cual no le será quitada." Lucas 10:40-42 (RVR 1960)

REFLEXIÓN **98**

•❯•❀• NO DEJO SOLO LOS AGUACATES II •❀•❮•

*L*a falta de conocimiento de Dios que tenía el vendedor de aguacates, lo hizo ignorar que Dios estaba en la iglesia y al mismo tiempo estaba en el lugar donde estaban sus aguacates. Es decir, aquel hombre no entendió que la presencia del Señor esta en todo lugar, llenándolo todo y no hay espacio donde Él no esté. Por tanto, mientras cuida de ti, también guarda lo que es tuyo, sin importar donde se encuentre ni la condición en la que este.

Así que deléitate en su presencia y deja "la mesa de aguacates" en manos del Omnipresente Dios que te llamo.

"Echando toda vuestra ansiedad sobre él, porque él tiene cuidado de vosotros." 1 Pedro 5:7 (RVR 1960)

INDETENIBLE

REFLEXIÓN **99**

NO PIERDAS TU EVIDENCIA

*U*na evidencia, es la certeza clara, manifiesta y tan perceptible de una cosa, que nadie puede racionalmente dudar de ella. Y precisamente en una evidencia del poder de Dios, se había convertido Lázaro, luego de haber sido resucitado por Jesús.

"Pero los principales sacerdotes acordaron dar muerte también a lázaro, porque a causa de él muchos de los judíos se apartaban y creían en Jesús." Juan 12:10 (RVR 1960)

La vida de Lázaro, hacía visible el poder y la autoridad de Jesús para hacer de lo imposible, lo posible y esto lo hizo ser perseguido y odiado por los que también odiaban al que le había dado vida. Así también en ocasiones, las diferentes persecuciones que se levantan en tu contra, vienen por causa de lo que tú representas. Ya que eres la evidencia viva de que Dios puede libertar cautivos, sanar enfermos, vendar heridos, perdonar a los que le han ofendido, proveer a los que tienen necesidad y de que por encima de cualquier oposición puede llevar a cabo sus propósitos con aquellos que Él llama.
Por tanto, aun en medio de los diversos ataques y persecuciones, jamás dejes de ser la evidencia de lo que solo Dios es capaz de hacer en la vida de un humano.

"Mira que te he puesto en este día sobre naciones y sobre reinos, para arrancar y para destruir, para arruinar y para derribar, para edificar y para plantar." Jeremías 1:10 (RVR 1960)

REFLEXIÓN 100

•❖• SOMOS SUS REPRESENTANTES •❖•

*D*ios a través de todos los tiempos ha tenido agentes que lo representen en la tierra y que den cumplimiento a sus propósitos en el lugar donde Él, los ha puesto sin importar lo difícil que este lugar sea. Por lo que nosotros, como parte de ellos debemos mantenernos aferrados a nuestros principios y fundamentos sin permitir que nada nos mueva. Porque somos la sal de la tierra, que no debe volverse insípida; gente de Dios, que no fue llamada a doblar rodilla delante de "Baal". Hombres y mujeres de firmeza, que no deben temer a decir la verdad aún delante de "reyes", como lo hicieron Elías, Daniel y Juan el Bautista.

Porque somos el pueblo que Dios ha escogido para este tiempo, para que llamemos malo, a lo que Él ha dicho que es malo y bueno a lo que Él ha dicho que es bueno. Porque somos sus embajadores y los embajadores tienen conceptos, criterios e ideas alineadas solo a las del gobierno que representan.

"Pero vosotros sois linaje escogido, real sacerdocio, nación santa, pueblo adquirido para posesión de Dios, a fin de que anunciéis las virtudes de aquel que os llamó de las tinieblas a su luz admirable."
I Pedro 2:9 (LBLA)

REFLEXIÓN **101**

•‣• **RESPONDE POR LO QUE SABES** •⊰•

*S*i todas nuestras decisiones estuvieran basadas en nuestros principios y no en nuestros impulsos, nos evitáramos caer en mucho, de lo que terminamos lamentando. Con respecto a esto, observemos lo siguiente:

"Y después de haber ayunado cuarenta días y cuarenta noches, tuvo hambre. Y vino a él el tentador y le dijo: Si eres Hijo de Dios, di que estas piedras se conviertan en pan. el respondió y dijo: escrito está: no sólo de pan vivirá el hombre, sino de toda palabra que sale de la boca de Dios. entonces el diablo le llevó a la santa ciudad, y le puso sobre el pináculo del templo y le dijo: Si eres Hijo de Dios, échate abajo; porque escrito está: A sus ángeles mandará acerca de ti y en sus manos te sostendrán, para que no tropieces con tu pie en piedra. Jesús le dijo: escrito está también: No tentarás al Señor tu Dios. Otra vez le llevó el diablo a un monte muy alto, y le mostró todos los reinos del mundo y la gloria de ellos y le dijo: Todo esto te daré, si postrado me adorares. entonces Jesús le dijo: Vete, Satanás, porque escrito está: Al Señor tu Dios adorarás y a él sólo servirás. el diablo entonces le dejó; y he aquí vinieron ángeles y le servían." Mateo 4:2-11 (RVR 1960)

Notemos como a pesar de estar hambriento, el Señor no respondió a la oferta de Satanás basado en el hambre que sentía sino basado en la palabra.

Sigamos el ejemplo de Jesús ante las diversas ofertas que nos hace el adversario. No te dejes arrastrar por la necesidad del momento ni le permitas a tus sentimientos tomar la rienda de tus acciones.

"Guardo tus palabras en mi corazón para así no pecar contra ti."
Salmos 119:11 (BLP)

REFLEXIÓN 102

❖ ALTURA POR OPOSICIÓN ❖

En sus inicios fue conocida como "La Torre de los 300 Metros" y más adelante como "La Dama de Hierro", es la estructura más alta de Francia y el monumento más visitado del mundo, de los que cobran la entrada recibiendo un aproximado de 7,1 millones de turistas cada año. Sin embargo, similar a la grandeza de su popularidad, fue el rechazo que tuvo en sus inicios, debido a que un número de 300 opositores, en su mayoría renombrados artistas de toda la nación, se unieron para impedir que fuera llevada a cabo su construcción, lo que (según ellos) esta restaba importancia y valor a la ciudad. Pero los edificadores ya habían construido la torre en su interior y estaban dispuestos a revelarla al mundo sin dejarse vencer por ninguna oposición. Así que persistieron y lucharon hasta adquirir los permisos necesarios para su edificación, tomando como base dos elementos importantes que surgieron como parte de la oposición: el hierro, que representa su fortaleza al no dejarse vencer por los opositores y los 300 metros de altura, que simboliza el número de personas opuestas, que tuvo la Torre Eiffel antes de ser edificada.

Y tú, ¿Que tan alto fueras, si decidieras subir un metro de altura por cada oposición? ¿Con que material estarías edificando, si decides responder con proactividad ante los diferentes embates de tus adversarios?

"Tu justicia, oh Dios, alcanza los cielos más altos; ¡has hecho cosas tan maravillosas! ¿Quién se compara contigo, oh Dios? Has permitido que sufra muchas privaciones, pero volverás a darme vida y me levantarás de las profundidades de la tierra. Me restaurarás incluso a mayor honor y me consolarás una vez más." Salmo 71:19-21 (NTV)

REFLEXIÓN 103

❖ DIOS LO USA PARA AYUDARTE ❖

*T*res aquí tres cosas que hacen los que se levantan en tu contra para dañarte y que Dios usa para ayudarte:

1. Resaltan y divulgan lo que ellos consideran como tus fallas con el fin de destruirte, sin darse cuenta que Dios les permite divulgarlo con el fin de darte a conocer.

2. Hacen que parezcas como el culpable de cualquier cosa que haya acontecido, ignorando que Dios al ver eso, activa su justicia (que es mejor que la defensa de cualquier hombre) a tu favor.

3. Te atacan con furia y usan todos los medios a los que se les ha permitido acceso para polvorizarte, sin saber que con esto te abren las puertas de un nuevo nivel en el que quedará revelada una versión más firme, fuerte y sólida de ti, que la que todos habían visto antes.

Así que glorifica a Dios por todos los que en tu contra se levantan sin causa, porque sin ellos notarlo, son a menudo los mayores contribuyentes en tu proceso de promoción.

"Si alguno te ataca ferozmente, no será de mi parte. Cualquiera que te ataque, por causa de ti caerá." Isaías 54:15 (LBLA)

INDETENIBLE

REFLEXIÓN *104*

❖ NADIE LO PUEDE MALDECIR ❖

Cuando Balac hijo de Sipor, rey de Moab mando a buscar a Balaam para que maldijera a Israel porque estaba atemorizado por el paso inminente de ese pueblo por su territorio. Balaam dijo a Balac:

"He aquí, he recibido orden (de Dios) de bendecir; Él dio bendición, y no podré revocarla. no ha notado iniquidad en Jacob, ni ha visto perversidad en Israel. Jehová su Dios está con él y júbilo de rey en él. Dios los ha sacado de Egipto; tiene fuerzas como de búfalo. Porque contra Jacob no hay agüero, ni adivinación contra Israel. Como ahora, será dicho de Jacob y de Israel: He aquí el pueblo que como león se levantará, y como león se erguirá." Números 23: 20-24 (RVR 1960)

Así que en este día, Dios quiere recordarte que eres bendecido y cuando eres bendecido no hay brujería, ni hechicería, ni ningún deseo del maligno que pueda dañarte.

"Toda la alabanza sea para Dios, el Padre de nuestro Señor Jesucristo, quien nos ha bendecido con toda clase de bendiciones espirituales en los lugares celestiales, porque estamos unidos a Cristo." Efesios 1:3 (NTV)

REFLEXIÓN 105

SOMOS BENDECIDOS

Eres bendecido con toda bendición, y ésta bendición está por encima de la ropa que usas, del automóvil que manejas y de la casa donde vives.

Los bienes materiales que posees no son los que en realidad revelan tu nivel de bendición, si no que estos son solo reflejos de la misma. Tu bendición excede a lo que posees.

Si nuestra bendición sólo estuviera basada en la cantidad de los bienes materiales que tenemos entonces, ¿Cómo podríamos explicar el hecho de que miles de millonarios a través del mundo se quitan la vida, por causa de depresión o por no hallar la salida ante una determinada situación?

La Palabra bendición, según el idioma hebreo es (berakah) y en griego es (eulogeo) "Berakah", se traduce como: transferir el poder o favor de Dios mediante la imposición de manos y "eulogeo": se traduce como; elogiar o hablar bien de alguien.

Bendecir tiene que ver con "bien decir", así como maldecir implica "mal decir". Pero además del sentido etimológico de la palabra, existen otras definiciones para este término, entre las cuales está la siguiente:

Bendición es: tener la habilidad sobrenatural de soportar las adversidades por más fuertes que estas sean, sin llegar a desplomarse.

Por lo que según ésta definición, las dificultades (contrario a lo que piensa la mayoría) son las que ponen a prueba nuestro verdadero grado de bendición.

"Cuando pases por aguas profundas, yo estaré contigo. Cuando pases por ríos de dificultad, no te ahogarás. Cuando pases por el fuego de la opresión, no te quemarás; las llamas no te consumirán." Isaías 43:2 (NTV)

REFLEXIÓN 106

❖ UNA PODEROSA DECLARACIÓN ❖

"*Entonces se acercaron y echaron mano a Jesús, y lo prendieron. Pero uno de los que estaban con Jesús, echando mano de su espada, hirió a un siervo del sumo sacerdote y le quitó la oreja. Entonces Jesús le dijo: —Vuelve tu espada a su lugar, porque todos los que tomen espada, a espada perecerán. ¿Acaso piensas que no puedo ahora orar a mi Padre, y que él no me daría más de doce legiones de ángeles?*" Mateo 26:50-53 (RVR 1960)

En este pasaje, vemos como Pedro quiso defender al Maestro y echó mano a una espada. Pero frente a esa acción llena de valor, el Señor no lo alabó, ni lo reafirmó sino que lo confrontó con una de las expresiones más maravillosas de todos los tiempos: "¿Acaso piensas que no puedo ahora orar a mi Padre, y que Él no me daría más de doce legiones de ángeles?." En esta declaración del Señor Jesús, encontramos por lo menos cuatro cosas:

1. Las crisis de la vida no siempre se manejan con la fuerza humana, porque se pueden complicar.
2. La oración es el recurso más hermoso y confiable frente a las circunstancias adversas. "¿Acaso no piensas que puedo orar?"
3. El Padre siempre responderá en su tiempo y a su manera a la petición que hacemos en oración: "¿Él no me daría?"
4. Los recursos de Dios, van más allá de lo que nuestra mente puede procesar en el ambiente de crisis. "*Me daría más de doce legiones de ángeles*".

La declaración "Me daría más de doce legiones de ángeles"

nos revela algo muy poderoso, ya que el Señor habla de legión, doce legiones y más de doce legiones. Entonces, consideremos el término legión: ¿Qué es una legión?

La palabra legión, es un término militar del sistema romano. Una legión era un grupo de por lo menos 6,000 soldados, que podían ser más, pero el mínimo era 6,000. Ahora, el Señor no le dijo a Pedro que el Padre le daría una legión, sino por lo menos doce legiones. Por lo que si hacemos una sencilla fórmula matemática, nos damos cuenta que 6,000 x 12 son: 72,000 ángeles que el Padre estaría dispuesto a enviar para su hijo con una sencilla oración. Pero asombrosamente, el Señor no habló de doce legiones sino de más de doce legiones, de manera que el número no está determinado, pero sería mucho más de 72,000 ángeles. Por lo que esa noche, mientras esto sucedía en Getsemaní, podemos imaginar que había más de 72,000 ángeles listos, esperando la orden del Padre ante la oración de su hijo.

"Todo cuanto el SEÑOR quiere, lo hace, en los cielos y en la tierra, en los mares y en todos los abismos." Salmos 135:6 (LBLA)

REFLEXIÓN **107**

—◆❧◆ **PEDRO, NO ME DEFIENDAS** ◆❦◆—

𝓟artiendo de lo antes dicho, podemos hacernos la siguiente pregunta: Si el Señor estaba hablando de más de 72,000 ángeles, ¿Cuál sería la fuerza combinada de más de doce legiones de ángeles? Nuestro asombro va en aumento, al considerar pasajes como el de Isaías 37:36: "Y salió el ángel de Jehová y mató a ciento ochenta y cinco mil en el campamento de los asirios; y cuando se levantaron por la mañana, todo era cadáveres."

Entonces, si un sólo ángel mató 185,000 soldados en una sola noche, la fuerza combinada de 6,000 ángeles sería capaz de destruir un billón ciento diez millones de hombres. Esa sería la fuerza combinada de una legión. Ahora, si el Señor habló de que el Padre le daría más de doce legiones de ángeles, ¿Cuál sería la fuerza combinada de doce legiones? Multiplicamos nuevamente y encontramos que sería la asombrosa cifra de trece billones, trescientos veinte millones de hombres aniquilados por los ángeles, lo cual es, dos veces el número de seres vivientes de la tierra. Por lo que Jesús no necesitaba de la espada de Pedro esa noche teniendo a su disposición la fuerza combinada de más de doce legiones de ángeles.

"Pues el dará órdenes a sus ángeles acerca de ti, para que te guarden en todos tus caminos." Salmos 91:11 (LBLA)

"El ángel de Jehová acampa alrededor de los que le temen, Y los defiende." Salmos 34: 7 (RVR 1960)

REFLEXIÓN 108

❖ APRENDAMOS LA LECCIÓN ❖

Entonces lo dicho anteriormente, ¿Significa que no tenemos que pasar crisis ni dificultades ya que podemos pedir a Dios miles de ángeles para que los defienda? De ninguna manera, porque ni Jesús lo hizo, pudiendo hacerlo. La lección que nos da este pasaje es la siguiente:

La riqueza espiritual que tenemos disponible en el cielo, no es para que tomemos atajos ni nos acomodemos ante las diferentes circunstancias de la vida, sino para que descansemos, sabiendo que no estamos solos y que por ende, no debemos tomar las cosas por nuestras propias manos, porque no es con espadas ni con ejércitos que ganaremos esto, sino con el Espíritu del Señor. Así que no intentemos manipular a Dios con nuestra arrogancia espiritual, no huyamos de las noches oscuras ni intentemos frotar una lámpara como Aladino.

Dispongamos nuestro espíritu a resistir las dificultades de la vida, sabiendo que Dios nos mira y espera poder decirnos en algún momento: "Qué bueno que resististe, ahora ha llegado el momento de tu recompensa porque soportaste y lo hiciste bien"

La grandeza de la vida en Dios, no está en pedir milagros, sino en ser un milagro para otros, cuando vean la confianza que tenemos en el Autor y Consumador de nuestra Fe.

"Yo sé que mi redentor vive y que al final triunfará sobre la muerte. Y cuando mi piel haya sido destruida, todavía veré a Dios con mis propios ojos. Yo mismo espero verlo; espero ser yo quien lo vea, y no otro. ¡Este anhelo me consume las entrañas!" Job 19:25-27 (NVI)

REFLEXIÓN **109**

ESTO SABEMOS

*N*uestro amado Redentor fue despreciado y desechado entre los hombres y luego de haber padecido mucho fue azotado y experimento la muerte mas horrenda reservada para delincuentes y criminales, la muerte de cruz. Pero la tumba no pudo retenerlo venció la muerte y resucito al tercer dia. Por lo cual Dios le exaltó hasta los sumos dándole un nombre que es sobre todo nombre, para que en el nombre de Jesús, se doble toda rodilla de los que están en los cielos, en la tierra y debajo de la tierra; y toda lengua confiese que Jesucristo es el Señor, para gloria de Dios Padre. ¡aleluya!

¿Dónde está, oh muerte, tu aguijón? ¿Dónde, oh sepulcro, tu victoria? Sorbida es la muerte en victoria
"*Más gracias sean dadas a Dios, que nos da la victoria por medio de nuestro Señor Jesucristo.*" 1 Corintios 15:57 (RVR 1960)

REFLEXIÓN 110

•⊱✠• LEVANTO UN CLAMOR POR TI •✠⊰•

En este día oro a Dios por ti; por ti que te sientes débil y cansado, que sientes que te has caído y no encuentras cómo levantarte. Por ti, que tienes una decisión importante que tomar y no sabes qué hacer al respecto.

Oro a Dios por ti, para cualquiera que sea tu necesidad, Él la provea; para que si estás enfermo seas sano y para que su justicia, obre de forma poderosa a tu favor ante todo lo que contra ti se ha levantado. En el nombre de Jesús, pido al Padre, al Soberano Dios del cielo y de la tierra, que su gracia te cubra y que todas sus promesas para tu vida se cumplan con creces; oro para que seas libre de todo yugo y ligadura que el enemigo haya puesto sobre ti y para que sin importar las veces que te hayas caído, en este día puedas volver a levantarte. Porque tu lugar no es el piso y porque tienes por delante un camino mucho más largo que el que has recorrido hasta ahora. Así que en el glorioso nombre de Jesús...

"Levántate, resplandece; porque ha venido tu luz, y la gloria de Jehová ha nacido sobre ti. Porque he aquí que tinieblas cubrirán la tierra, y oscuridad las naciones; mas sobre ti amanecerá Jehová, y sobre ti será vista su gloria." Isaías 60:1-2 (RVR 1960)

REFLEXIÓN 111

EN EXALTACIÓN A ÉL

*E*n este día te invito a que juntos reconozcamos al Ser más importante de nuestras vidas, quien es tres veces Santo, nuestra Roca, nuestro Sustento, nuestro Mejor Amigo, al Deseado de todas las naciones, al Eterno, al Inconmovible, al que sostiene todas las cosas pero nada lo sostiene a Él, al Incomparable, al Altísimo, al único Ser Inmutable, Inmenso, Eterno, Todopoderoso, Todo Sabiduría, Todo Santidad, al absolutamente Soberano, que hace todas las cosas según el puro afecto de su voluntad, al que es Galardonador de aquellos que diligentemente le buscan y del cual pudiera yo escribir más de un millón de palabras tratando de describirlo pero por más que me esfuerce quedaría corta.... Así es que a esto sólo añadiré que es por Él y para Él que yo vivo. Que la honra más grande que he recibido en toda mi vida es poder poner lo que soy a los pies de Él, porque es un alto honor servirle y mientras mis pulmones respiren con todo lo que conforma la esencia de mi ser, le serviré.

¡Jesucristo Dueño y Señor de mi vida, te amo con todas las fuerzas de mi corazón!

"Bendice, alma mía, a Jehová y bendiga todo mi ser su santo nombre. Bendice, alma mía, a Jehová y no olvides ninguno de sus beneficios." Salmo 103:1-2 (RVR 1960)

REFLEXIÓN 112

❖ NO ADMITE SUSTITUTOS ❖

La adoración a Dios, implica reconocerle como nuestro Creador y Dueño; tomar conciencia de nuestra dependencia de Él y entregarnos a su voluntad.

El doctor Myles Munroe, dijo acerca de la adoración:

"El hombre fue creado para adorar a Dios; su diseño contiene un elemento intrínseco que se manifiesta a través de la necesidad de adorar. Por lo que sino adora al Dios verdadero, termina adorando cualquier otra cosa en su lugar."

Es por esto, que cuando las personas no dan al Señor el lugar que le corresponde en sus corazones, buscan llenar ese espacio con los hijos, el conyugue, la casa, la posición que ocupan, el carro que poseen y muchos, incluso intentan llenarlo, adorándose a ellos mismos.

Nunca le des a nadie el lugar que sólo Dios puede ocupar en tu vida; asegúrate de tenerlo siempre en la posición correcta y no trates de ponerlo en ella, sólo cuando lo necesitas.

Nadie podrá jamás sustituir a Dios en tu vida, pero si alguna vez cedes a alguien o algo su espacio, asegúrate que el que lo ocupe, sea Todopoderoso, Altísimo, Omnisapiente y Soberano. Que pueda darte salvación a ti y a tu casa, que pueda proveerte aun de la nada y que pueda sanarte cuando la medicina te desahucia y al buscarlo te darás cuenta que jamás lo encontraras, porque Dios nunca ha tenido sustitutos ni los tendrá jamás. En otras palabras, Dios es absolutamente insustituible.

"¿A qué, pues, me haréis semejante o me compararéis? dice el Santo. Levantad en alto vuestros ojos, y mirad quién creó estas cosas; él saca y cuenta su ejército; a todas llama por sus nombres; ninguna faltará; tal es la grandeza de su fuerza, y el poder de su dominio." Isaías 40:25-26 (RVR 1960)

REFLEXIÓN 113

⋯❖⋯ HAMBRIENTOS EN VERDAD ⋯❖⋯

"Cuando no se tiene hambre, hasta la miel empalaga; cuando se tiene hambre, hasta lo amargo sabe dulce." Proverbios 27:7 (TLA)

Al momento de escribir este libro, mi hijo más pequeño tiene 10 años de edad y siempre que me dice: "Mami tengo hambre, pero no quiero eso" (refiriéndose a lo que le ha sido puesto delante para comer), por lo que me doy cuenta que realmente no tiene hambre, sino deseos de comer. Porque cuando alguien está verdaderamente hambriento, no pide de comer en términos de gusto, se come lo que tiene al frente aunque no lo prefiera. Observemos este ejemplo:

"Jesús partió de allí y fue a la región de Tiro. entró en una casa y no quería que nadie lo supiera, pero no pudo pasar inadvertido. De hecho, muy pronto se enteró de su llegada una mujer que tenía una niña poseída por un espíritu maligno, así que fue y se arrojó a sus pies. esta mujer era extranjera, sirofenicia de nacimiento, y le rogaba que expulsara al demonio que tenía su hija. —Deja que primero se sacien los hijos —replicó Jesús—, porque no está bien quitarles el pan a los hijos y echárselo a los perros. —Sí, Señor —respondió la mujer—, pero hasta los perros comen debajo de la mesa las migajas que dejan los hijos. Jesús le dijo: —Por haberme respondido así, puedes irte tranquila; el demonio ha salido de tu hija. Cuando ella llegó a su casa, encontró a la niña acostada en la cama. el demonio ya había salido de ella." Mateo 7:24-30 (NBD)

En este pasaje, podemos notar como el hambre que tenia esta

mujer de ser favorecida con un milagro a favor de su hija, la llevo a no quejarse cuando le fue negado el pan, sino a declarar que estaba dispuesta a conformarse con las migajas del mismo; algo que conmovió al Maestro e hizo que Él le concediera el milagro que ella anhelaba.

Y tú, ¿Qué tan hambriento estas de Dios? ¿Qué tanto lo deseas, hasta donde serias capaz de llegar por ser saciado de Él? ¿Cuánto serias capaz de sacrificar por amor a Él?
¿Serias capaz de abandonar tu ego, tus riquezas y posiciones por llamar la atención de Jesus?

"Como el ciervo brama por las corrientes de las aguas, así clama por ti, oh Dios, el alma mía. Mi alma tiene sed de Dios, del Dios vivo..." Salmos 42:1-2 (RVR 1960)

REFLEXIÓN 114

LA IMPORTANCIA DEL AYUNO

El ayuno debe formar parte de la disciplina espiritual que rige la vida de un creyente. Así como oramos y leemos la Biblia, debemos ayunar continuamente.

El ayuno, consiste en tomar una decisión intencional de abstener del placer de comer por cierto tiempo, para obtener beneficios espirituales vitales. Implica humillarnos delante de Dios, rendirnos a Él, buscar su rostro para recibir guía, revelación, sabiduría e instrucción.

Ayunar es decirle a Dios: "Mi necesidad de ti, es más fuerte que mi deseo por la comida."

Ayunar, es vaciarnos de comida para llenarnos de poder unción y autoridad de parte de Dios.

"Proclamad ayuno, convocad a asamblea; congregad a los ancianos y a todos los moradores de la tierra en la casa de Jehová vuestro Dios, y clamad a Jehová." Joel 1:14 (RVR 1960)

REFLEXIÓN 115

NO LA CAMBIAMOS

*N*o hay espíritu contrario que pueda resistirse ante la potente artillería combinada que conforman el ayuno y la oración. (Ver Mateo 17:21). Sin embargo, aunque muchos tienen la intención de hacerlo, no cuentan con la suficiente determinación que se requiere para levarlo a cabo; y con tan sólo percibir el olor de la comida o el café, desisten del sacrificio que previamente han propuesto hacer para Dios.

Personalmente puedo decir que me gusta mucho el café pero dejarme vencer por éste, cuando tomo la determinación de presentar ayuno al Señor, no es algo que me permita, ya que a través de esta poderosa arma, he podido ver obrar la mano de Dios en diversos momentos de mi vida. Por lo que jamás estaré dispuesta a cambiar "gloria", es decir el poder que recibimos como resultado del ayuno, por "agua negra", o sea el café.

Ayunar es poner en manifiesto que tú ejerces dominio sobre tu carne y que ésta, no es la que te gobierna a ti. Cuando ayunamos expresamos a Dios nuestra necesidad de Él y al hacerlo, recibimos como resultado recompensas extraordinarias.

"Pero tú, cuando ayunes, péinate y lávate la cara. Así, nadie se dará cuenta de que estás ayunando, excepto tu Padre, quien sabe lo que haces en privado; y tu Padre, quien todo lo ve, te recompensará." Mateo 6:17-18 (NTV)

REFLEXIÓN **116**

QUE PRIMERO VAYA EL ARCA

Dios hace uso de diferentes formas y maneras para manifestarse y darse a conocer, entre ellas el uso de símbolos e instrumentos. Una de estas formas es la representación de su presencia a través de un cofre de madera de acacia revestido de oro puro tanto por dentro como por fuera, que llevaba por nombre: el Arca del Pacto, el Arca del Testimonio o el Arca de la Alianza y fue a esta, que los oficiales del pueblo hicieron referencia durante el periodo de la conquista de la tierra prometida mientras cruzaban el Rio Jordan, exhortando al pueblo a que el Arca que simbolizaba la presencia de Dios en medio de ellos, fuera delante, al decir: *"Asi sabran por donde ir, pues nunca antes han pasado por ese camino."* Ver Josue 3:3.

En otras palabras, los oficiales dijeron al pueblo lo siguiente: *"Dejen que la presencia y la gloria de Dios sea la que los guíe para que no se pierdan, para que no tomen el camino incorrecto, para que lleguen al destino que deben llegar porque sin esa presencia y esa gloria ustedes solos, no podrán hacerlo."*

"Tu palabra es una lámpara que guía mis pies y una luz para mi camino." Salmos 119: 105 (NTV)

REFLEXIÓN 117

ESTA ES LA ESTRATEGIA

*E*n una ocasión, mientras nos encontrábamos en la ciudad de Chihuahua México, alguien nos hizo el siguiente comentario:

"Existen algunos tramos de la carretera entre Juárez y Chihuahua en los que en algunas temporadas del año, el viento sopla tan fuerte que suele arrastrar los tráilers (es decir los camiones o patanas gigantes, que para ser conducidos se debe tener una licencia especial) y para que no los voltee el viento, los traileros le ponen dentro del vagón cajas llenas de piedras"

Al escuchar aquello, inmediatamente pensé en las diferentes personas que continuamente son arrastradas por los diferentes vientos de la vida, ya que no han llenado su interior de aquel que es "La Roca Inconmovible" y produce estabilidad en nosotros para que al ser azotados por los vientos, permanezcamos estables y nos mantengamos de pie.

Llena tu vida de Jesús, "La Piedra Angular" de cimiento estable, para que nada pueda derribarte.

"Solo él (Dios) es mi roca y mi salvación, mi fortaleza donde jamás seré sacudido." Salmos 62:2 (NTV)

"... He aquí que yo he puesto en Sion por fundamento una piedra, piedra probada, angular, preciosa, de cimiento estable; el que creyere, no se apresure." Isaias 28:16 (RVR 1960)

INDETENIBLE

REFLEXIÓN *118*

⋯•⊱⊰• **CORRIENDO PARA GANAR** •⊱⊰•⋯

"*¿No sabéis que los que corren en el estadio, todos a la verdad corren, pero uno solo se lleva el premio? Corred de tal manera que lo obtengáis.*" 1 Corintios 9:24 (RVR1960)

En este pasaje, el apóstol Pablo nos aconseja para que no corramos de balde, sino para ganar el premio. Pero ¿Qué hace un atleta que busca ganar una carrera?
Cuando un atleta quiere ganar una carrera, tiene tres vertientes principales en las que se debe concentrar que son:

El enfoque: Una de las estrategias más usadas por Satanás para hacer que perdamos velocidad, es buscar que nos enfoquemos en cosas que nos quitan fuerza; cosas que al ver, nos sentimos impotentes porque no dependen directamente de nosotros para ser resueltas. Como son las fallas y errores que otros cometen y las diferentes situaciones que se presentan en el lugar donde nos desenvolvemos, ya sea la congregación, la familia o nuestro lugar de empleo, pero el Señor nos ha llamado a enfocarnos en Él y Él se encargará del resto.
Por lo tanto enfocate en lo que puedes resolver y deja que Dios se encargue de lo que no puedes. No te desconcentres ni pierdas tu objetivo, persigue tu premio porque eres un atleta de Dios.

La alimentación: Los atletas saben que parte vital de su buen desempeño depende de sus hábitos alimenticios. Entonces como atleta de Dios que eres, necesitas alimentarte bien, necesitas saber a qué le das entrada en tu interior; debes conocer que es lo

que ingieres. Porque ciertas comidas, aunque tienen apariencia de ser sanas producen enfermedades que dañan la salud de nuestra vida espiritual.
Entonces, considera lo siguiente: ¿Qué estas ingiriendo?, ¿Qué es lo que recibes en tu espíritu? ¿Qué ves? ¿Qué oyes? ¿Cómo te estás alimentado?

La disciplina: Si quiere ser bueno en lo que hace, un atleta necesita pasar tiempo practicando su oficio. Por lo que como buenos atletas que somos, que no solo corren sino que van detrás de un premio, necesitamos pasar tiempo en la presencia del Señor.

"Yo me alegro cuando me dicen: «Vamos a la casa del Señor.»"
Salmos 122:1 (NVI)

INDETENIBLE

REFLEXIÓN **119**

SOLIDOS EN EL AVANCE

*N*o hay atajos que lleven a un lugar que valga la pena ir. Nada grande ocurre de prisa. Nuestro verdadero avance no depende de nuestra rapidez, sino de nuestra solidez y capacidad de hacer las cosas en el tiempo y en el modo correcto.

"Y el Señor os haga crecer y abundar en amor unos para con otros y para con todos, como también lo hacemos nosotros para con vosotros, para que sean afirmados vuestros corazones, irreprensibles en santidad delante de Dios nuestro Padre, en la venida de nuestro Señor Jesucristo con todos sus santos."
1 Tesalonicenses 3:12 (RVR 1960)

"... Corramos con paciencia y perseverancia la carrera que tenemos por delante." Hebreos 12:1 (NBLH)

REFLEXIÓN **120**

—•❧• **NO SALGAS DE BELÉN** •❧•—

En el libro de Rut capítulo uno, la Biblia nos relata la historia de una familia compuesta por un hombre llamado Elimelec, su esposa llamada Noemí y sus dos hijos llamados Malón y Quelión, los cuales salieron de Belén que se traduce como: "la casa del pan" para ir a Mohab, cuyo significado es: "la tina de basura".

Considerando esto, resulta interesante ver como esta familia, sale de "la casa del pan" en medio de la necesidad que había, para llegar a la "tina de basura", donde en ese momento, pudieron hallar comida.

Similar a esta historia, es lo que acontece, en la vida de muchos creyentes que ignoran que a pesar de estar en la casa de Dios, la cual representa "la casa del pan", llegan momentos en los que tenemos carencias de ciertas cosas. Pero es en esos momentos de necesidad, donde debemos aferrarnos más a Dios porque Satanás siempre tomará provecho de nuestras carencias para hacernos ofertas que aunque tienen apariencia de bien, resultan ser mortales.

El adversario siempre buscara hacer que te traslades de "la casa del pan" el lugar donde Dios te tiene, a la "tina de basura", el lugar donde el te quiere llevar para despojarte, así como hizo con esta familia. Pero sin importar que tan grande sea la necesidad, procura no salir de "Belén" porque esa es la casa del que sabe hacer los "panes" y tiene todos los hornos disponibles para prepararlos.

Por lo que en este día, si por cualquier causa llegaste a la "tina de basura" y abandonaste "la casa del pan"; despídete de ahí porque ese nos es tu lugar. Regresa a Belén, la casa de tu Padre porque es ahí donde tu perteneces.

"Entonces El les refirió esta parábola, diciendo: ¿Qué hombre de vosotros, si tiene cien ovejas y una de ellas se pierde, no deja las noventa y nueve en el campo y va tras la que está perdida hasta que la halla? Al encontrarla, la pone sobre sus hombros, gozoso; y cuando llega a su casa, reúne a los amigos y a los vecinos, diciéndoles: "Alegraos conmigo, porque he hallado mi oveja que se había perdido." Os digo que de la misma manera, habrá más gozo en el cielo por un pecador que se arrepiente que por noventa y nueve justos que no necesitan arrepentimiento." Lucas 15:3-7 (LBLA)

REFLEXIÓN 121

DE REGRESO A CASA

"*También dijo: Un hombre tenía dos hijos; y el menor de ellos dijo a su padre: Padre, dame la parte de los bienes que me corresponde; y les repartió los bienes.*
No muchos días después, juntándolo todo el hijo menor, se fue lejos a una provincia apartada; y allí desperdició sus bienes viviendo perdidamente. Y cuando todo lo hubo malgastado, vino una gran hambre en aquella provincia, y comenzó a faltarle. Y fue y se arrimó a uno de los ciudadanos de aquella tierra, el cual le envió a su hacienda para que apacentase cerdos. Y deseaba llenar su vientre de las algarrobas que comían los cerdos, pero nadie le daba. Y volviendo en sí, dijo ¡Cuántos jornaleros en casa de mi padre tienen abundancia de pan, y yo aquí perezco de hambre! Me levantaré e iré a mi padre, y le diré: Padre, he pecado contra el cielo y contra ti. Ya no soy digno de ser llamado tu hijo; hazme como a uno de tus jornaleros." Lucas 15:11-19 (RVR 1960).

Al contemplar este pasaje conocido por la mayoría de nosotros, podemos deducir que la razón por la que el hijo menor pide al padre la parte de los bienes que le corresponde, no es porque el padre le había descuidado en alguna manera, sino porque éste quería tener acceso a lo que le correspondía para gastarlo de la forma que el deseara y su padre se lo entrego. Sin embargo, vemos que cuando el hijo abandona la casa, sale robusto y provisto de los bienes que se le habían entregado pero los desperdicio y todo comenzó a faltarle hasta el punto de quedar arruinado y vacio; situación que lo hizo llegar incluso a apacentar cerdos y desear comer las algarrobas que estos comían. Pero aunque estaba hambriento, despojado y todo lo había gastado, seguía siendo el hijo de aquel bondadoso padre que mientras el moría de hambre, tenía provisión de pan. Así que aquel hijo, "volvió en si" y decidió regresar, entendiendo que ese no era su lugar y que él no pertenecía ahí.

Muchas son las enseñanzas que nos aporta este relato, entre las cuales están las siguientes:

- Dios es el que controla los bienes que nos da.
- Satanás siempre buscará despojarnos de lo que Dios nos ha dado.
- El adversario, no podrá despojarnos a menos que salgamos de la cobertura del Señor.
- El enemigo, siempre querrá despojarte, arruinarte y llevarte a desear lo que comen los "cerdos".
- En Dios siempre hay nuevas oportunidades, por eso aunque te hayas alejado siempre podrás volver y ser recibido como lo que eres, un hijo y no un "apacentador de cerdos".

"*Porque ¿Qué Dios hay como tú, que perdone la maldad y pase por alto el delito del remanente de su pueblo? No siempre estarás airado, porque tu mayor placer es amar.*" Miqueas 7:18 (NVI)

REFLEXIÓN **122**

❖ BAJO NUEVA ADMINISTRACION ❖

Quizás en más de una ocasión, al entrar en algún establecimiento has hallado un cartel que dice: "Bajo nueva administración".

Lo que al ser anunciado por el establecimiento, deja en claro que habrán cambios en ese determinado espacio, que expresan la mentalidad del nuevo administrador; cambios que marcarán la diferencia entre la actual y la pasada administración.

De igual manera cuando venimos al Señor, nosotros también debemos manifestar cambios que expresan la mentalidad de nuestro nuevo "Administrador", a esto hace referencia el apóstol Pablo al decir:

"De modo que si alguno está en Cristo, nueva criatura es; las cosas viejas pasaron; he aquí todas son hechas nuevas." 2 Corintios 5:17 (RVR 1960)

REFLEXIÓN **123**

BASADOS EN SU VOLUNTAD

*H*acer las cosas al modo de Dios, hace que nos establezcamos sobre el fundamento apropiado. No hay nada realmente solido y resistente a menos que esté edificado sobre la voluntad y la palabra de Dios. Nunca pongas tus esfuerzos y recursos en algo que no cuenta con la aprobación del Señor porque aunque parezca atractivo al inicio, su final no será bueno.

La obediencia y el sometimiento a la voluntad del Padre, es la diadema de los grandes hombres.

"Si Jehová no edificare la casa, en vano trabajan los que la edifican; si Jehová no guardare la ciudad, en vano vela la guardia." Salmos 127:1 (RVR 1960)

REFLEXIÓN **124**

⸺⋅⟩⋇⟨⋅ FUE ASÍ COMO TE HIZO ⋅⟩⋇⟨⋅⸺

𝓓ios te hizo diferente, no indiferente.

Te hizo extraordinario, no ordinario.

Te hizo significante, no insignificante.

Te hizo competente, no incompetente.

Te hizo compatible, no incompatible.

Te hizo activo, no inactivo.

Te hizo indispensable, no prescindible.

Te hizo apto, no inepto.

Te hizo distinto, no indistinto.

Te hizo adecuado, no inadecuado.

Te hizo eficiente, no ineficiente.

Te hizo superior, no inferior.

Te hizo responsable, no irresponsable.

"Te alabaré; porque formidables, maravillosas son tus obras; estoy maravillado y mi alma lo sabe muy bien." Salmos 139:14 (RVR 1960)

REFLEXIÓN 125

LA AMENAZA

Sólo cuando no hagas nada, dejarás de ser un problema para muchos. Pero si decides cumplir el sueño que Dios ha puesto dentro de ti, los resultados del cumplimiento harán que aun los que antes te ignoraban, volquen su atención hacia ti. Por tanto, procura ser de aquellos que no se desploman ante la oposición, sino que se levantan por encima de ella.

Tu avance será causa de celo y envidia en aquellos que ignoran que cada individuo es único e irremplazable.

Por lo que mientras avanzas, haz que tu círculo íntimo esté compuesto por personas que no te ven como una amenaza sino que procuran ayudarte a desarrollar lo que tienes, tal como lo hizo Pablo con su discípulo Timoteo.

"Por eso te recomiendo que avives el fuego del don que Dios te dio cuando te impuse las manos." 2 Timoteo 1:6 (DHH)

REFLEXIÓN **126**

❖ NO TE COMPARES ❖

*D*ios es diverso y nunca ha repetido un diseño. Tú eres un diseño exclusivo y lo que tú tienes para dar a este mundo nadie más lo puede dar, al modo que lo puedes dar tú. Es de vital importancia que tengas consciencia de esto, porque así te evitarás sentir celos o pensar que el avance de otros puede simbolizar una amenaza para ti.

Nunca quieras opacar a alguien para poder destacarte tú, porque grande es aquel que para brillar no necesita apagar la luz de los demás; que para subir no necesita aplastar a nadie y que para tener una posición no tiene que dañar al que está en ella.

Identifica tu llamado, cumple tu ministerio y sirve de complemento al ministerio de otros.

"Porque así como el cuerpo es uno, y tiene muchos miembros, pero todos los miembros del cuerpo, siendo muchos, son un solo cuerpo, así también Cristo. Porque por un solo Espíritu fuimos todos bautizados en un cuerpo, sean judíos o griegos, sean esclavos o libres; y a todos se nos dio a beber de un mismo Espíritu. Además, el cuerpo no es un solo miembro, sino muchos. Si dijere el pie: Porque no soy mano, no soy del cuerpo, ¿por eso no será del cuerpo?
Y si dijere la oreja: Porque no soy ojo, no soy del cuerpo, ¿por eso no será del cuerpo? Si todo el cuerpo fuese ojo, ¿dónde estaría el oído? Si todo fuese oído, ¿dónde estaría el olfato? Mas ahora Dios ha colocado los miembros cada uno de ellos en el cuerpo, como él

quiso. Porque si todos fueran un solo miembro, ¿dónde estaría el cuerpo? Pero ahora son muchos los miembros, pero el cuerpo es uno solo.

Ni el ojo puede decir a la mano: No te necesito, ni tampoco la cabeza a los pies: No tengo necesidad de vosotros. Antes bien los miembros del cuerpo que parecen más débiles, son los más necesarios; y a aquellos del cuerpo que nos parecen menos dignos, a éstos vestimos más dignamente; y los que en nosotros son menos decorosos, se tratan con más decoro. Porque los que en nosotros son más decorosos, no tienen necesidad; pero Dios ordenó el cuerpo, dando más abundante honor al que le faltaba, para que no haya desavenencia en el cuerpo, sino que los miembros todos se preocupen los unos por los otros. De manera que si un miembro padece, todos los miembros se duelen con él, y si un miembro recibe honra, todos los miembros con él se gozan." I Corintios 12:26 (RVR 1960)

REFLEXIÓN 127

LA COMPETENCIA I

La rivalidad, se manifiesta através del enfrentamiento u oposición entre dos o más personas que generalmente poseen características similares y aspiran lograr lo mismo. Este sentimiento arrastra consigo otros más, como son la envidia, los celos y el egoísmo y trae repercusiones muy negativas en la vida de aquellos que la padecen.

Las personas que tristemente han dado lugar a este sentimiento, siempre tratan de restar valor a las conquistas de otros, buscando minimizar y en algunos casos hasta ridiculizar a los que de algún modo pudieran opacarles, quitarles popularidad o algún tipo de reconocimiento. Creyendo erróneamente, que haciendo quedar mal a otros, fortalecen la imagen de ellos. Sin embargo, aquellos que tienen identidad y saben lo que pueden aportar, no realzan las debilidades de otros ni depende del anonimato de los demás para poder destacarse. Porque si para tú poder brillar, necesitas apagar a otros, tú luz no proviene de Dios.

La rivalidad se manifiesta entre conyugues, sobre la base de quien lleva más dinero a la casa, quien es más profesional, quien tiene el mayor ministerio, entre otras cosas. Se manifiesta en iglesias, con cuestiones como quien predica mejor, quien canta mejor, quien tiene más conocimiento de la palabra, quien es más líder, entre otros.
Se manifiesta en empresas, en escuelas, en el vecindario y en cada lugar donde existan personas dispuestas a darle entrada a este destructivo sentimiento. Pero acerca de esto, la palabra de Dios establece:
"Nada hagáis por contienda o por vanagloria." Filipenses 2:3 (RVR 1960)

REFLEXIÓN 128

⋯•⇾⥼• **LA COMPETENCIA II** •⥽⇽•⋯

*L*a competencia produce fragmentación y esta a su vez produce debilidad. La unidad, produce cooperación y sinergia para lograr resultados y beneficios en conjunto. Dios no nos ha llamado a competir sino a complementarnos.

No permitas que sentimientos malsanos, te roben la oportunidad de ser un colaborador y de marcar en forma positiva, las vidas de otras personas porque cuando ayudas a otros crecer, tu también creces con ellos y el hecho de resaltar las virtudes de otros, hace que también las tuyas sean resaltadas.

Por tanto, rechaza y no le des cabida a ningún sentimiento de rivalidad o competencia que quiera albergarse en tu corazón y veras que cuando lo hagas, experimentarás gran gozo, te sentirás libre y serás recompensado de parte de Dios.

"La grandeza de tu éxito, se mide por la cantidad de personas que ayudas a tener éxito"

REFLEXIÓN **129**

＊ LA VERDADERA COMPETENCIA ＊

*N*uestra verdadera competencia en la vida, no es con los demás sino con nosotros mismos.

Lo que tenemos que buscar sobrepasar cada día no es a otros, si no a nosotros mismos; superando nuestro ayer, con nuestro hoy; haciendo nuestro trabajo con mucho más dedicación y esfuerzo

"No es que ya lo haya alcanzado o que ya haya llegado a ser perfecto, sino que sigo adelante, a fin de poder alcanzar aquello para lo cual también fui alcanzado por Cristo Jesús." Filipenses 3:12 (NBLH)

REFLEXIÓN 130

❖ EL BUEN MANEJO DEL TIEMPO I ❖

*S*i realmente queremos ser productivos, tenemos que aprender a manejar bien nuestro tiempo y tener un buen equilibrio entre los diferentes roles que el Señor nos ha permitido tener.

Muchas personas continuamente me preguntan: "¿Cómo usted puede llevar la palabra a diferentes lugares del mundo, ser pastora, escribir libros, ser madre, esposa, directora de varios ministerios y trabajar en la formación y capacitación de líderes al mismo tiempo?" Para dar respuesta a esto, siempre contesto con algo que considero ser la estrategia que me ha dado el Señor, para poder dar cumplimento a la misión que me ha encomendado y que espero te sirva de ayuda a ti, como me ha servido a mí.

Nunca saques a Dios de tu agenda por más ocupada que esté: Por más ocupaciones que tengas, no dejes de sacar al menos una hora al día para estar en la presencia del Señor.
Antes de procurar cumplir con todos y con todo, Dios tiene que ser el que presida tu día, porque el tiempo en la presencia del Señor te servirá de combustible, para no quedarte atascado en medio de las diferentes presiones y demandas del día.

Haz una lista de lo que debes hacer: Es importante tener un registro de las cosas que debes hacer. Eso te ayudará a mantener el enfoque de las tareas que debes completar en cada determinado día.

En una ocasión alguien que hablaba acerca de la productividad y el orden del tiempo, decía que es importante anotar las seis cosas principales que debemos hacer cada día y no iniciar una, sin primero haber terminado la otra. A esto llamaremos orden de prioridades.

No actúes por sentimientos sino por disciplina: Las personas que buscan vivir una vida agradable delante de Dios, no actúan basados en sentimientos sino basados en compromisos y convicciones. Por otra parte, el peor enemigo de los resultados, es el darnos permiso de obrar basados en la forma como nos sentimos.

"Mirad, pues, con diligencia cómo andéis, no como necios sino como sabios, aprovechando bien el tiempo, porque los días son malos." Efesios 5:15-16 (RVR 1960)

INDETENIBLE

REFLEXIÓN **131**

❖ EL BUEN MANEJO DEL TIEMPO II ❖

*D*ando continuidad a lo antes dicho, lo próximo que debemos hacer para ser productivos es establecer un equilibrio entre los diferentes roles que tenemos.

Necesitas dar el cien por ciento de ti en el rol que estés desempeñando en un determinado momento. En otras palabras, no actúes como pastor o pastora mientras estas con tu pareja, no seas jefe de oficina, cuando estas con tus hijos, no actúes como amo o ama de casa, en el momento que ejerces tu papel como líder de algún ministerio.

Concéntrate en dar lo mejor de ti cuando estás en tu casa, cuando pasas tiempo con tus familiares, cuando estás en tu lugar de trabajo, en la iglesia, o en cualquiera que sea tu lugar de desempeño. Partiendo de esto, en ocasiones puede que sientas que hay una área a la que menos atención le estas dando y que por llamarle de alguna manera, podría ser "el área de descuido" de un determinado tiempo pero esta, no puede ser siempre la misma. Ósea que aunque hayas descuidado esa área, por la demanda que tuviste en alguno de tus otros roles en un determinado momento, debes buscar la manera de saldar las posibles deudas que tengas en esa área.

Entonces, para tener una vida productiva y equilibrada, en la que el éxito de una área, no representa el fracaso de otra, procura que el "área de descuido", sea especialmente atendida en cuanto tengas la oportunidad de hacerlo.

Por lo que si hay algo en tu vida que ha estado débil por falta de dedicación y tiempo, no dejes que se desplome, enfócate en ello, levántalo y dedícale tiempo.

"Todo tiene su momento oportuno; hay un tiempo para todo lo que se hace bajo el cielo." Eclesiastés 3:1 (CST)

REFLEXIÓN 132

—•╳•— **EMPRENDELO** •╳•—

Generalmente escuchamos a las personas decir: Quiero empezar un proyecto, iniciar un negocio, ir a la universidad, hacer otra carrera, ser un buen predicador, ser un escritor, formar una familia, activarme en mi comunidad, entre otros. Pero todo lo que existe es porque alguien decidió llevar un pensamiento a la acción y convertir un deseo en una decisión.

En el libro de los Salmos 1:3, la Biblia dice que todo lo que el hombre justo haga prosperará, pero nota que la declaración es: "todo lo que haga". Es decir, lo que se atreve a llevar a cabo y toma la iniciativa de hacerlo.

Dios ha puesto en tu mente ideas que espera que saques a la luz, para que sean de bendición a tu vida y a la vida de otros. Entonces, no te conformes con desear, a partir de hoy empieza a actuar.

"Porque Dios está obrando entre ustedes. Él despierta en ustedes el deseo de hacer lo que a él le agrada y les da el poder para hacerlo." Filipenses 2:13 (PDT)

REFLEXIÓN 133

DESECHA LA MEDIOCRIDAD

El término mediocridad se define como: mediano, regular, débil e insignificante. Otra definición del término es: lo mejor de lo peor y lo peor de lo mejor.

La mayor parte de las personas mediocres, tienen buenas intenciones pero las buenas intenciones sin acciones, son como los cheques que no tienen fondo. Su cantidad puede ser alta, pero no puede ser materializada.

Se ha dicho que el mayor enemigo de lo mejor, es lo bueno. Por tanto, no te conformes con lo bueno cuando puedes ir detrás de lo mejor.

El hombre común no desea mucho, consigue menos de lo que desea y casi siempre anhela tener los resultados, que con grandes esfuerzos han obtenido otros.

"El alma del perezoso desea, y nada alcanza; mas el alma de los diligentes será prosperada." Proverbios 13:4 (RVR 1960)

REFLEXIÓN 134

PREPARATE PARA LA ACCIÓN

El cambio total de las cosas, depende de tu actitud. Por ejemplo, si al leer este libro, dices: "Voy a actuar en base a lo que Dios me está diciendo"; estas reaccionado diferente a los que sólo dicen: "Me gusta lo que leo".

La acción no solamente surge del pensamiento, sino de la disposición y se hace efectiva a través de la responsabilidad y el compromiso.

El diablo tiembla cuando ve que aún el más débil de los siervos de Dios dice: "Aquí estoy Señor, me comprometo a cumplir con lo que me has encomendado; puedes contar con lo que tengo porque a partir de este día, lo deposito enteramente a tus pies". Y luego de pronunciar estas palabras procura hacer lo que ha determinado. Porque cuando te haces responsable de llevar a cabo los planes de Dios, haces que queden frustrados los planes del adversario.

"Y oí la voz del Señor que decía: ¿A quién enviaré, y quién irá por nosotros? Entonces respondí: Heme aquí; envíame a mí." Isaías 6:8 (LBLA)

REFLEXIÓN 135

NO LO APLACES

El más importante de tu vida es este. No dejes que la duda y el estar aplazando continuamente las cosas, te impidan llegar al destino que Dios ha marcado para ti.
Cuando aplazas las tareas que debes hacer en un determinado momento, desaprovechas el tiempo que te ha sido asignado en la tierra.

Vivir una vida de continuos aplazamientos para hacer las cosas, no debe ser la manera de operar de aquellos que han decidido llegar donde Dios los quiere llevar.
Tu tiempo es el recurso más valioso que posees. No malgastes tu vida, se celoso de tu tiempo.

En ocasiones, el hecho de aplazar algo simple, hace que se vuelva complicado y demorar en resolver lo complicado, lo vuelve casi imposible.
Las ideas tienen vida corta, por eso hay que usarlas antes que lleguen a su fecha de expiración.

"El que al viento mira, no sembrará; y el que mira á las nubes, no segará." Eclesiastés 11:4 (RVA)

REFLEXIÓN *136*

❖ ¿CÓMO SERÁ ESTO? I ❖

"*Al sexto mes el ángel Gabriel fue enviado por Dios a una ciudad de Galilea, llamada Nazaret, a una virgen desposada con un varón que se llamaba José, de la casa de David; y el nombre de la virgen era María. Y entrando el ángel en donde ella estaba, dijo! Salve, muy favorecida! El Señor es contigo; bendita tú entre las mujeres. Mas ella, cuando le vio, se turbó por sus palabras, y pensaba qué salutación sería esta. Entonces el ángel le dijo: María, no temas, porque has hallado gracia delante de Dios. Y ahora, concebirás en tu vientre, y darás a luz un hijo, y llamarás su nombre JESÚS. Este será grande, y será llamado Hijo del Altísimo; y el Señor Dios le dará el trono de David su padre; y reinará sobre la casa de Jacob para siempre, y su reino no tendrá fin. Entonces María dijo al ángel: ¿Cómo será esto? pues no conozco varón. Respondiendo el ángel, le dijo: El Espíritu Santo vendrá sobre ti, y el poder del Altísimo te cubrirá con su sombra; por lo cual también el Santo Ser que nacerá, será llamado Hijo de Dios. Y he aquí tu parienta Elisabeth, ella también ha concebido hijo en su vejez; y este es el sexto mes para ella, la que llamaban estéril; porque nada hay imposible para Dios.*" Lucas 1:26-37 (RVR 1960)

En este pasaje, vemos como ante el anuncio del ángel, María pregunta: "¿Cómo será esto? pues no conozco varón." Y el ángel le responde: "Será por el espíritu Santo. El espíritu Santo vendrá sobre ti y el poder del Altísimo te cubrirá con su sombra."

Al hacer una paráfrasis de la respuesta del ángel a María, obtenemos lo siguiente: *"María, aunque no hayas conocido varón, Dios hará que se cumpla en ti el propósito para el que fuiste escogida, el cual no depende de ti, depende de Él, y Él tiene todo el poder para hacerlo, sabe cómo hacerlo y ha determinado hacerlo".*

Esto resulta interesante porque nosotros también, cuando Dios nos llama a hacer algo que nos parece difícil dentro de nuestra limitación humana, nos preguntamos: ¿Pero cómo Dios hará eso conmigo? Si no tengo lo que se requiere, me faltan los recursos, no cuento con las habilidades, no me dan el apoyo ni me ofrecen las oportunidades necesarias para hacerlo. Sin embargo, en vez de preocuparte por todo eso, Dios espera que tú hagas lo que debes hacer y Él se encargara de hacer lo que no puedes hacer, para que se cumpla lo que Él se ha propuesto llevar a cabo contigo.

"Estando confiado de esto, que el que comenzó en vosotros la buena obra, la perfeccionará hasta el día de Jesucristo." Filipenses 1:6 (RVA)

REFLEXIÓN *137*

¿CÓMO SERÁ ESTO? II

Luego de dar respuesta a María acerca de cómo había de concebir, inmediatamente el ángel añade:
"He aquí tu parienta Elizabeth, ella también ha concebido hijo en su vejez; y este es el sexto mes para ella." Lucas 1:36 (RVR 1960)
El hecho de que el ángel resaltara que Elizabeth estaba en el mes sexto y ver que más adelante María visita a Elizabeth y se queda con ella tres meses, despierta nuestra atención, ya que los malestares de un embarazo, generalmente aparecen desde el mes cero, al mes tercero. Por lo que ya a Elizabeth les habían pasado, pero a María les estaban a punto de comenzar.
En otras palabras, en este pasaje tenemos a dos mujeres escogidas, ambas gestando un propósito y la que está en sus inicios se muda por tres meses en la casa de la que ya le habían pasado los malestares de la gestación. *"Y se quedó María con ella tres meses."* Lucas 1:56 (RVR 1960)
Por tanto, si eres de los que continuamente están gestando algo, toma este ejemplo y busca compañías que también estén gestando igual que tú y que por haber pasado por "malestares", cuando los tuyos te ataquen puedan decirte:
"Sé cómo te sientes porque viví lo que estás viviendo y pase por lo que estas pasando; por eso te puedo decir que ese proceso desagradable difícil y angustioso es solo la evidencia del desarrollo y del crecimiento de que lo llevas dentro."

"Por eso, anímense los unos a los otros, y ayúdense a fortalecer su vida cristiana, como ya lo están haciendo." 1 Tesalonicenses 5:11 (TLA)

REFLEXIÓN *138*

❖ EL VALOR DE LA EXCELENCIA ❖

"Cada vez que encuentres un trabajo que hacer, hazlo lo mejor que puedas." Eclesiastés 9:10 (PDT)

En este pasaje, Salomón nos exhorta a hacer las cosas bien, llevando cada asunto a nuestro mayor nivel de desempeño. Algo que nos conecta directamente con el término "excelencia" ya que el significado del mismo es: "Lo que resulta extraordinariamente bueno y que exalta las normas ordinarias".

Como hijos de Dios que somos, debemos procurar exceder en todo lo que hacemos para así glorificar al Señor con nuestras obras y servir de inspiración y ejemplo a la vida de otros. Muchas personas a tu alrededor no leen la Biblia, pero cada día, a través de lo que haces te leen a ti. El Señor valora la excelencia y se agrada del esfuerzo que haces por hacer las cosas bien. Ejemplo de esto tenemos con la señal que el siervo de Abraham, pidió a Dios al salir a buscar esposa para Isaac, el hijo de su amo:

"He aquí yo estoy junto a la fuente de agua, y las hijas de los varones de esta ciudad salen por agua. Sea, pues, que la doncella a quien yo dijere: Baja tu cántaro, te ruego, para que yo beba, y ella respondiere: Bebe, y también daré de beber a tus camellos; que sea ésta la que tú has destinado para tu siervo Isaac; y en esto conoceré que habrás hecho misericordia con mi señor." Génesis 24:13-14 (RVR 1960)

INDETENIBLE

Y fue Rebeca, la joven que mostró la disposición de darle agua al criado de Abraham y también a sus camellos. Pero más allá del hecho de que esta joven estuvo dispuesta a llevar a cabo tal acto, debemos considerar que según los estudios realizados acerca de los camellos, después de un día de trabajo pueden tomar hasta 30 galones de agua y el siervo de Abraham tenía diez camellos; por lo que si hacemos un cálculo rápido, nos damos cuenta que al ofrecer sacar agua para los camellos, Rebeca estaba ofreciendo sacar 30 galones para cada uno de los camellos, lo que sería un total de 300 galones, además de los que sacaría para dar de beber al criado y los que andaban con él. Dicho de otro modo, Rebeca estaba dispuesta a exceder la norma de lo ordinario y el Señor recompensó su esfuerzo.

"Y todo lo que hagáis, hacedlo de ánimo, como al Señor, y no á los hombres; Sabiendo que del Señor recibiréis la compensación de la herencia: porque al Señor Cristo servís." Colosenses 3:23-24 (RVA)

HAZLO CON EXCELENCIA

Gran parte de tu calidad de vida, está determinada por tu compromiso con la excelencia. Todo lo que decimos y hacemos tiene potencial de producir efecto y resultados. Entonces, si tenemos tal poder, hagamos buen uso de él.

No sólo existas, vive al máximo. No sólo procures hacer cosas, deja la marca de excelencia en todo lo que haces.
A veces es mejor hacer menos y con calidad, que hacer mucho al modo mediocre.

La excelencia tiene un precio que pagar, pero el no estar dispuesto a pagarlo, sale mucho más caro al final. Por lo que a partir de este día trabaja para mejorar tus acciones porque estas conforman tus hábitos y procura mantener tus buenos hábitos porque estos, conforman tú carácter. Todo lo que vayas a hacer, empéñate hacerlo bien.

"Yo conozco a uno de los hijos de Yesé, el de Belén. Toca muy bien el arpa; es un joven valiente, fuerte y aguerrido; además, es prudente cuando habla, muy apuesto y el Señor está con él." I Samuel 16:18 (RVC)

INDETENIBLE

REFLEXIÓN **140**

•❧• LLAMADOS A SER EXCELENTES •❧•

*E*sforzarnos por exceder en lo que hacemos, nos trae grandes recompensas. Las personas de excelencia son:

✤ Fieles a Dios y a los demás.
✤ Se esmeran aun en los pequeños detalles.
✤ Planifican las cosas antes de hacerlas.
✤ Terminan lo que empiezan.
✤ Saben prever las situaciones conflictivas y tratan de evitarlas.
✤ Cuando deben hacer frente a algún conflicto, mantienen su nivel de altura y no descienden.
✤ Aprenden de otros con humildad.
✤ No pierden el tiempo en cosas vanas.
✤ No anda en chismes, ni denigran a sus semejantes.

"Por lo tanto, mis queridos hermanos, manténganse firmes e inconmovibles, progresando siempre en la obra del Señor, conscientes de que su trabajo en el Señor no es en vano." 1 Corintios 15:58 (NVI)

REFLEXIÓN 141

EL DOMINIO PROPIO

"*Porque no nos ha dado Dios espíritu de cobardía, sino de poder, de amor y de dominio propio.*" 2 Timoteo 1:7 (RVR 1960)

Lo que hemos tardado años en construir, puede desmoronarse en minutos cuando no ejercemos dominio propio.

Es la falta de dominio propio, lo que hace que muchos reaccionen de forma inapropiada, que emitan comentarios indebidos y que se dejen vencer por la maldad.

Todo lo que no controlamos, termina controlándonos a nosotros. Dios no quiere que seamos vencidos por lo malo, sino que procediendo con el bien, tengamos victoria sobre el mal.

"*No dejen que el mal los venza, más bien venzan el mal haciendo el bien.*" Romanos 12:21 (NTV)

REFLEXIÓN *142*

❖ LIBERATE DE ELLO ❖

*H*acer lo que sentimos siempre es más fácil que hacer lo que debemos, pero el resultado de actuar por sentimiento y no por principios, siempre será devastador. Porque no serás capaz de conquistar cosas grandes dejándote controlar por pequeñeces. Así que para la conquista de lo que Dios ha trazado para ti, el dominio propio será vital.

Muchas cosas fueran diferentes si le impidiéramos a nuestros sentimientos controlar nuestras acciones y decisiones. Como ejemplo de esto tenemos la cantidad de problemas de salud que padecen millones de personas en el mundo, las relaciones que se destruyen a diario porque muchos no están dispuestos a quebrar el orgullo, las diversas personas que han perdido sus bienes y han caído en banca rota sólo por no ejercer dominio sobre sus impulsos. No seas uno de ellos; impídele a tus sentimientos y emociones tomar la rienda de tu vida.

"Por cuanto los designios de la carne son enemistad contra Dios; porque no se sujetan a la ley de Dios, ni tampoco pueden; y los que viven según la carne no pueden agradar a Dios." Romanos 8:7-8 (RVR 1960)

CONTROLA TUS EMOCIONES

Las emociones son parte de nosotros, Dios nos hizo seres emocionales y a través de todo el transcurso de nuestras vidas, experimentamos diversas emociones.

Estas nos pueden edificar o nos pueden destruir, dependiendo siempre del modo como nos manejemos entorno a ellas.

El modo en que actuamos generalmente está influenciado por nuestros sentimientos y estos a su vez son influenciados por nuestros pensamientos. Es por eso que la mente es el área donde más Satanás nos ataca.

Pero a pesar de los dardos que el enemigo envié a nuestra mente tratando de influenciar el modo como nos sentimos, Dios espera que actuamos por principios y no por sentimientos y que tomemos el camino correcto, no el fácil.

Dejarnos arrastrar por las emociones nos lleva a vivir en derrota. Los sentimientos siempre están cambiando de rumbo, por eso las personas que son guiadas por ellos no llegan a ningún lado.
Disciplínate y no te dejes controlar por las emociones. Porque si lo haces te evitaras grandes problemas, que de lo contrario, tendrás que enfrentar más adelante.

"... El que se enseñorea de su espíritu, es mejor que el que toma una ciudad." Proverbios 16:32 (RVR 1960)

REFLEXIÓN 144

—•⊱❖⊰• **ESPERA QUE SEQUE** •⊱❖⊰•—

Mariana se puso feliz por haber recibido de regalo un juego de té multicolor. Al día siguiente, su amiguita Julia, vino bien temprano a invitarla a jugar pero Mariana no podía porque saldría con su madre aquella mañana. Julia entonces pidió a Mariana que le prestara su juego de té para ella jugar sola en el jardín del edificio en el cual vivían. Ella no quería prestar su flamante regalo pero ante la insistencia de la amiga decidió hacerlo, haciendo hincapié en el cuidado de aquel juguete tan especial.

Al volver del paseo, Mariana se quedó pasmada al ver su juego de té tirado al suelo. Faltaban algunas tazas y la bandeja estaba rota. Llorando y muy molesta Mariana se desahogó con su mamá diciendo:

"¿Ves mamá lo que hizo Julia conmigo? Le presté mi juguete y ella lo descuidó todo y lo dejó tirado en el suelo." Totalmente descontrolada, Mariana quería ir a la casa de Julia a pedir explicaciones, pero su madre cariñosamente le dijo:

"Hijita, ¿te acuerdas de aquel día cuando saliste con tu vestido nuevo, todo blanco y un coche que pasaba te salpicó de lodo? Al llegar a casa querías lavar inmediatamente el vestido pero tu abuelita no te dejó. ¿Recuerdas porqué?" a lo que la niña respondió: "Ella dijo que había que dejar que el barro se secara, porque después sería más fácil de quitar." "Así es hijita, con la ira es lo mismo. Deja la ira secarse primero, porque después será mucho más fácil resolver todo", le dijo la madre.

Mariana no entendió muy bien lo que le quería decir con esto su madre pero decidió seguir su consejo y fue a ver el televisor. Un rato después sonó el timbre de la puerta. Era Julia, con una caja en las manos y sin preámbulo dijo: "Mariana, ¿Recuerdas el niño malcriado de la otra calle, el que a menudo nos molesta? Él vino a jugar conmigo y no lo dejé porque creí que no cuidaría tu juego de té, pero se enojó y destruyó el regalo que me habías prestado.

Cuando le conté a mi madre ella preocupada me llevó a comprar otro igual para ti y aquí está. ¡Espero no estés enojada conmigo! No fue mi culpa." "¡No hay problema!" dijo Mariana, "¡Mi ira, ya secó!". Y dando un fuerte abrazo a su amiga, la tomó de la mano y la llevó a su cuarto para contarle la historia del vestido nuevo que se había ensuciado de lodo.

Nunca reacciones mientras sientas ira. Así te evitarás el cometer injusticias y ganarás el respeto de los demás por tu posición ponderada y correcta delante de las situaciones difíciles. La ira nos sega e impide que veamos las cosas como realmente son.

"Déjate de la ira, y depón el enojo: No te excites en manera alguna a hacer lo malo." Salmos 37:8 (RVR 1960)

REFLEXIÓN **145**

CONSIDERALO

En este día te invito a considerar las palabras dichas por el destacado predicador que inspiro el movimiento metodista Ingles, John Wesley:

"Haga todo el bien que pueda, de todas las formas que pueda, en todos los lugares que pueda, en todos los momentos que pueda, a todas las personas que pueda, mientras usted pueda."

No puede retirar nada del banco de la vida excepto aquello que ha depositado. La altura determinada a la que puede llegar un hombre, va en proporción con su sometimiento al bien. La gente que avanza en lo recto, nunca es frenada por la vergüenza.

"¿Quién es el hombre que desea vida y quiere muchos días para ver el bien? Guarda tu lengua del mal y tus labios de hablar engaño. Apártate del mal y haz el bien, busca la paz y síguela."
Salmos 34:12-14 (LBLA)

❖ PUESTOS A PRUEBA I ❖

Cuando nuestra meta es agradar a Dios, debemos rechazar continuamente las ofertas que nos hace el adversario, quien nunca te ofrecerá nada sino es para quitarte algo mayor.
Cuando tenemos victoria sobre la tentación, el infierno se frustra y el cielo nos aplaude. Y aunque muchas veces parezca difícil siempre será posible porque todas y cada una de las tentaciones que a diario se nos presentan, fueron vencidas por nuestro Señor Jesucristo estando en su humanidad y Él espera que nosotros al ser tentados, las enfrentemos del mismo modo que Él lo hizo. Observemos este ejemplo:

"Entonces Jesús fue llevado por el espíritu al desierto, para ser tentado por el diablo. Y después de haber ayunado cuarenta días y cuarenta noches, tuvo hambre." Mateo 4:1-2 (RVR 1960)

En primer orden, consideremos el escenario donde ocurre tal suceso: Este desierto, era la parte deshabitada de Judea, entre la que se extendía una tremenda desolación de 50 por 80 kilómetros que se llamaba Yesimon, cuyo significado es "devastación". Las colinas eran como montones de polvo, las montañas eran calizas y ardían como un horno inmenso.

Por otro lado, el término "tentación" utilizado en este pasaje, es "peirazo" y se traduce como: poner a prueba, probar y demostrar. En ningún sentido implica la seducción al pecado ni la intención de forzar a nadie a pecar. Por lo que el propósito del Espíritu, al llevar a Jesús al desierto no fue hacer que saliera derrotado ni destruido, sino demostrar su esencia estando allí.

Según la implicación del término, el Espíritu no sedujo a Jesús a hacer el mal pero lo condujo a circunstancias en las que sería puesta a prueba su obediencia y disciplina. Y al pasar la prueba del modo que se esperaba que la pasara, fue certificado para socorrer a todos los hombres que sufren las mismas pruebas. Así nosotros cada vez que vencemos una tentación y pasamos la prueba del modo que Dios espera, somos calificados para servir de ayuda a otros que están siendo expuestos a lo mismo.

"Nuestro Sumo Sacerdote comprende nuestras debilidades, porque enfrentó todas y cada una de las pruebas que enfrentamos nosotros, sin embargo, él nunca pecó." Hebreos 4:15 (NTV)

PUESTOS A PRUEBA II

Jesús fue tentado porque estaba a punto de llevar a cabo la obra más importante que alguna vez se haya realizado, la acción que determinaría el destino eterno del mundo y de cada humano que lo habita.

Satanás no tentará a alguien cuya obediencia a Dios, no implique una mortal amenaza para él. Por lo que la próxima vez que estés siendo tentado, en vez de considerar la oferta que el diablo te hace, enfócate en la recompensa que recibirás departe del Señor, cuando la hayas rechazado.

"Someteos, pues a Dios; resistid al diablo y huirá de vosotros" Santiago 4:7 (RVR 1960)

"Señor, tú sabes bien lo que pienso; has venido por las noches para ponerme a prueba y no me encontraste haciendo planes malvados; tampoco digo malas palabras, ni actúo con violencia, como lo hacen los demás. Yo sólo a ti te obedezco; cumplo tus mandatos, y no me aparto de ellos." Salmos 17:3-5 (TLA)

REFLEXIÓN 148

❖ LA TOMA DE UNA PRUEBA ❖

*N*o las escoge el alumno, sino que son asignadas de acuerdo al criterio de la institución.

❖ Son tomadas a modo individual, no en grupo.

❖ Nadie puede tomarla en lugar del que debe pasarla.

❖ En el transcurso de la toma de la prueba, el maestro se queda en silencio esperando que el alumno responda basado en los conocimientos que ya le fueron depositados.

❖ Cuando el exámen es de selección múltiple, la respuesta debe ser escogida cuidadosamente, ya que algunas siendo falsas podrían parecer correctas.

❖ El lugar donde se toma la prueba lo escoge el maestro, no el alumno.

❖ El tiempo que dura la prueba solo se acorta cuando el alumno (debido a la capacidad que tuvo para captar las enseñanzas del maestro) llena los puntos del exámen antes del límite de tiempo que se le ha asignado.

❖ No hay promoción de grado, sino se sacan las calificaciones correctas.

❖ Mientras el alumno no saque la nota esperada, el exámen se le volverá a repetir.

"Hermanos míos, tened por sumo gozo cuando os halléis en diversas pruebas, sabiendo que la prueba de vuestra fe produce paciencia. Mas tenga la paciencia su obra completa, para que seáis perfectos y cabales, sin que os falte cosa alguna." Santiago 1:2-4 (RVR 1960)

EL TIEMPO DE UNA PRUEBA

Las pruebas y procesos a los que somos sometidos, solamente permanecen con nosotros hasta que cumplen con el propósito para el cual fueron permitidos por el Señor.

Una declaración muy interesante es la que encontramos en el libro de Job capitulo 38, cuando el Señor pregunta lo siguiente:

"¿Quién encerró el mar tras sus compuertas cuando éste brotó del vientre de la tierra? ¿O cuando lo arropé con las nubes y lo envolví en densas tinieblas? ¿O cuando establecí sus límites y en sus compuertas coloqué cerrojos? ¿O cuando le dije: Sólo hasta aquí puedes llegar; de aquí no pasarán tus orgullosas olas?" Job 38:8-11 (NVI)

Ahora bien, según la geografía, el 75% del planeta esta compuesto por agua mientras que la parte de la tierra sólo el 25% por ciento. Por lo que el texto realmente establece que a pesar de que la parte de agua es tres veces mayor a la parte de tierra, el Señor no le permite cruzar sus límites.
De igual modo, a tu prueba Dios le ha puesto límite y sólo va a durar hasta que cumpla la orden que le fue impuesta por el Señor.
Así que no retrases el tiempo de terminación de tu prueba, ni te rehúses a dejarte formar por lo que Dios te está permitiendo pasar porque al pasarlo del modo correcto, serás ascendido a otro nivel y al estar en otro nivel, vas a reír por lo que puedas estar llorando ahora.

"Tú cambias mis lágrimas en danza; me quitas la tristeza y me rodeas de alegría." Salmo 30:11 (RVC)

REFLEXIÓN 150

TIENE UN PLAZO

En ocasiones, Dios da permiso al reino de las tinieblas para hacer ciertos movimientos que hacen que en lo natural, parezca como sí todo estuviera perdido, como sí Dios no fuera a hacer nada, como sí ya no hubiese esperanza. Ejemplo de esto tenemos en el libro de Lucas 22:53 cuando Jesús dijo a sus opresores:

"Habiendo estado con vosotros cada día en el templo, no extendisteis las manos contra mí; mas ésta es la hora de ustedes, y la de la potestad de las tinieblas."

Personalmente llama mi atención la expresión "más está es la HORA de ustedes y la de la potestad de las tinieblas" en otras palabras Jesús revela: "se les ha otorgado sólo un espacio de tiempo, para hacer lo que se les ha permitido hacer".

Se trata sólo de una "hora", las tinieblas tienen tiempo limitado. Así que por más oscura que parezca estar la situación, aunque no le veas salida y sientas que ya todo termino, no pierdas la fe, Dios traerá restauración a tu vida. Lo que estas atravesando ahora, le fue marcado un límite de tiempo.

"Y Jehová fijó plazo, diciendo: Mañana hará Jehová esta cosa en la tierra. Al día siguiente Jehová hizo aquello, y murió todo el ganado de Egipto; mas del ganado de los hijos de Israel no murió uno" Éxodo 9:5-6 (RVR 1960)

"El llanto puede durar toda la noche, pero a la mañana vendrá el grito de alegría." Salmos 30:5 (LNBH)

REFLEXIÓN *151*

·⊱· **LA DESCRIPCIÓN DE SU CARGO** ·⊰·

Cuando José se reencontró con sus hermanos luego de todo "el mal" que estos le habían hecho, habiendo pasado como consecuencia diversas vicisitudes incluyendo varios años de su juventud injustamente en la cárcel; José, en vez de reprochar a sus hermanos por todo lo que le había acontecido, les dijo:

"Yo soy José, el hermano de ustedes, a quien vendieron a Egipto. Pero ahora, por favor no se aflijan más ni se reprochen el haberme vendido, pues en realidad fue Dios quien me envió aquí y no ustedes. Él me ha puesto como asesor del faraón, administrador de su casa, y como gobernador de todo Egipto... No tengan miedo ¿Puedo acaso tomar el lugar de Dios? es verdad que ustedes pensaron hacerme mal, pero Dios transformó ese mal en bien, para lograr lo que hoy estamos viendo: salvar la vida de mucha gente. Así que, ¡no tengan miedo! Yo cuidaré de ustedes y de sus hijos" Génesis 45:4-8, 50:19-21 (NVI).

En ocasiones Dios permitirá, que aun tus propios hermanos "te vendan" para dar cumplimiento a su propósito contigo. Así que no te resientas con tus "vendedores" porque ellos solo cumplen con aquello para lo que fueron contratados y la descripción de su cargo es: ¡Hacer que se cumpla el sueño de Dios en ti!. Por lo que no esperes que actúen diferente, porque si lo hacen no estarían dando cumplimiento al propósito para el cual fueron enviados a tu vida.

"Si un enemigo me insultara, yo lo podría soportar; si un adversario me humillara, de él me podría yo esconder. Pero lo has hecho tú, un hombre como yo, mi compañero, mi mejor amigo, a quien me unía una bella amistad, con quien convivía en la casa de Dios... Pero yo clamaré a Dios y el Señor me salvará."
Salmos 55:12-14,16. (NVI)

AUMENTO POR CAUSA DE PESO

En una ocasión luego de una apretada agenda de viajes, tuve que abandonar por varias semanas mi habitual rutina de ejercicios. Y al retomarla, uno de mis entrenadores, a modo de recordatorio me dijo: "No olvides que el peso, (refiriéndose a la cantidad de libras en pesa) sólo lo usamos en las áreas que queremos aumentar". Al escuchar tal expresión, hizo eco en mi interior porque no pude evitar relacionar lo dicho por mi entrenador con el modo en que Dios también, trabaja con nosotros cuando decide traer "aumento" a una área determinada de nuestras vidas. Poniéndonos en situaciones en las que tengamos que llevar mucho peso. Y luego, tal como ocurre en el ámbito físico, por causa del "peso", traer a esa área determinada de nuestras vidas un notorio y solido aumento.

Así que sí sientes que estas llevando sobre ti mucho peso, celebra y da gracias a Dios porque esto es solo señal de que se aproxima un gran aumento. A esto hace referencia el salmista al decir:

"*Cuando estaba en angustia, tú me hiciste ensanchar.*" Salmo 4:1 (RVR 1960)

REFLEXIÓN 153

EL LUGAR DE LA HERIDA

La perla es una piedra apreciada por su distintiva belleza y su gran valor monetario. La vemos generalmente en las vitrinas de las finas joyerías y llevadas como parte de los accesorios de ciertas mujeres pudientes, pero su historia no comienza allí.

Las perlas son producidas por una sustancia llamada nácar que liberan las ostras como mecanismo de defensa al ser atacadas por un cuerpo extraño que puede tratarse de un granito de arena o algún parásito que al atravesar su caparazón, hace que en su blando tejido se produzca una irritación.

Para hallar una perla los "buceadores de esta valiosa joya" rastrean el fondo del mar en busca de ostras para llevarlas a la superficie donde son examinadas. Pero todo buceador experimentado da prioridad a las ostras que evidentemente han sido atacadas, porque la manera más fácil de hallar una perla es identificando el lugar exacto donde fue herida una ostra.

Y tú ¿Que estás produciendo a causa de tus heridas y ataques?

"Nuestros sufrimientos son pasajeros y pequeños en comparación con la gloria eterna y grandiosa a la que ellos nos conducen." 2 Corintios 4:17 (PDT)

REFLEXIÓN 154

PERMITIDO POR ALGO

¿Alguna vez te has enfrentado a una persona o situación de la que has dicho a Dios: Señor, por favor, quita esto de mí porque si lo quitas, te serviré más y te buscare mejor?

Es muy posible que la respuesta a esto sea "Si". Por lo que en este día quiero recordarte que es imposible que algo suceda si no cuenta con la aprobación de Dios y que si Él no lo quita, es porque para trabajarte en alguna área de tu vida está siendo permitido.
Algo similar a esto pasaba en la vida de Pablo, cuando escribió:

"Aunque si quisiera yo gloriarme, eso no sería ninguna locura, porque estaría diciendo la verdad; pero no lo hago, para que nadie piense que soy más de lo que aparento o de lo que digo, juzgándome por lo extraordinario de esas revelaciones. Por eso, para que yo no me crea más de lo que soy, he tenido un sufrimiento, una especie de espina clavada en el cuerpo, que como un instrumento de Satanás vino a maltratarme. Tres veces le he pedido al Señor que me quite ese sufrimiento; pero el Señor me ha dicho: «Mi amor es todo lo que necesitas; pues mi poder se muestra plenamente en la debilidad.» Así que prefiero gloriarme de ser débil, para que repose sobre mí el poder de Cristo. Y me alegro también de las debilidades, los insultos, las necesidades, las persecuciones y las dificultades que sufro por Cristo, porque cuando más débil me siento es cuando más fuerte soy." 2 Corintios 10:6-10 (DHH)

Así que si has hecho todo lo que puedes y has pedido a Dios de todos los modos que sabes, para que cambie una determinada situación y ves que las cosas se mantienen igual, algún propósito tiene el Señor al permitirte que la pases. De hecho, eso por lo que te sientes hostigado y por lo que muchas veces has preguntado: ¿Por qué tengo yo que pasar por esto? Es lo que te mantiene conectado a Dios y si no lo estuvieras viviendo, tampoco te encontrarías en el nivel que estas ahora.

"Pues no tengo dudas de que las aflicciones del tiempo presente en nada se comparan con la gloria venidera que habrá de revelarse en nosotros." Romanos 8:18 (RVC)

REFLEXIÓN 155

— ❖ LA BENDICIÓN DE LA NEGACIÓN ❖ —

A todos nos gusta que el Señor nos conceda lo que le pedimos. De hecho en ocasiones el gozo es tanto que celebramos de diferentes maneras su aprobación. Sin embargo, en ocasiones debido al inmenso amor que el Señor nos tiene, sin importar el fervor con que le pidamos ciertas cosas, Él nos la niega. Lo que debido a nuestras pasiones y limitaciones humanas, generalmente no entendemos, pero Dios que conoce todas las cosas, no nos concede lo que pedimos porque su deseo siempre es darnos lo mejor.

Así que cuando el Señor no te conceda algo, no te entristezcas, sino agradécele, descansa en Él y dale la gloria, porque gracias al hecho de Dios negarte ciertas cosas que le pediste antes, estas en la posición que te encuentras ahora. La mayor bendición que podamos recibir en ciertos momentos, es la negación de Dios ante algo que le estemos pidiendo. El "NO" de Dios en ciertas cosas, siempre representara el "SI" de muchas otras.

"Hay caminos que el hombre considera rectos, pero que al final conducen a la muerte." Proverbios 14:12 (RVC)

REFLEXIÓN **156**

❖ DIOS SABE PORQUE DICE NO ❖

Muchas son las razones por las que a Dios nos niega ciertas cosas, entre ellas están las siguientes:

❖ Porque lo que le estás pidiendo está fuera de los planes que Él tiene para ti y aunque sea bueno para otros, no encaja en el propósito de Dios para tu vida.

❖ Porque lo que estás pidiendo ahora, aún no estás listo para recibirlo y antes de entregártelo Dios trabajará ciertos aspectos de ti, para que puedas manejarlo del modo correcto cuando lo recibas.

❖ Porque lo que estás pidiendo, está por debajo de lo que el Señor tiene para ti. Así que si Él te lo concediera, quedaría corto en bendecirte.

❖ Por tanto, sé paciente y pide a Dios que te permita entender las cosas de acuerdo al idioma del cielo.

"¡Quédense quietos y sepan que yo soy Dios! Toda nación me honrará. Seré honrado en el mundo entero." Salmos 46:10 (NTV)

REFLEXIÓN **157**

TRAERA FRUSTRACIÓN

*G*eneralmente, nos desilusionamos cuando una puerta se nos cierra y cuando algo no sale de la forma que esperábamos.

Pero si vemos las cosas al modo de Dios, siempre recordaremos que el Señor (quien nos ama más de lo que nuestro entendimiento es capaz de asimilar), puede abrir todas las puertas y que todo lo que existe le pertenece a Él. Por lo que, aunque no entendamos la causa alguna razón debe haber para que esa puerta se haya cerrado y las cosas no hayan salido del modo como esperábamos.

Uno de los motivos por los que en ocasiones se nos cierra una puerta es porque aún no estamos preparados para entrar por ella, ya sea porque nos falte madurez espiritual, estabilidad emocional, entereza de carácter, el conocimiento necesario, la experiencia o cualquier otra aptitud que sea necesaria para el buen cumplimiento de aquello que perseguimos. Cuando se nos cierra por alguna de estas causas en vez de desalentarnos debemos regocijarnos porque tener acceso aquello para lo que aún no estás listo, en vez de bendición te traerá frustración.

Cuando este sea el caso, toma la experiencia para superar la deficiencia y una vez superada puedas estar listo para acceder a esa puerta por la que en otro tiempo se te había negado la entrada.

"Porque yo sé muy bien los planes que tengo para ustedes —afirma el Señor—, planes de bienestar y no de calamidad, a fin de darles un futuro y una esperanza." Jeremías 29:11 (NVI)

REFLEXIÓN 158

¿POR QUÉ SE CIERRA?

Dando continuidad a lo establecido en el capítulo anterior, otra razón por la que en ocasiones se cierra una puerta, es porque lo que está detrás de ella no nos ha sido asignado según los planes de Dios.

Existe una marcada diferencia entre hacer las cosas según nuestros deseos e iniciativas propiamente humanas y hacerlas por la dirección del Espíritu, basada en los planes perfectos de Dios para nosotros.

Una de las formas de saber si estas en el carril correcto, es identificando si tienes paz con lo que haces, porque la paz interior, siempre será un indicador de la aprobación de Dios. Si no sientes la aprobación de Dios en lo que haces, no te obstines en hacerlo.

El motivo por el cual a muchos no les va bien en lo que emprenden es porque intentan llevar a cabo algo para lo que no tienen la aprobación de Dios. Ignorando que cuando el Señor nos niega algo, es porque ya tiene aprobado algo mejor para nosotros. Pero no mejor según nuestras propias conveniencias, sino según lo que Él dispuso para nosotros desde antes de nuestro nacimiento.

"Entonces aprenderán a conocer la voluntad de Dios para ustedes, la cual es buena, agradable y perfecta." Romanos 12:2 (NTV)

AUN POR LO QUE ÉL NO HACE

Usualmente, damos gracias a Dios por las cosas que sabemos que Él hace, y esto es bueno. Sin embargo, debemos también agradecerle por aquello de lo que no llegamos a enterarnos, pero que de igual modo, Él lo hace. Porque sin que tú te des cuenta, por más de una vez, Dios te ha librado de las acechanzas del maligno, ha desactivado los planes destructivos que muchos han armado en tu contra, te ha evitado caer en lazos, engaños y trampas que te han sido puestas y le ha salido al encuentro a tus enemigos para presentar por ti defensa, aunque ellos no lo testifiquen.

En ocasiones ha hecho incluso, que te retrases de alguna manera para evitar que seas parte de algo, que si hubieras pasado por un determinado lugar minutos antes, te hubiera podido dañar.

Dios, sin tu saberlo ha puesto a otros a orar por ti incluso mientras duermes. En su gran amor y misericordia para contigo, te ha puesto en gracia delante de los hombres, ha hecho que seas tú quien recibas la posición para la que habían personas mejores calificadas que tu. En fin, es mucho lo que Él hace cada día por nosotros, aun sin que nos demos cuenta. Por tanto, cuando agradeces a Dios por lo que sabes que El hace, no olvides también agradecerle por las cosas de las que no llegas a enterarte, pero que también Él las hace.

"Dad gracias en todo, porque esta es la voluntad de Dios para vosotros en Cristo Jesús." I Tesalonicenses 5:18 (LBA)

INDETENIBLE

REFLEXIÓN **160**

NOS AMA TANTO QUE

Dios nos ama tanto que no nos dejará permanecer en ninguna acción que nos traiga estancamiento. Sino que de diferentes formas trabajará para sacar de nosotros todo lo que nos estanca. Como son aquellas cosas incorrectas que hacemos en lo oculto, pero que exhiben ruina y muerte a modo público.

Los pecados secretos siempre traen derrotas públicas, por tanto aunque ocultes el historial de llamadas, aunque borres los mensajes, aunque deshagas las evidencias, aunque no quieras que se sepa; tarde o temprano, sino te apartas y te arrepientes, de lo que puedas estar haciendo todo saldrá a la luz. Dios lo descubrirá y trabajara para removerlo. Porque esta es una de las formas que el Señor usa para liberarte.

El pecado nos lleva a apartarnos de la presencia de Dios y cuando se va la presencia de Dios, se va el temor y cuando se va el temor, el pecado se vuelve habitual.

"Por tanto, confesaos vuestros pecados unos a otros, y orad unos por otros para que seáis sanados. La oración eficaz del justo puede lograr mucho." Santiago 5:16 (LBLA)

"Porque no hay nada encubierto que no llegue a revelarse, ni nada escondido que no llegue a conocerse." Mateo 10:26 (NBD)

CUIDADO CON ESTO

"Sea bendito tu manantial y alégrate con la mujer de tu juventud, como cierva amada y graciosa gacela. Sus caricias te satisfagan en todo tiempo y en su amor recréate siempre.

¿Y por qué, hijo mío, andarás ciego con la mujer ajena, y abrazarás el seno de la extraña? Porque los caminos del hombre están ante los ojos de Jehová y él considera todas sus veredas.
... ¿Tomará el hombre fuego en su seno sin que sus vestidos ardan? ¿Andará el hombre sobre brasas sin que sus pies se quemen?"
Así es el que se llega a la mujer de su prójimo; no quedará impune ninguno que la tocare.
Mas el que comete adulterio es falto de entendimiento; corrompe su alma el que tal hace."
Proverbios 5:18-21, 6:37-29, 32 (RVR 1960)

REFLEXIÓN 162

❧ SU BELLEZA NO COMPENSA ❧

*E*ra considerado por todo el vecindario como uno de los árboles más hermosos y llamativos del lugar donde vivo, al momento de escribir este libro.

Haciendo uso de su hermoso follaje, (según la temporada del año) el jardinero de la vivienda, le daba una atractiva forma haciendo que captara la atención de todo el que pasaba por su frente. Por lo que, al pasar un día por el frente de esa casa y ver como dicho árbol estaba siendo arrancado desde la raíz, me llene de asombro y pregunte al dueño, la razón por la que había decidido deshacerse del árbol, a lo que este, sin titubeos y con toda firmeza me respondió: "Vecina créame, nos duele mucho arrancarlo, lo considerábamos parte importante del frente de nuestra casa, era hermoso y llevaba ya muchos años con nosotros pero debido a su crecimiento, sus raíces comenzaron a romper el piso de la vivienda y entendimos que la belleza del árbol no compensa su nivel de destrucción"

Al escuchar tan válido argumento, comprendí que realmente existía a cabalidad la necesidad de llevar a cabo tal acto y a su vez también pensé en lo importante que es para nosotros tener consciencia de las situaciones que dañan nuestras vidas y con valentía similar a la de mi vecino, tomar la "taladora espiritual" para desarraigar desde la raíz, sin titubeos ni sentimentalismos todo lo que aunque sea atractivo a la carne y nos traiga ciertos placeres momentáneos, su atractivo no compense su nivel de destrucción, porque podría terminar destruyendo por completo nuestra vida que simboliza nuestra "casa".

"Por tanto, si tu ojo derecho te es ocasión de caer, sácalo, y échalo de ti; pues mejor te es que se pierda uno de tus miembros, y no que todo tu cuerpo sea echado al infierno. Y si tu mano derecha te es ocasión de caer, córtala, y échala de ti; pues mejor te es que se pierda uno de tus miembros, y no que todo tu cuerpo sea echado al infierno." Mateo 5:29-30 (RVR 1960)

REFLEXIÓN 163

❖ EVITA LAS CONSECUENCIAS ❖

*A*unque muchos la consideran ser una salida frente a ciertas situaciones, la mentira es una falta delante de Dios y un fraude para con los hombres.

Los engaños aunque tarden, siempre salen a la luz y los que mienten, al ser descubiertos son vistos por aquellos a quienes engañan, como personas no dignas de confianza.
Las mentiras no tienen nivel, no hay blancas ni piadosas; la Biblia nos deja claro que el padre de toda mentira es Satanás. (Ver Juan 8:44)

Es por esto que cuando alguien comienza a tomar el hábito de mentir, la conciencia emite su voz, dando a entender que la persona no procedió como debía, pero si en vez de admitir el error, se mantiene repitiendo lo mismo, este se vuelve habitual, la conciencia se entumece y pierde la sensibilidad.
Las personas que mienten, continuamente están expuestas a sus consecuencias y sus bendiciones se mantienen estancadas.
Nadie que practique el pecado podrá vivir bajo el favor y el agrado de Dios. Si quieres recibir todo lo que el Señor tiene para ti, decide actuar correctamente y hablar siempre con la verdad. Porque aunque tengas que pagar un precio por esto, el vivir una vida de engaños y mentiras te saldrá mucho más costoso al final.

El hecho de ser honestos con Dios y los demás no siempre será fácil, pero los resultados siempre serán buenos. La mentira ata y enferma, la verdad es salud y libertad.

"Los labios veraces permanecerán para siempre, pero la lengua mentirosa, sólo por un momento." Proverbios 12:19 (RVR 1960)

REFLEXIÓN 164

◆❧◆ NO LE DES ARMAS ◆❧◆

La forma más sabia de actuar cuando fallamos a Dios, es confesando nuestras faltas y apartándonos del pecado. El mantener ocultos nuestros errores, sólo hará que las cosas sean peores al final.

Satanás nuestro adversario, continuamente busca acusarnos delante del Padre (Ver Apocalipsis 12:10) por lo que al rehusarnos a abandonar el pecado, le entregamos a nuestro adversario, armas para atacarnos. Porque su misión es presentarnos ante Dios como personas que no solamente le fallamos, si no que rehúsa apartarse de lo malo que hace. Para de este modo demandarnos ante el Padre, como personas que no merecen ser bendecidas y que no tienen la condición para ser usadas por el Señor.

Es posible que al leer esto, digas: "Pero la Biblia dice que Jesús es mi abogado" y eso es totalmente correcto. Sin embargo, el término "abogado", proviene del latín "advocatus" y se traduce literalmente como "llamado para dar auxilio frente a un juicio". Ósea que la función principal de este, es ejercer defensa por la parte que fue solicitado. En otras palabras, cuando recurrimos a Jesús como nuestro abogado, le estamos solicitando que nos defienda ante la acusación que el adversario ha hecho delante del Padre en nuestra contra, pero los buenos abogados siempre piden que se les confiese toda la verdad para así tener los argumentos correctos a la hora de presentar defensa en un juicio. A esto hizo referencia el apóstol Juan al decir:

"Si confesamos nuestros pecados, Él es fiel y justo para perdonarnos los pecados y para limpiarnos de toda maldad." 1 Juan 1:9 (RVR 1960)

Entonces, la condición para que Jesús sea tu abogado es que confieses tu pecado y te apartes de todo lo que quiera mantenerte ligado a ello.

"El que encubre sus pecados no prosperará; Mas el que los confiesa y se aparta alcanzará misericordia." Proverbios 28:13 (RVR 1960)

REFLEXIÓN 165

LA TENTACIÓN I

La tentación es el arma más usada por Satanás para destruirnos. A la mayoría de nosotros se nos hace fácil decir que amamos a Dios por encima de todas las cosas y que estamos dispuestos a hacer cualquier cosa por Él, pero la autenticidad de estas y otras expresiones, quedará expuesta a través de la forma como nos manejamos frente a la tentación.
Desde qué Satanás fue destituido del cielo por hallarse en el maldad, se dedicó a no ser el único en fallarle a Dios.

La Biblia, revela en Apocalipsis 12:4 que el adversario arrastró la tercera parte de las estrellas del cielo, lo que es considerado por la mayoría de estudiosos del texto sagrado, como los ángeles que en su caída, Lucifer arrastró consigo.

Pero su maldad no se detuvo ahí, ya que posteriormente atacó también al hombre, incitándole a deshonrar a su Creador a través de la desobediencia, a pesar de que Dios lo había creado como muestra de su amor y para manifestar por medio de él su gloria.

La estrategia usada por el maligno para incitar al hombre a pecar en el huerto del Edén, fue hacer que lo que Dios le había prohibido, se volviera atractivo a su vista, y esta es la forma que se mantiene usando hasta el día de hoy para hacer que también nosotros continuamente fallemos al Señor.

"*Cada uno es tentado, cuando de su propia concupiscencia es atraído y seducido. Entonces la concupiscencia, después que ha concebido, da a luz el pecado; y el pecado, siendo consumado, da a luz la muerte. Amados hermanos míos, no erréis."* Santiago 1:14-16 (RVR 1960)

REFLEXIÓN 166

LA TENTACIÓN II

$\mathcal{E}$l adversario, trabaja arduamente con sus finas artimañas para hacer que nos enfoquemos en las cosas que nos hacen falta y no en lo mucho que nos ha dado Dios, y al lograrlo nos ofrece formas fáciles y rápidas de tener lo que nuestra carne desea, lo que si tomamos (sin importar lo bueno y lindo que se vea) solo traerá muerte y destrucción a nuestro espíritu; y afectara nuestra relación con el Señor.

Satanás fue el primero en fallarle a Dios y se complace en tener personas rendidas a sus ofertas para avergonzarles delante del Señor y argumentar que de la manera que el falló, otros también le fallan. Por lo que debemos recordar que:

"El ladrón no viene más que a robar, matar y destruir; mas yo (Cristo) he venido para que tengan vida, y la tengan en abundancia." Juan 10:10 (NVI)

REFLEXIÓN 167

ATENTOS Y LISTOS

Considerando algunos elementos importantes acerca de la tentación, observamos lo siguiente:

❖ La tentación tiene su raíz más profunda en la pasión y el apetito:

❖ *"Cuando alguno es tentado, no diga que es tentado de parte de Dios; porque Dios no puede ser tentado por el mal, ni él tienta a nadie; sino que cada uno es tentado, cuando de su propia concupiscencia es atraído y seducido. Entonces la concupiscencia, después que ha concebido, da a luz el pecado; y el pecado, siendo consumado, da a luz la muerte."* Santiago 1:13-15 (RVR 1960)

❖ Dios nunca permitirá que seamos tentados más allá de lo que podemos soportar:

❖ *"Ustedes no han sufrido ninguna tentación que no sea común al género humano. Pero Dios es fiel, y no permitirá que ustedes sean tentados más allá de lo que puedan aguantar. Más bien, cuando llegue la tentación, él les dará también una salida a fin de que puedan resistir."* I Corintios 10:13 (RVR 1960)

❖ Jesucristo entiende la tentación porque Él fue tentado en todo, al igual que todos los hombres son tentados.

❖ *"Por haber sufrido él mismo la tentación, puede socorrer a los que son tentados."* Hebreos 2:18 (RVR 1960)

❖ La tentación es vencida mediante el sometimiento a Dios y la resistencia al diablo."

"Estén siempre atentos y listos para lo que venga, pues su enemigo, el diablo, anda buscando a quien destruir." 1 Pedro 5:8 (TLA)

REFLEXIÓN 168

¿CÓMO RESPONDES?

"*Y vino a él el tentador y le dijo: Si eres Hijo de Dios, di que estas piedras se conviertan en pan. El respondió y dijo: Escrito está: No sólo de pan vivirá el hombre, sino de toda palabra que sale de la boca de Dios.*" Mateo 4:3-4 (RVR 1960)

La primera tentación que el adversario hizo a Jesús fue la de suplir las necesidades vitales por su propio poder. Jesús estaba muy hambriento y Satanás conociendo esto, le sugirió que hiciera uso de la capacidad que Él tenía para crear comida, para que así quedara satisfecha su necesidad. Lo malo de esta tentación, es que de haber aceptado la oferta, Jesús hubiera hecho mal uso de su poder usándolo para beneficio propio. Algo que Él nunca incurrió en hacer, ni siquiera cuando estuvo colgado en la cruz del Calvario; de haberlo hecho, habría demostrado que su confianza estaba en sí mismo y no en el Padre, actuando de modo independiente y no basado en la voluntad del que lo envió.

Nuestras necesidades humanas son legítimas, sin embargo el problema surge cuando somos tentados a usar nuestras habilidades, independientemente de cuál sea la voluntad de Dios para nosotros. La repuesta de Jesús ante tal situación fue: "*No sólo de pan vivirá el hombre sino de toda palabra que sale de la boca de Dios.*" (Ver. 4)

Y tú, ¿Cómo estas respondiendo ante las diversas tentaciones y ofertas que te hace el adversario? Luego de haber leído esto, te invito a considerarlo.

REFLEXIÓN 169

CON FIRME RESPUESTA I

"*Entonces el diablo le llevó a la santa ciudad, y le puso sobre el pináculo del templo y le dijo: Si eres Hijo de Dios, échate abajo; porque escrito está: A sus ángeles mandará acerca de ti y en sus manos te sostendrán, para que no tropieces con tu pie en piedra.*"
Mateo 4:5-6 (RVR 1960)

La segunda tentación a la que Jesús fue expuesto fue la del sensacionalismo, en la cual Satanás le sugirió que se lanzara del pináculo del templo porque Dios mandaría sus ángeles a sostenerlo. Recordemos que Jesús todavía no había hecho ningún milagro y el diablo no tenía idea de lo que más adelante había de acontecer. Por lo que esta tentación tuvo un efecto triple:

1. Tentó a Jesús a escoger un camino diferente al camino de Dios que era el camino de la cruz y el de identificarse con los hombres en sus pruebas y sufrimientos.
2. Tentó a Jesús a hacer mal uso de las escrituras torciéndolas para sus propósitos.
3. Tentó a Jesús a darle sensaciones al pueblo para crear una religión basada en sentimientos.

Pero una vez más, la repuesta del Señor ante esto, fue firme: "No tentaras al Señor tu Dios" (Ver. 7). En otras palabras, El establece:

"Daré total cumplimiento a lo que me ha sido encomendado y no torceré ni estiraré la palabra para hacer lo que no he sido llamado a hacer".

REFLEXIÓN 170

CON FIRME RESPUESTA II

"*Otra vez le llevó el diablo a un monte muy alto y le mostró todos los reinos del mundo y la gloria de ellos y le dijo: Todo esto te daré, si postrado me adorares.*" Mateo 4:8-9 (RVR 1960)

Luego de varios intentos fallidos, Satanás vuelve a tentar a Jesús, esta vez para que alcance su meta a través de componendas humanas. Pero Él no estaba dispuesto a aceptar atajos, porque sabía que la única manera de alcanzar su meta era la cruz para por medio de su sacrificio poder librar a los hombres del pecado, de la muerte y del juicio.

En esta tentación, Satanás ofreció a Jesús todas las posesiones y toda la gloria del mundo porque este, estaba bajo su influencia y control y podía dárselo a quien él quisiera. (Ver Juan 12:31; 14:30). Pero a Jesús no le interesó la oferta y una vez más volvió a darle una respuesta totalmente dependiente de las escrituras, al pronunciar lo siguiente: "*Al Señor tu Dios adorarás y a Él solo servirás*" *(Ver. 10)*
Siempre existirá la forma correcta y la forma equivocada para alcanzar nuestras metas y los hijos de Dios siempre debemos optar por la que es correcta.

Cabe destacar que no hay nada malo en experimentar poder y tener posesiones, lo malo es usar como medio para obtenerlas, las ofertas hechas por Satanás, en vez de buscar primeramente el reino de Dios y esperar que todo lo demás nos sea añadido según su perfecta voluntad.

"Guárdame, oh Dios, porque en ti he confiado. Oh alma mía, dijiste a Jehová: Tú eres mi Señor; No hay para mí bien fuera de ti." Salmos 16:1-2 (RVR 1960)

REFLEXIÓN *171*

⋯⋗⋮⋖• LA FORMA MAS EFECTIVA •⋗⋮⋖⋯

"*Y cuando el diablo hubo acabado toda tentación, se apartó de él por un tiempo.*" Lucas 4:13 (RVR 1960)

Al concluir con el relato de la tentación de Jesús, el evangelista Lucas nos revela algo muy importante y es que la victoria sobre una tentación, no significa que la persona no volverá a ser probada. Sino que nuestro adversario sólo se aparta "por un tiempo" hasta que considera un nuevo plan para tratar de lograr en nosotros lo que no logró al salir vencido.

Pero la forma más efectiva de responder a sus ataques, será igual todas las veces y consiste en lo siguiente:

✢ Mantener el enfoque en lo que Dios nos ha enviado a hacer, sin desviarnos ni aceptar atajos.
✢ Preferir hacer la voluntad del Señor, antes que buscar la comodidad nuestra.
✢ Conocer y dar el uso correcto a la palabra de Dios.

"*Entonces Jesús le dijo: Vete, Satanás, porque escrito está: Al Señor tu Dios adorarás, y a él sólo servirás. El diablo entonces le dejó y he aquí vinieron ángeles y le servían.*" Mateo 4:10-11 (RVR 1960)

REFLEXIÓN 172

DIOS SE HA ENCARGADO

*E*l Señor desea tanto que des cumplimiento a lo que está escrito de ti, que se ha encargado de librarte de todo lo que ha querido destruirte, que no te ha dejado morir, que te ha fortalecido cuando te has debilitado y te ha vuelto a guiar por el camino correcto las veces que de él, te has desviado.

Lo que te ha sostenido hasta hoy, no es la suerte, tus habilidades, inteligencia o tus posiciones. Ni siquiera la ayuda que te han brindado otros, porque aun a ellos es Dios quien los ha utilizado para mostrarte su amor.

"Tú, Señor, eres mi todo; tú me colmas de bendiciones; mi vida está en tus manos." Salmos 16:5 (DHH)

REFLEXIÓN 173

CON HABILIDAD CONTINUA

Uno de los versículos más conocidos y citados por la mayoría de creyentes es este: *"Todo lo puedo en Cristo que me fortalece"* Filipenses 4:13.

Sin embargo, cabe destacar que este pasaje, no sólo trata de una linda expresión dicha por el apóstol Pablo, sino de una poderosa declaración hecha por un hombre que conocía quien lo había llamado y los depósitos que en él, habían sido puestos. En este orden, la implicación del término "me fortalece" según el idioma original, no implica fuerza por debilidad, sino que se traduce literalmente como: "me da la habilidad continua". En otras palabras, el apóstol expresa: "Cristo, incesantemente es quien hace posible que yo haga todas las cosas."

Por lo tanto, el texto no alude a algo que podamos hacer una vez o por un rato, sino que debido a nuestra conexión con Cristo, somos habilitados para hacer lo que no somos capaces de hacer estando fuera de Él.

"Y a aquel que es poderoso para hacer todo mucho más abundantemente de lo que pedimos o entendemos, según el poder que obra en nosotros, a Él sea la gloria en la iglesia y en Cristo Jesús por todas las generaciones, por los siglos de los siglos. Amén." Efesios 3:20-21 (LBA)

REFLEXIÓN 174

TENDRÁ QUE SER EXPUESTO

*P*ara qué sea confirmado si realmente has superado algo, tendrás que ser expuesto a ello. Porque encontrarte de frente con la oportunidad de mentir y no hacerlo, ver a la persona con la que estabas resentido y no sentir dolor al verla, poder tomar algo ajeno y no cogerlo, tener motivos para estallar de ira, pero en vez de esto ejercer dominio propio ante cualquier situación, es lo que realmente pondrá en manifiesto lo mucho que verdaderamente has crecido.

No es lo que decimos, sino el modo en que actuamos bajo presión, lo que pondrá en evidencia el nuevo nivel en el que nos encontramos

"El crisol para la plata y la hornaza para el oro, pero Jehová, prueba los corazones." Proverbios 17:3 (RVR 1960)

REFLEXIÓN 175

⸻·❥❦· TE AYUDARÉ A EMPACAR I ·❧❦·⸻

En una ocasión, mientras me encontraba ministrando en un congreso de damas en la ciudad de Nueva York, al terminar la predicación una mujer joven se acercó a mí y dijo: "Quisiera entregarle mi vida a Dios, pero mi esposo me dijo que no lo hiciera, de hecho me amenazó con que si lo hacía tendría que elegir entre él o la iglesia".

Para cuando ella había terminado de hablarme ya Dios había puesto en mi corazón la respuesta que debía darle, así que le dije: "¿Sabes? Dios en su palabra tiene una promesa bien interesante y provechosa para ti que dice que cualquiera que haya dejado casas, hermanos, hermanas, padre, madre, esposo, hijos, o tierras por Él, recibirá cien más de lo que dejó y también heredará la vida eterna". Al terminar de hablarle, la joven me dijo: "Entonces ore por mí, porque me quiero entregar a Cristo".

Al cabo de algunas semanas, me llamó para decirme que estaba tan enamorada de Dios, que jamás lo iba a dejar por nadie. Algo que por supuesto, me lleno de mucho gozo. Sin embargo, por experiencia, sabía que lo próximo que había de llegar a la vida de esta mujer, era una situación que pondría a prueba la autenticidad de tales palabras.

Y efectivamente, dos días después volvió a llamarme y me dijo, con voz apagada: "Pastora, no sé qué hacer, estoy lista para ir a la iglesia y mi marido me dice que si no desisto de ser cristiana, se irá hoy mismo de la casa. Por favor dígame, que hago". Cuando me dio la oportunidad de hablar, le dije: "No puedo decirte lo que debes hacer en medio de esta situación, pero si te puedo decir porque te encuentras pasándola. ¿Recuerdas cuando me llamaste, hace dos días, para decirme que tu amor por Dios es tan fuerte que no lo dejarías por nadie jamás?" A lo que ella respondió: "Si, lo recuerdo." Entonces procedí diciéndole: "Muy bien, precisamente ahora, se está poniendo a prueba la autenticidad de esas palabras en el mundo espiritual".

Al escuchar esto, no se despidió, colgó el teléfono y pasadas algunas horas, volvió a llamarme pero esta vez con voz firme y dijo: "Acabo de regresar del servicio". Y le pregunte: "¿Qué paso con tu esposo? Ella contesto: "Cuando supe que lo que había dicho acerca de mi amor por Dios estaba siendo probado, sentí que era mi oportunidad para demostrarlo y lo hice. Le dije a mi esposo, si te vas a ir porque yo le estoy sirviendo a Dios, vete. De hecho, te ayudaré a empacar porque no quiero llegar tarde hoy al servicio".

"Al Señor he puesto continuamente delante de mí; Porque está a mi diestra, permaneceré firme." Salmos 16:8 (NBLH)

REFLEXIÓN 176

─·❋·─ TE AYUDARÉ A EMPACAR II ·❋·─

Así con una extraña mezcla de asombro y "orgullo santo", por esta valiente mujer, tratando de confirmar lo que escuchaba, le pregunté: "¿Entonces él se fue de la casa? Y ella me respondió. "Si, se fue pastora pero no me arrepiento de haber tomado esta decisión".

A partir de ese momento sentí un compromiso mucho más fuerte de orar por ella y darle acompañamiento. Mientras que ella me llamaba varias veces al día sólo para decirme la increíble fuerza que sentía en medio de toda la situación que estaba atravesando.

Al cabo de 7 días, precisamente una semana después que el esposo se marchara de la casa, escuchó el timbre de la puerta y al abrir, con asombro vio que era su marido, quien sin titubear le dijo: "Amor, me di cuenta que no puedo vivir sin ti. Asi que no te dejare, prefiero ir contigo a la iglesia."

Luego de haber pasado esta prueba, la obra que Dios ha hecho en esta pareja es muy grande, a tal punto que al momento que escribo este libro, fungen como pastores del ministerio de parejas en la iglesia donde fui invitada, siendo usados por el Señor como poderosos instrumentos para restaurar, sanar y llevar vida a muchas familias de ese lugar. Algo que no hubiera acontecido si esta mujer no se llena de valentía y se dispone a pasar la prueba de autenticidad, del modo que lo hizo.

Esta historia, nos revela la importancia de ser fieles al Señor, de amarlo con todo nuestro corazón y de jamás darle a nadie el lugar que solamente a Él, le corresponde ocupar en nuestras vidas.

"Deléitate en el Señor, y él te concederá los deseos de tu corazón." Salmos 37:4 (NTV)

INDETENIBLE

REFLEXIÓN 177

LA PRUEBA DEL ÁCIDO

*U*na de las formas más utilizadas para probar la autenticidad del oro, es exponiendo el metal a un líquido viscoso y corrosivo, conocido como ácido nítrico, que puede ocasionar graves quemaduras en los seres vivos y producir diversos efectos en ciertos tipos de metales, tales como oscurecimiento y descoloración.

Sin embargo, se sabrá si el metal expuesto a este potente acido es oro, porque el oro no reacciona, no se oscurece ni cambia de color ante este liquido, sino que muestra su autenticidad al quedar intacto.

De igual manera, nuestra fe acompañada de buenas acciones, deberá pasar la prueba "acida" antes de ser considerada como genuina.

"... Para que sometida a prueba vuestra fe, mucho más preciosa que el oro, el cual aunque perecedero se prueba con fuego, sea hallada en alabanza, gloria y honra cuando sea manifestado Jesucristo." 1 Pedro 2:6-7 (RVR 1960)

REFLEXIÓN *178*

DIRECCIÓN DE REINO

*C*uando Dios te da la oportunidad de ocupar alguna posición, espera que la ejerzas con trasparencia, honestidad, compromiso y excelencia. En cuanto a esto, veamos algunos ejemplos:

✤   **José**: *"Y el jefe de la cárcel no supervisaba nada que estuviera bajo la responsabilidad de José, porque el Señor estaba con él, y todo lo que él emprendía, el Señor lo hacía prosperar"* Génesis 39:23 (LBA)

✤   **Daniel:** *"Entonces los administradores y los sátrapas empezaron a buscar algún motivo para acusar a Daniel de malos manejos en los negocios del reino. Sin embargo, no encontraron de que acusarlo porque, lejos ser corrupto o negligente, Daniel era un hombre digno de confianza"* Daniel 6:4 (RVR 1960)

✤   **Josué:** *"Por lo tanto, ahora ustedes entréguense al Señor y sírvanle fielmente. Deshágansen de los dioses que sus antepasados adoraron al otro lado del río Éufrates y en Egipto, y sirvan sólo al Señor. Pero si a ustedes les parece mal servir al Señor, elijan ustedes mismos a quiénes van a servir: a los dioses que sirvieron sus antepasados al otro lado del río Éufrates, o a los dioses de los amorreos, en cuya tierra ustedes ahora habitan. Por mi parte, mi familia y yo serviremos al Señor"* Josué 24:14-15 (NVI)

✤   **Los justo:** *"Cuando los justos dominan, el pueblo se alegra; más cuando domina el impío, el pueblo gime."* Proverbios 29:2 (RVR 1960)

REFLEXIÓN 179

ESTA ES LA DEFINICIÓN

Servir, es la definición de liderazgo expresada por Jesús a través de su vida en la Tierra. El verdadero líder procura el bienestar de los demás antes que su propia comodidad. Ve en cada necesidad una oportunidad para ayudar y manifiesta simpatía e interés por los problemas, dificultades y cargas de otros.

No busques grandeza; busca servir a otros lo mejor que puedas y te convertirás en una persona a la que todos querrán tener cerca. La distancia más corta al liderazgo es el servicio. El liderazgo genuino no es medido por cuanta gente te sirve, sino por la cantidad de gente a la que tu sirves. Mientras mayor sea tu servicio, mayor será tu liderazgo.

"Así que Jesús los reunió a todos y les dijo: «Ustedes saben que los gobernantes de este mundo tratan a su pueblo con prepotencia y los funcionarios hacen alarde de su autoridad frente a los súbditos. Pero entre ustedes será diferente. El que quiera ser líder entre ustedes deberá ser sirviente." Mateo 20:25-26 (NTV)

REFLEXIÓN 180

EL VERDADERO LIDERAZGO

Los verdaderos líderes se manejan con honestidad y no hay manipulación ni engaño en su trato con los demás.
Los verdaderos líderes respetan y honran la autoridad que está por encima de ellos.

Los verdaderos líderes dan a las personas, una causa en la que puedan involucrarse.

La esencia del liderazgo es valorar a otras personas y ayudarlos a revelar lo que llevan dentro.

Nada es más peligroso que el poder en manos de alguien que sufre de inferioridad mental. La fórmula ideal para la opresión es el poder sin salud mental.

"Amado, yo deseo que tú seas prosperado en todas las cosas, y que tengas salud, así como prospera tu alma. Pues mucho me regocijé cuando vinieron los hermanos y dieron testimonio de tu verdad, de cómo andas en la verdad. No tengo yo mayor gozo que este, el oír que mis hijos andan en la verdad." 3 Juan 2-4 (RVR 1960)

REFLEXIÓN 181

❖ **RECONOCEN LA IMPORTANCIA** ❖

*N*unca podrás llevar a la gente donde tú no has ido primero. El valor que das a los demás, refleja el valor que tienes de ti mismo. Lo que no conocemos sobre nosotros mismos nos limita. Los líderes están limitados por el alcance de su conocimiento de la verdad acerca de ellos mismo.

El verdadero liderazgo es manifestado cuando el individuo usa su llama para iluminar las vidas de muchos y les ayuda a descubrir sus propias llamas.

Los verdaderos líderes, reconocen la importancia que tienen para su generación y el mundo. Debemos pensar, hablar, caminar, vestir, actuar, responder, decidir, planear, trabajar, relacionarnos y vivir como lo que fuimos llamados a ser, gente que marca la diferencia, la luz del mundo, la sal de la tierra.

El verdadero liderazgo tiene más que ver con determinación, que con métodos y técnicas.
Los líderes verdaderos, son resueltos en sus decisiones para lograr sus metas y alcanzar sus propósitos porque su pasión les motiva y les inspira continuamente.

"... Su mensaje dentro de mí se convierte en un fuego ardiente que me cala hasta los huesos. Hago todo lo que puedo por contenerlo, pero me es imposible." Jeremías 20:9 (PDT)

REFLEXIÓN 182

ELLOS LO ENTIENDEN

Los líderes verdaderos, no necesitan estímulos externos para tomar acción. Su motivación les fluye desde adentro y continuamente se mueven hacia las cosas que todavía no pueden ser vistas pero que se harán manifestadas más adelante.

Los verdaderos líderes, construyen en el presente, sobre las experiencias del pasado para obtener resultados en el futuro y se mantienen firmes construyendo sin importar lo que les pase. Porque saben que son las tormentas de la vida las que ponen a prueba el verdadero origen de su visión.

Los verdaderos líderes no esperan tener un buen futuro sino que con esfuerzo, trabajo y dedicación trabajan para crearlo. Sacando a la luz lo que Dios destino que ellos sean, porque entienden que nada puede ser realizado a menos que se haya tomado una decisión al respecto.

"Todo esfuerzo tiene su recompensa, pero quedarse sólo en palabras lleva a la pobreza." Proverbios 14:23 (NVI)

REFLEXIÓN 183

APRENDE A DISTINGUIRLA

*A*prender a distinguir la diferencia entre lo bueno y lo correcto, entre una oportunidad y una distracción, porque parte importante de tu avance dependerá de esto.

El hecho de tener prioridades claras, protegerá tu energía, tu tiempo, tus recursos y tus talentos.

Tener metas claras y con objetivos específicos, nos ayuda a mantenernos enfocados.

Los objetivos, conforman metas y es el dar cumplimiento a esas metas lo que nos encaminara al destino que Dios ha trazado para nosotros.

"... *Escribe la visión, y declárala en tablas, para que corra el que leyere en ella.*" Habacuc 2:2 (JBS)

SI ES DE ÉL, DEJALO EN PAZ

"La miembros de la Junta Suprema se enojaron tanto contra ellos que querían matarlos. Pero un fariseo llamado Gamaliel quien era maestro de la Ley y los judíos lo respetaban mucho, ordenó que sacaran a los apóstoles por un momento, para decir así a sus compañeros:

"En este caso, yo les aconsejo que dejen en libertad a estos hombres, y que no se preocupen. Si lo que están haciendo lo planearon ellos mismos, esto no durará mucho. Pero si es un plan de Dios, nada ni nadie podrá detenerlos, y ustedes se encontrarán luchando contra Dios." Hechos 5:33-39 (TLA)

REFLEXIÓN 185

EL TRABAJO EN EQUIPO

Mientras más grande es tu visión, mas personas necesitarás para llevarla a cabo. En el corazón de toda gran conquista, siempre hay un gran equipo.

El trabajo en equipo, es aquel donde cada uno de los miembros de ese determinado equipo, hace su parte pero todos trabajan con un objetivo común.

Dentro de un equipo, cada persona es útil y necesaria porque cada una aporta habilidades que nadie más tiene y que son necesarias para el cumplimento de cualquiera que sea el propósito. Cada ser humano, representa una solución para un determinado problema que necesita ser resuelto.

"Habló Jehová a Moisés, diciendo: Mira, yo he llamado por nombre a Bezaleel hijo de Uri, hijo de Hur, de la tribu de Judá; y lo he llenado del Espíritu de Dios, en sabiduría y en inteligencia, en ciencia y en todo arte, para inventar diseños, para trabajar en oro, en plata y en bronce, y en artificio de piedras para engastarlas, y en artificio de madera; para trabajar en toda clase de labor. Y he aquí que yo he puesto con él a Aholiab hijo de Ahisamac, de la tribu de Dan; y he puesto sabiduría en el ánimo de todo sabio de corazón, para que hagan todo lo que te he mandado." Éxodo 31:1-6 (RVR 1960)

REFLEXIÓN 186

AYUDA A OTROS A CRECER

Uno de los más valiosos regalos que puedes llegar a recibir, es encontrar alguien que esté dispuesto ayudarte a llegar a los niveles que Dios te quiere llevar. Y esto a su vez, es una tarea más que gratificante para la persona que se dispone a ofrecer esta valiosa ayuda. Sin embargo, no todos los que pueden ayudar lo hacen, ya que entre muchas otras razones requiere de tiempo y mucha dedicación.

Implica comprometerse, ser diligente y tener un verdadero deseo de enfocarse en los demás. Buscando identificar sus talentos, su temperamento y las pasiones que tiene esa persona, para una vez encontrados, fertilizarlos con ánimo y regarlos con oportunidad. Para entonces ver como la persona, cuyo crecimiento (en ocasiones) parecía haber estado estancado, florece frente a sus propios ojos.

"Si esto enseñas a los hermanos, serás buen ministro de Jesucristo, nutrido con las palabras de la fe y de la buena doctrina que has seguido. Desecha las fábulas profanas y de viejas. Ejercítate para la piedad; porque el ejercicio corporal para poco es provechoso, pero la piedad para todo aprovecha, pues tiene promesa de esta vida presente, y de la venidera. Palabra fiel es esta, y digna de ser recibida por todos. Que por esto mismo trabajamos y sufrimos oprobios, porque esperamos en el Dios viviente, que es el Salvador de todos los hombres, mayormente de los que creen. Esto manda y enseña. Ninguno tenga en poco tu juventud, sino sé ejemplo de los creyentes en palabra, conducta, amor, espíritu, fe y pureza. Entre

tanto que voy, ocúpate en la lectura, la exhortación y la enseñanza. No descuides el don que hay en ti, que te fue dado mediante profecía con la imposición de las manos del presbiterio. Ocúpate en estas cosas; permanece en ellas, para que tu aprovechamiento sea manifiesto a todos." I Timoteo 4:6-15 (RVR 1960)

REFLEXIÓN *187*

AYUDALOS A SER MEJOR

Cuando quieras ayudar a alguien a ser mejor de lo que ya es, no hables "de él" háblale "a él" y así le estarás edificando.

Algunas personas no son lo que deberían, pues no han tenido la ayuda que han necesitado para ser mejor de lo que ya son. Así que déjate usar por Dios y no descalifiques a aquellos que Él ha puesto a tu alrededor, para que los ayudes a mejorar. Veamos este ejemplo:

"Llegó entonces a Éfeso un judío llamado Apolos, natural de Alejandría, varón elocuente, poderoso en las escrituras. este había sido instruido en el camino del Señor; y siendo de espíritu fervoroso, hablaba y enseñaba diligentemente lo concerniente al Señor, aunque solamente conocía el bautismo de Juan.
Y comenzó a hablar con denuedo en la sinagoga; pero cuando le oyeron Priscila y Aquila, le tomaron aparte y le expusieron más exactamente el camino de Dios.
Y queriendo él pasar a Acaya, los hermanos le animaron, y escribieron a los discípulos que le recibiesen; y llegado él allá, fue de gran provecho a los que por la gracia habían creído." Hechos 18:25-27 (RVR 1960)

Apolos era un siervo de Dios que predicaba bien, pero no conocía "todo" lo concerniente al consejo de Dios. Sus predicaciones se basaban en lo poco que le habían enseñado, así que cuando Aquila y Priscila (un matrimonio sabio y prudente) le escucharon, se dieron cuenta de su carencia de conocimiento y lo tomaron aparte para enseñarle lo que le faltaba aprender, mientras que Apolos con toda humildad lo aceptó y luego fue de mayor bendición a la vida de muchos.

Note que este matrimonio no comentó a otros, ni sacó carteles, ni hicieron públicas las faltas de Apolos, sino que con toda prudencia lo tomaron aparte y lo ayudaron a mejorar. Y es precisamente la prudencia de Aquila y Priscila la debemos cada día pedir al Señor que nos ayude a practicar para servir de ayuda a otros, al junto de la humildad de Apolos para recibir el consejo sabio de aquellos que se disponen a ayudarnos.

REFLEXIÓN *188*

HAZLES SABER

*H*as saber a las personas la utilidad que tienen, aún luego de haber caído en alguna falta. Forma parte de los que se atreven a levantar, ayudar y restaurar a los que caen. Como ejemplo de esto, tenemos lo que hizo Pablo, cuando estando en prisión se encontró con Onésimo cuyo nombre significa "útil y provechoso", este era esclavo de Filemón, un cristiano de Colosas, que se había convertido con Pablo mientras este, trabajaba en Éfeso (Ver Hechos 19:1-10). Onésimo, (según lo revela la carta de Pablo a Filemón) posiblemente había huido, llevando algunas cosas de su amo, pero se convirtió al cristianismo, al predicarle Pablo, quien en la carta pide a Filemón que perdone y reciba nueva vez a Onésimo, haciendo énfasis en la utilidad que él tiene, a pesar de los errores que había cometido.

"Te ruego por mi hijo Onésimo, a quien engendré en mis prisiones, el cual en otro tiempo te fue inútil, pero ahora a ti y a mí nos es útil, el cual vuelvo a enviarte; tú, pues, recíbele como a mí mismo. Yo quisiera retenerle conmigo, para que en lugar tuyo me sirviese en mis prisiones por el evangelio; pero nada quise hacer sin tu consentimiento, para que tu favor no fuese como de necesidad, sino voluntario. Porque quizá para esto se apartó de ti por algún tiempo, para que le recibieses para siempre; no ya como esclavo, sino como más que esclavo, como hermano amado, mayormente para mí, pero cuánto más para ti, tanto en la carne como en el Señor. Así que, si me tienes por compañero, recíbele como a mí mismo. Y si en algo te dañó, o te debe, ponlo a mi cuenta.
Yo Pablo lo escribo de mi mano, yo lo pagaré; por no decirte que aun tú mismo te me debes también." Filemón 1: 10-19 (RVR 1960)

INDETENIBLE

REFLEXIÓN 189

—•❥❧• ALGO QUE LES SIRVA •❧❥•—

La gente no llegará lejos sin "combustible". Lo cual implica la adquisición de recursos para su continuo crecimiento y desarrollo. Siempre que quieras contribuir al avance de los demás, súplele recursos y materiales que sumen a los depósitos que ya ellos tienen. Considera cuales libros, CDs, DVDs, o cualquier otro tipo de material puedes hacer llegar a la mano de alguien que lo necesita para su desarrollo.

Convierte en una de tus metas, hacer continuos aportes a los que pasan tiempo contigo. Procura dejarlos en mejor estado del que se hallaban antes de haberte conocido.

Existen pocas cosas que puedan darte la satisfacción que recibes al poner en manos de alguien, cualquier tipo de material que pueda llevarlo al siguiente nivel.

"Porque escudo es la ciencia, y escudo es el dinero; mas la sabiduría excede, en que da vida a sus poseedores." Eclesiastés 7:12 (RVR 1960)

ALGUNOS PUEDEN VER MÁS

El millonario filántropo, Andrew Carnegie dijo en una ocasión: "Entre más envejezco, menos atención pongo a lo que la gente dice y más tiempo paso observando lo que hacen".

Esta declaración la considero como un consejo y mientras observo lo que la gente hace, mas convencida estoy de que las personas idóneas para hacernos compañía son aquellas que pueden ver más allá de lo que a simple vista se ve, porque ellos descubren recursos en lugares que parecían estar áridos, encuentran prospectos en lo que otros veían como ordinarios, crean oportunidades donde parecía que no las había y convierten lo que es común en algo fuera de lo normal. Esta fue la actitud que tuvo Elías al ser enviado por el Señor a la casa de una viuda que vivía en Sarepta de Sidón. Veamos el ejemplo:

"Vino después a él la palabra del Señor, diciendo: Levántate, ve a Sarepta, que pertenece a Sidón, y quédate allí; he aquí, yo he mandado a una viuda de allí que te sustente. El se levantó y fue a Sarepta. Cuando llegó a la entrada de la ciudad, he aquí, allí estaba una viuda recogiendo leña, y la llamó y le dijo: Te ruego que me consigas un poco de agua en un vaso para que yo beba. Cuando ella iba a conseguirla, la llamó y le dijo: Te ruego que me traigas también un bocado de pan en tu mano. Pero ella respondió: Vive el Señor tu Dios, que no tengo pan, sólo tengo un puñado de harina en la tinaja y un poco de aceite en la vasija y estoy recogiendo unos trozos de leña para entrar y prepararlo para mí y para mi hijo, para que comamos y muramos. Entonces

Elías le dijo: No temas; ve, haz como has dicho, pero primero hazme una pequeña torta de eso y tráemela; después harás para ti y para tu hijo. Porque así dice el Señor, Dios de Israel: "No se acabará la harina en la tinaja ni se agotará el aceite en la vasija, hasta el día en que el Señor mande lluvia sobre la faz de la tierra."
I Reyes 17:8-14 (LBLA)

REFLEXIÓN 191

⋯•⊱•⊰• **COMO TRATARLAS** •⊰•⊱•⋯

Sin importar cuál sea nuestra área de desempeño, el lugar donde vivimos o el círculo al que pertenecemos, todos de alguna manera, debemos tratar con personas difíciles. Personas cuyo comportamiento nos hacen sentir frustrados, irritados y abrumados.

Entre estas, personas se encuentran las hostiles, las protestonas, las indecisas, las pesimistas, las rebeldes, las sabelotodo, entre otras. Pero, ¿Cuál sería la mejor forma de tratar con ellos? . Conocer esto, es de vital importancia, porque debido a no saber cómo tratarles, a menudo "para no hacerlos sentir mal", hacemos lo que ellos quieren o le rehuimos, pensando que es la mejor forma de enfrentarlos. Ignorando que esa precisamente es la respuesta que las personas conflictivas esperan recibir de aquellos a los cuales, de una manera consciente o inconsciente suelen atacar. Por tanto lo primero que debemos hacer al respecto es cambiar la forma como respondemos a su conducta y para lograrlo te recomiendo lo siguiente:

Analiza la situación con una buena actitud

Considera si se trata en verdad de una persona problemática o es algo temporal debido a una situación particular, ya que todos en algún momento y en determinadas circunstancias nos comportamos de forma no grata y eso no implica que seamos personas difíciles; de ser así la situación se soluciona con un diálogo franco sobre el factor determinado. Pero las personas realmente conflictivas, se comportan

Sea empático

No reacciones ante su conducta, en vez de eso busca la forma de comprender y ayudar a mejorar, de manera sincera a esa determinada persona.

Siempre que tengas que confrontar a alguien difícil, responde de la manera más apropiada que puedas, para que luego no tengas que lamentarte, ni ellos tomen ventaja de tu mal manejo para justificar su conducta.

"Nunca respondas al necio de acuerdo con su necedad, Para que no seas tú también como él." Proverbios. 26:4 (RVR 1960)

REFLEXIÓN 192

·▷╫• **NO SEAS DESLEAL** •╫◁·

"*Y le dijo David a Mefi-boset: No tengas temor, porque yo a la verdad haré contigo misericordia por amor de Jonatán tu padre, y te devolveré todas las tierras de Saúl tu padre; y tú comerás siempre a mi mesa*" 2 Samuel 9:7 (RVR 1960)

Sin embargo, más adelante vemos que en medio de la crisis que enfrentaba el reino de David a causa de la rebelión de Absalón su hijo, Siba (el criado de Mefi-boset en conspiración contra su señor) le dijo al rey, que Mefi-boset estaba en Jerusalén esperando para tomar el poder después de que Absalón y David se destruyeran el uno al otro; diciendo que Mefi-boset había dicho: "Hoy me devolverá la casa de Israel el reino de mi padre", buscando con esto que David creyera que aquel a quien él había honrado y valorado, hasta el punto de dar un espacio en la mesa real, en vez de unirse a él, se había revelado en su contra en medio de la crisis que enfrentaba. Pero esta calumnia quedo desactivada más adelante, cuando Mefi-boset y David volvieron a reencontrarse.

"*Cuando Mefiboset fue a Jerusalén para recibir al rey, éste le preguntó: «Mefiboset, ¿Por qué no te fuiste conmigo?» Y Mefiboset le respondió: «Su Majestad, ¡mi criado me engañó! Como soy cojo, yo le había ordenado que me aparejara un asno, pues había decidido acompañarte. Creo que mi sirviente te ha hablado mal de mí, pero acepto que hagas conmigo lo que bien te parezca, pues para mí tú eres un ángel de Dios. Comprendo que, a los ojos de Su Majestad, todos los descendientes de mi padre merecían la muerte; sin embargo, tú me permitiste comer a tu mesa. ¿Con qué derecho puedo reclamarle algo a Su Majestad?» entonces el rey dijo: «¿Para qué seguir hablando? Yo he decidido que tú y Sibá se dividan las tierras.» Pero Mefiboset replicó: «Por mí, él se puede quedar con todo. A mí me basta con que Su Majestad haya vuelto a su palacio en paz.»"* 2 Samuel 19:24-30 (RVC)

Aunque la historia que acabamos de ver se trata sólo de un engaño por parte de Siba, el criado de Mefi-boset, no es extraño que personas a las que hemos honrado y hemos hecho parte de nuestro círculo íntimo, se revelen contra nosotros y que incluso aprovechen los momentos de nuestras peores crisis para levantarse en nuestra contra. Por lo que cada día debemos pedir al Señor que nos ayude a siempre ser leales y agradecidos con aquellos que en algún momento nos honraron y nos llevaron a comer junto a ellos en su mesa.

"*Lo que hace atractiva a una persona es su lealtad. Es mejor ser pobre que deshonesto.*" Proverbios 19:22 (NTV)

TERMÓMETROS O TERMÓSTATOS

El termómetro es utilizado como un instrumento medidor de temperatura, mientras que el termostato la mide, pero también la regula.

Es decir, si la temperatura es muy alta, el termostato actúa apagando la calefacción y si es muy baja, la enciende. Pero el termómetro solamente revela el nivel de grado de la atmósfera y no hace nada para variarla.

De acuerdo a esto... ¿A cuál de estos renglones perteneces tú? ¿Eres termómetro o eres termostato?

"La mano de los diligentes gobernará, pero la indolencia será sujeta a trabajos forzados." Proverbios 12:24 (LBLA)

"¿Has visto a alguien realmente hábil en su trabajo? Servirá a los reyes en lugar de trabajar para la gente común." Proverbios 22: 29 (NTV)

REFLEXIÓN 194

 GIGANTES EN SABIDURIA
(Las Hormigas)

"*Cuatro cosas son de las más pequeñas de la tierra y las mismas son más sabias que los sabios: Las hormigas, pueblo no fuerte y en el verano preparan su comida*" Proverbios 30:24-25 (RVR 1960)

Existen ciertas cosas que no necesitan ser grandes o tenerse en grandes cantidades para ser poderosas. Por ejemplo, solo dos onzas de nitroglicerina podrían hacer que estalle un edificio completo y como dice el viejo dicho: "El buen perfume viene en frascos pequeños". Algo que también es señalado por el proverbista al mencionar cuatro de las criaturas más diminutas de la tierra, pero que pese a su diminuto tamaño son gigantes en sabiduría; siendo la primera de la lista, las hormigas que en la temporada de verano mientras otros juegan, acampan y se divierten, tienen la capacidad de almacenar todo el alimento que van a necesitar al llegar la temporada de invierno. Sin dejar que la estación presente, (pese a que esta, es tomada por la mayoría para recrearse), les haga perder su alto nivel de enfoque en lo que más adelante vendrá.

La sabiduría de las hormigas es tal, que las hace desestimar el hecho de ser consideradas por las demás criaturas de su especie como poco divertidas, fanáticas o desadaptadas porque más adelante el fruto de su esfuerzo, se hará evidente.

La sabiduría de la hormiga está basada en su extraordinaria determinación de dejar algo bueno ahora, para obtener algo mejor después.

De igual modo cuando tu, al igual que las hormigas decides no sólo disfrutar de la temporada que estas, sino enfocarte en la temporada que viene, muchos te dirán que eres exagerado y que debes aprender a vivir el momento. Pero en vez de escuchar esas voces, recuerda que aunque vives en el presente, no puedes dejar de esforzarte, porque luego del "verano" otras temporadas vienen, en las que aquellos que solo se ocuparon de recrearse mientras tú te sacrificabas, anhelaran tener los resultados que como recompensa de tu esfuerzo tendrás tú.

"... Cada uno recibirá su recompensa conforme a su labor." 1 Corintios 3:8 (RVR1995)
"Ve a la hormiga, oh perezoso, Mira sus caminos, y sé sabio." Proverbios 6:6 (RVR 1960)

REFLEXIÓN *195*

 GIGANTES EN SABIDURIA
(Los Conejos)

"*Cuatro cosas son de las más pequeñas de la tierra y las mismas son más sabias que los sabios: Los conejos, pueblo nada esforzado y ponen su casa en la piedra.*" Proverbios 30:26 (RVR 1960)

Así como la gran sabiduría de la hormiga queda expuesta a través de su disposición a sacrificar el "ahora", para obtener algo mejor después. El conejo también es parte de la integrante lista de los pequeños gigantes mencionados por el proverbista, los cuales a pesar de ser un pueblo no esforzado, hacen su casa entre la piedra.

El animal más parecido al conejo, es la liebre. Sin embargo, una liebre es capaz de correr a una velocidad de hasta 70 km/h mientras que el conejo, por no contar con tal agilidad para huir de sus depredadores, se mantiene seguro e inaccesible para ellos, haciendo su casa en las piedras. Por lo que, si en algún momento frente a los feroces ataques de los "depredadores" te has sentido como el conejo, que no tiene filo en los dientes para devorar ni velocidad suficiente en la piernas para salir huyendo, ocúltate en la "Piedra" que se llama Jesús. Porque si así lo haces, aunque seas débil la fortaleza que recibirás de Él, hará que te mantengas seguro.

Procura habitar todos los días de tu vida bajo el cuidado, la cobertura y la protección del Señor. A esto hizo referencia el salmista al decir:

"*Él te librará del lazo del cazador, de la peste destructora. Con sus plumas te cubrirá y debajo de sus alas estarás seguro.*" Salmos 91:3-4 (RVR 1960)

REFLEXIÓN 196

 ## GIGANTES EN SABIDURIA
(Las Langostas)

"*Cuatro cosas son de las más pequeñas de la tierra y las mismas son más sabias que los sabios... Las langostas, que no tienen rey y salen todas por cuadrillas.*" Proverbios 30:27 (RVR 1960)

Para algunas civilizaciones de la antigüedad, un ejército de langosta era más temido que un ejército de hombres montados en caballos y armados con espadas. La razón de esto es que si las langostas hacían entrada en una ciudad, muy poco quedaba de ella que no fuera devorado. Sin embargo, a pesar de esto se encuentra en la lista de los cuatro pequeños en estatura, pero grandes en sabiduría. Y es que a diferencia de la hormiga, que se enfoca en la futura temporada y del conejo que hace de la piedra su casa, la langosta muestra su sabiduría en la unidad que tiene con los de su misma especie.

En este sentido, es importante considerar la sapiencia de la langosta porque si realmente queremos conquistar cosas grandes, ya sea a nivel de familia, iglesia, corporación o en cualquier otra comunidad a la que pertenezcamos, tendremos que entender que la conquista será realizada no sólo por lo que portamos nosotros, sino también por lo que portan otros.

Al considerar el poder que tiene un ejército de langostas podemos entender mejor la razón por la que nuestro adversario aborrece la unidad. Y es que cada vez que un ejército de langostas, hacían su entrada en un determinado espacio cubrían el cielo y atemorizaban a todos, sin posibilidad alguna de ser detenidas por nadie ni por nada.

Si se les edificaba muralla la cruzaban, ya fuera volando por encima de ella o entrando por las brechas más diminutas que se pudieran hallar; y luego de que una entraba, se podía considerar que ya todas las demás también estaban dentro porque la que entraba primero, le abría espacio a las demás. Echando a un lado el individualismo para atacar por manadas al determinado territorio donde hacían entrada, asaltándolo y haciendo caer en temor a poderosos hombres y a ilustres reyes.

Tomando como ejemplo la sabiduría de las langostas, debemos considerar que existen ciertas conquistas que sólo podremos alcanzar contando con la ayuda de otros. Ya que como habíamos dicho en uno de los capítulos anteriores, mientras más grande es una visión, más personas se necesitan para llevarla a cabo.

"Porque cinco de vosotros perseguirán a cien, y cien de vosotros perseguirán a diez mil." Levítico 26:8 (RVR 1960)

"Y si alguno prevaleciere contra uno, dos le resistirán; y cordón de tres dobleces no se rompe pronto" Eclesiastés 4:2(RVR 1960)

REFLEXIÓN *197*

 ## GIGANTES EN SABIDURIA
(Las Arañas)

"*C*uatro cosas son de las más pequeñas de la tierra y las mismas son más sabias que los sabios… La araña que atrapas con la mano y está en palacios de rey." Proverbios 30:28 (RVR 1960)

Como ya te has dado cuenta, hemos considerado tres de las cuatro criaturas que el texto sagrado nos dice que son más sabias que los sabios y de cada una, hemos aprendido algo:

✤ De las hormigas: Su alto nivel de enfoque y preparación para lo que viene.
✤ De los conejos: El hacer su casa en la piedra para ser inaccesible a sus depredadores.
✤ De las langostas: La unidad entre las mismas criaturas de su especie.

Por lo que luego de considerar la sabiduría de estos tres "pequeños gigantes", ahora les toca el turno a las arañas. Criaturas pertenecientes al grupo de los arácnidos que se destaca por su alto nivel de productividad. Debido a que continuamente con un líquido compuesto por proteínas que llevan por dentro, que se solidifica al contacto con el aire, producen lo que conocemos como "tela de araña".

Las arañas tienen siete glándulas localizadas en su abdomen y cada una produce un hilo distinto, de acuerdo al uso que esta le quiera dar. Por ejemplo:

El que produce para tejer la tela donde ha de habitar. (La araña, es la única criatura que lleva dentro su casa y para habitarla, debe primero producirla).

El que produce para capturar a su presa. (La araña se alimenta de sus enemigos).

El que produce para cubrir a sus crías. (Para protegerles de cualquier daño que les pueda impedir crecer y desarrollarse)

En conclusión, de la araña aprenderemos a hacer uso inteligente de lo que llevamos dentro. Algo que resulta ser de vital importancia porque nuestro destino (así como el de la araña) siempre dependerá de lo que seamos capaces de producir con lo que Dios ha depositado en nuestro interior.

"Pero tenemos este tesoro en vasos de barro, para que la excelencia del poder sea de Dios, y no de nosotros." 2 Corintios 4:7 (RVR 1960)

RESISTE

*N*unca olvides que la siembra presente, determina la cosecha futura.
Todo el que no va a ningún lado, quiere que tú también vayas con él. No cometas el gran error de complacerlo. Enfócate, trabaja y esfuérzate por conquistar aquello que Dios te ha puesto delante. Abandona lo que tengas que abandonar y resiste lo que tengas que resistir, con tal que puedas alcanzar aquello para lo cual Dios te llamo.

"Tú, como buen soldado de Jesucristo, debes estar dispuesto a sufrir por él. Los soldados que tratan de agradar a sus jefes no se interesan por ninguna otra cosa que no sea el ejército. De igual manera, el atleta que participa en una carrera no puede ganar el premio si no obedece las reglas de la competencia. Y el que cultiva la tierra tiene que trabajarla antes de poder disfrutar de la cosecha. Piensa en estas cosas, y el Señor Jesucristo te ayudará a entenderlo todo." 2 Timoteo 2:3-7 (TLA)

HAZLO PARA DIOS

Es natural que como personas que estamos bajo dirección y supervisión de otros, busquemos agradar aquellos para los cuales trabajamos. Esto es aceptable y de hecho la Biblia nos manda a hacerlo. Sin embargo, también al respecto nos dice:
"No sirvan al ojo, como los que quieren agradar a los hombres, sino con corazón sincero, temiendo a Dios." Colosenses 3:22 (RVR 1960)

Así que en todo lo que hagas, procura que tu prioridad sea agradar y hacer las cosas con el mayor nivel de excelencia para El, porque haciendo las cosas con excelencia para el Señor, lo que haces también será reconocido como bueno y valido delante de los hombres.

"Y vio su amo que el SEÑOR estaba con él y que el SEÑOR hacía prosperar en su mano todo lo que él hacía.
Así encontró José gracia ante sus ojos y llegó a ser su siervo personal y lo hizo mayordomo sobre su casa y entregó en su mano todo lo que poseía." Génesis 39:3-4 (LBLA))

REFLEXIÓN **200**

LA MISMA DISPOSICIÓN

Si todo lo que hacemos, verdaderamente lo hacemos para Dios, entonces nuestra disposición en el servicio debe ser la misma para todas las personas a las cuales servimos. O sea, que nuestro esmero no solamente debe ser para los que queremos servir porque amamos, nos agradan, los admiramos o porque trabajamos para ellos; sino que debemos servir a todos con la misma disposición, porque la causa principal de nuestro servicio, debe ser el Señor. Sin dejar que las malas acciones de los demás nos muevan a actuar de la forma como ellos están actuando.

Porque si alguien, por las cosas que hace puede alterar tu conducta y llevarte a su terreno, entonces estas permitiendo que lo que esa persona está haciendo, tenga más efecto en ti que la palabra de Dios para ti, que dice: "No seas vencido por el mal, sino vence con el bien el mal." (Ver Romanos 12:21)

No dejes que ese sea tu caso, no permitas que nada ni nadie cambie tu naturaleza. Aunque no te den el trato correcto, aunque no te valoren, aunque no te lo agradezcan, haz las cosas para Dios, porque si así lo haces el Señor se encargara de traer a tu vida abundantes bendiciones a causa de eso.

"Y todo lo que hagáis, hacedlo de corazón, como para el Señor y no para los hombres; sabiendo que del Señor recibiréis la recompensa de la herencia, porque a Cristo el Señor ustedes sirven." Colosenses 3:23 (RVR 1960)

REFLEXIÓN 201

❖ LO QUE REALMENTE IMPORTA ❖

Una razón por la que muchos no llegan a dar cumplimiento al propósito que Dios marco para ellos, es porque aceptan el estado presente de sus vidas como el nivel máximo al que pueden llegar. Tomando como justificación lo siguiente: "Es lo más que puedo llegar a alcanzar de acuerdo a mis circunstancias".

Olvidando que las "circunstancias" son simplemente acuerdos temporarios de la vida, a los que todos estamos expuestos, pero sólo aquellos que se lo permiten, pueden ser detenidos por estas. Porque no es lo que nos sucede lo que realmente importa, sino lo que hacemos con lo que nos sucede. La mayor parte del tiempo no somos responsables por nuestras circunstancias, pero siempre somos responsables por la forma como respondemos ante ellas. Por lo que a partir de este día, decide no permitir a tus circunstancias restringirte por más adversas que estas sean.

"Por tanto, de buena gana me gloriaré más bien en mis debilidades, para que repose sobre mí el poder de Cristo." 2 Corintios 12:9 (RVR 1960)

DE DEDOS TORPES I

*D*ebido al auge de la tecnología en las últimas décadas, el uso del corrector líquido ha ido en decadencia. Sin embargo, la mayoría de personas en algún momento han hecho uso de este invento que llego a convertirse en un producto estrella y ser parte de todos los estuches de estudiantes y profesores en una época determinada. Y fue así como inicio su historia:

Bette Nesmith, había dejado la escuela en 1941 a los 17 años para trabajar como secretaria. Empleo que consistía (entre otras cosas) en escribir a máquina, algo con lo que ella siempre presentaba problemas, debido a la enorme cantidad de errores que cometía al hacerlo. De hecho, la llamaban "la mujer de los dedos torpes".

El problema empeoro, ante el surgimiento de las máquinas eléctricas que usaban una cinta de carbón para marcar las letras sobre el papel, ya que esta tinta no permitía borrar los errores con una goma porque dejaban una mancha negra en la hoja.

Así que Bette, para 1951 siendo la secretaria ejecutiva de un banco en Dallas, se veía continuamente forzada a reescribir páginas completas por culpa de un pequeño error, lo que resultaba ser frustrante para ella, así que comenzó a pensar cómo solucionar este problema que la había hecho convertirse en la burla de muchos en la oficina que continuamente veían el contenedor de basura próximo a su escritorio, lleno de papeles arrugados.
Ante tal frustración le surgió una idea, que más adelante la convertiría en una de las mujeres más ricas en toda la historia.

INDETENIBLE

La inspiración le llegó al ver que unos pintores que estaban decorando las ventanas del banco para la temporada de Navidad, en lugar de intentar borrar las partes donde se equivocaban, ponían una capa extra de pintura haciendo así desaparecer el error. Por lo que Bette pensó: "Si no lo puedo borrar, quizás puedo pintar encima del error" y en la cocina de su casa, mezcló tempera blanca con agua y llevó el líquido a su trabajo, al junto de un pincel. Con tal recurso en la oficina, cuando cometía un error en una página, simplemente le pintaba encima y cuando la pintura secaba volvía a otra vez a escribir la letra.

Al ver sus compañeros de trabajo que en su contenedor ya no había papeles arrugados y que el rostro de Bette ya no estaba estresado como antes, le pidieron que compartiera con ellos el producto y todos asombrados por la utilidad del mismo, pidieron a Bette que les supliera continuamente la botellita de pintura, que en su inicio fue conocida como "Mistake Out" (Fuera Error).

DE DEDOS TORPES II

$\mathcal{B}$ette Nesmith, a quien antes llamaban "la mujer de los dedos torpes" con la ayuda de un vendedor de suministros de oficina, un profesor de química y un empleado de una empresa de pintura, comenzó a experimentar en su cocina mezclando la témpera con otros químicos para mejora del producto, buscando que secara más rápido y cubriera mejor. Tras la mejora, convirtió el garaje de su casa en una pequeña fábrica y su hijo Robert Michael Nesmith, le ayudaba con la producción.

Para 1956 ya Bette estaba vendiendo frascos de "Mistake Out" a todas las secretarias del edificio en el que trabajaba. Viendo el éxito que tenía la mezcla, decidió ponerle un nombre más comercial, optó por llamarle "Liquid Paper" y luego lo patentó.

En 1958 una revista reconocida, hizo una mención del producto y Bette recibió grandes cantidades de pedidos, incluyendo 400 frascos solicitados por la compañía General Electric.

Ante la presión de todo ese trabajo extra, por error Bette escribió el nombre de su compañía personal en una carta enviada a su empleador del banco, error por el cual la despidieron pero esta cesantía no le afecto. Por el contrario, dedicándose a la elaboración continua del producto, hizo que este llegara a niveles inimaginables de venta y para 1964 la empresa que tuvo su origen en la cocina de una "simple secretaria con dedos torpes" vendía 5,000 botellas de Liquid Paper a la semana. Para el año 1968 vendía un millón a la semana, y para 1975 llego a alcanzar la asombrosa venta de 500 botellitas por minuto.

En 1979, Nesmith vendió la empresa a "Gillette" y se retiró del negocio. Usando el dinero que obtuvo por la venta, para crear una fundación de apoyo a las mujeres emprendedoras.

La historia de Betty Nesmith, es solo una de las tantas que revelan que aun de nuestros errores, pueden surgir "productos estrellas". Por tanto, no subestimes a los que parecen ser torpes, porque más adelante podrías asombrarte, al ver lo es capaz de salir de ellos.

A VECES ES MAS

Alexander Graham Bell, fue un científico, inventor y logopeda; es decir, especialista en la detección, identificación, evaluación y proporción de tratamiento a personas con riesgo de sufrir alteraciones del habla, la comunicación u otros trastornos relacionados. Conocimientos con los que hizo grandes contribuciones al desarrollo de las telecomunicaciones y a la tecnología de aviación.

Su mejor amigo era Ben Herdman, un vecino cuya familia operaba un molino harinero y cuando eran niños, mientras jugaban causaron un desastre que hizo que John Herdman (padre de Ben) les regañara diciendo: "¿Por qué no hacen algo útil?". Entonces Alexander preguntó qué era necesario hacer en el molino y le dijeron que se necesitaba descortezar el trigo, algo que se hacía mediante un tedioso proceso. Entonces, a la edad de 12 años, Bell construyó con un dispositivo hecho en casa, una máquina de descortezamiento simple que funcionaba y fue utilizada durante muchos años por los trabajadores de aquel molino. En agradecimiento a esto, John Herdman, le otorgo a Alexander un pequeño taller para que pudiera llevar a cabo otros inventos y fue ahí donde muchos consideran que pudo desarrollar gran parte de los aportes, por los que le conocemos hoy.

La madre y la esposa de Alexander eran sordas. Y eso fue lo que profundamente lo impulsó a llevar a cabo investigaciones sobre la escucha y el habla; y a realizar experimentos con aparatos para el oído.

Y tú, ¿Estás dispuesto a usar tus errores y circunstancias como impulsores para revelar al genio que llevas dentro?

El fracaso es, a veces más fructífero que el éxito...

REFLEXIÓN 205

EL HECHO DE HABER FALLADO

Antes de unirse a la NBA, el mundialmente reconocido Michael Jordán era una persona común; tan común que fue apartado del equipo de baloncesto de la escuela debido a su "falta de habilidad" para el juego. Sin embargo, esto no cambio el concepto que tenia de sí mismo. Por el contrario, Jordán es considerado por muchos, como el mejor jugador de baloncesto de todos los tiempos. Una leyenda viva que combina de forma única su gracia, velocidad, poder, arte, capacidad de improvisación y un deseo de mejora continua, que le hace ser admirado por todos.

Pero la causa de su éxito (según sus propias palabras) ha sido: "He fallado más de 9.000 tiros en mi carrera. He perdido casi 300 partidos. 26 veces han confiado en mí para tomar el tiro que ganaba el partido y lo he fallado. La causa de mi éxito, ha sido que aunque he fallado continuamente nunca me rendido".

Y esta actitud comprueba que lo que muchos llaman fracaso, es solo lo que a otros les impulsa al éxito.

El hecho de haber fallado, no te hace un fracasado. Así que si te caíste levántate y si fallaste, vuelve a intentarlo otra vez.

ACTITUD DE VENCEDOR

En una selva en la que vivían tres leones, un día el mono, quien era el representante electo por los animales, convocó a una reunión para pedirles una toma de decisión y en la misma expresó lo siguiente:
"Todos nosotros sabemos que el león es el rey de los animales, pero tenemos una gran confusión: En esta selva existen tres leones y los tres son muy fuertes. ¿A cuál de ellos debemos rendir obediencia? ¿Cuál de ellos deberá ser nuestro Rey?"

Los leones supieron de la reunión y comentaron entre sí: "Es verdad, la preocupación de los animales tiene mucho sentido. Una selva no puede tener tres reyes, y luchar entre nosotros, no queremos porque somos muy amigos. Necesitamos saber cuál será el elegido. Pero, ¿Cómo descubrirlo?"

Otra vez los animales se reunieron y después de mucho deliberar, les comunicaron a los tres leones la decisión tomada.

"Encontramos una solución muy simple para el problema; decidimos que ustedes tres van a escalar la montaña más alta de toda la selva y el que llegue primero a la cima, será consagrado nuestro Rey".

El desafío fue aceptado y todos los animales se reunieron para asistir a la gran escalada.

INDETENIBLE

El primer león intentó escalar y no pudo llegar. El segundo empezó con mucho ímpetu, pero también fue derrotado. El tercer león tampoco lo pudo conseguir y bajó derrotado.

Los animales estaban impacientes y curiosos, ya que si los tres leones fueron derrotados, ¿Cómo elegirían un rey? En este momento, un águila, avanzada en edad y grande en sabiduría, pidió la palabra y dijo:

-¡Yo sé quién debe ser el rey! Todos los animales hicieron silencio y la miraron con gran expectativa. ¿Cómo lo sabes?- preguntaron todos. -Es simple, dijo el águila. Yo estaba volando bien cerca de ellos y cuando volvían derrotados de su escalada, escuché lo que cada uno dijo a la montaña.

El primer león dijo: – ¡Montaña, me has vencido!
El segundo león dijo: – ¡Montaña, me has vencido!
El tercer león dijo: – ¡Montaña, me has vencido, por ahora! Pero ya llegaste a tu tamaño final y yo todavía estoy creciendo.
Así que la diferencia entre estos tres leones-, añadió el águila, -es que el tercer león sostuvo una actitud de vencedor, aunque no pudo llegar a la cima en el momento".
Al escuchar el relato del aguila, los animales aplaudieron entusiasmadamente al tercer león, que fue coronado como El Rey de los animales.

La montaña de las dificultades tiene un tamaño fijo y limitado. ¡Pero tú todavía puedes seguir creciendo!

REFLEXIÓN 207

TU DECIDES

Muchos de los grandes éxitos alcanzados a través de toda la historia, han salido de personas que después de haber fracasado, sencillamente decidieron no dejar que ese fuera su final. Sino que tomaron la determinación de usar sus caídas, como trampolín para llegar donde no habían llegado antes.

La historia que Dios escribió de ti, no termina en fracaso, pero cabe destacar que la decisión final de cómo termina, la tienes tu.

"Cuando acabó de hablar, le dijo a Simón: —Lleva la barca hacia aguas más profundas, y echad allí las redes para pescar. — Maestro, hemos estado trabajando duro toda la noche y no hemos pescado nada —le contestó Simón. Pero como tú me lo mandas, volveré a echar las redes otra vez.
Así lo hicieron, y recogieron una cantidad tan grande de peces que las redes se les rompían." Lucas 5: 4-6 (CST)

INDETENIBLE

REFLEXIÓN 208

SIGUE INTENTANDOLO

La perseverancia se define como la actitud de mantenerse firme en alcanzar un objetivo, aun en medio de las más difíciles circunstancias.

Antes de ser electo como presidente, Abraham Lincoln perdió cuatro elecciones pero no se rindió, perseveró y llegó a ser uno de los presidentes más destacados que hasta la época, ha tenido Los Estados Unidos de América. Por otro lado, Albert Einstein realizó 99 experimentos antes de poder encontrar la ley de la relatividad y en el intento número 100, finalmente la encontró.

Por lo que el hecho de haber fallado al hacer algo, no necesariamente implica que tengas que abandonarlo. Y el no haber fluido en algo determinado como se suponía que lo hicieras, no significa que no tienes el don, la gracia y el talento para hacerlo, sino que debes prepararte más para que en la próxima oportunidad lo hagas mejor. Los más destacados jugadores del mundo, no siempre ganan y a los mejores chefs, no siempre les queda buena la comida.

Algo que el enemigo continuamente persigue es hacer que creas, que eres incapaz de llevar a cabo el reto que ha sido puesto delante de ti, para de esta forma frenarte e intimidarte. Pero aunque en ocasiones falles y tu desempeño no siempre sea el mejor, persiste y no dejes que los errores ya cometidos te llenen de inseguridad. Porque todo el que hace algo excelente ahora, es porque cuando fallaba al principio, seguía intentándolo, hasta desarrollar los dones, talentos y habilidades que de ellos, admiramos hoy

REFLEXIÓN 209

ESO NO REFLEJA TU ESENCIA

*T*odos en la vida de alguna manera, hemos tomado malas decisiones y hemos cometido un sin número de errores, que al pensar en ellos decimos: "¿Pero qué me pasó? ¿Cómo pude haber caído en eso?". Y es el hecho de sentirnos así, lo que precisamente pone de manifiesto que estas acciones no definen lo que somos, ni revelan nuestra verdadera esencia. Sino que el haber incurrido en eso, fue solo producto de errores y equivocaciones que cometimos. Por tanto, aunque hicimos lo que dicen que hicimos, no somos lo que dicen que somos.

Así que, si estás siendo acusado por haber cometido alguna falta, no te dejes ahogar por las voces acusadoras. Reconoce que has fallado, pídele perdón a Dios y a las personas que has afectado y procura con todo tu corazón no volver a incurrir en lo mismo para que de esta forma puedas glorificar al Señor con tu modo de vivir y sirvas de edificación y ejemplo para la vida de otros.

"Crea en mí, oh Dios, un corazón limpio y renueva un espíritu recto dentro de mí." Salmo 51:10 (RVR 1960)

REFLEXIÓN 210

CATEGORÍA TODOTERRENO

*T*ú y yo somos parte de una selecta categoría, conocida como los "TODOTERRENO", porque sencillamente somos:

A prueba de foso lleno de hambrientos leones, de hornos de fuego calentados 7 veces más de lo normal, de mordeduras de venenosas serpientes, de cepos y de cisternas, de cárceles, desiertos y de aguas impetuosas; a prueba de Faraones, de Herodes, de demonios y aún del mismo infierno. Con diversas garantías dadas por nuestro Creador como son estas:

"No temas, porque yo estoy contigo; no te desalientes, porque yo soy tu Dios. Te fortaleceré, ciertamente te ayudaré, sí, te sostendré con la diestra de mi justicia." Isaías 41:10 (LBA)

"Cuando pases por las aguas, yo estaré contigo; y si por los ríos, no te anegarán. Cuando pases por el fuego, no te quemarás, ni la llama arderá en ti. Porque yo Jehová, Dios tuyo, el Santo de Israel, soy tu Salvador." Isaías 43:2-3 (RVR 1960)

"Podrán tomar serpientes en las manos sin que nada les pase y, si beben algo venenoso, no les hará daño." Marcos 16:18 (NTV)

REFLEXIÓN **211**

¿PORQUE RUGEN LOS LEONES?

*S*e le conoce informalmente como el rey de la selva. Se encuentra entre los cuatro felinos más poderosos del planeta junto al tigre, al leopardo y al jaguar.

Se han dedicado incontables horas al estudio del comportamiento de este indómito rey, siendo uno de los aspectos más estudiado, la causa por la que rugen del modo que lo hacen. La pregunta que se han hecho los científicos es ¿Por qué el león hace sonar su rugido con el enorme poder de extenderse hasta ocho kilómetros de distancia? que equivale a:

* La longitud aproximada de 70 campos de fútbol
* 283 canchas profesionales de baloncesto
* La distancia que recorrería un auto Ferrari en tres minutos, usando toda su capacidad de velocidad.

Según los hallazgos científicos, se han descubierto varios motivos por los que el león emite tal rugido:

1. Rugen para espantar intrusos; así cumplen su papel de protector.

2. Rugen para asustar a su presa mientras prepara sus movimientos finales para matarla; así cumplen su papel de proveedor.

3. Rugen para reunir a los miembros dispersos de su manada, cumpliendo así su papel de líder.

Pero de todas estas causas, la que más llama mi atención es que este felino también ruge...

4.   Para proclamar su dominio, avisándole a otro león que él es quien domina ahí.

Comunicando a través de este rugido: "Yo tengo dominio sobre esta manada, yo la protejo, yo la mantengo, yo la dirijo y yo la acompaño. Este es mi dominio"

"Porque ha rugido un león ¿y quién no temerá? Porque ha hablado el Señor ¿y quién no profetizará?" Amos 3:8 (LBA)

¿CUANDO FUE LA ÚLTIMA VEZ QUE RUGISTE?

𝓟artiendo de lo antes dicho, podemos considerar que a través de su rugido, el león le lleva un sonido de seguridad a los miembros de su manada en medio de posibles invasiones y da aviso a otros leones de que él, es quien ocupa ese territorio.

Por lo que en este día te haré la siguiente pregunta: ¿Cuándo fue la última vez que tú rugiste?

A lo mejor, en los últimos tiempos has estado quejándote, gritando o expresando lamentos por lo difícil que ves tú situación, pero mi pregunta para ti es: ¿Cuándo fue la última vez que rugiste? ¿Cuándo fue la última vez que el sonido de tu voz trajo protección a tu casa y le aviso al enemigo: "este territorio me pertenece"?

Éste es el día de levantarte y emitir un rugido, porque cuando un león no protege su dominio otro león estará al asecho tratando de robarle lo que le pertenece. Por esto, el apóstol Pedro nos exhorta:

"Sed sobrios, y velad; porque vuestro adversario el diablo, como león rugiente, anda alrededor buscando a quien devorar." 1 Pedro 5:8 (RVR 1960)

INDETENIBLE

REFLEXIÓN 213

PREPARADOS PARA EL PESO

*U*na de las comparaciones que la Biblia hace acerca de nosotros es con el águila y una de las características que tiene esta poderosa ave, es que puede levantar algo que tenga hasta cuatro veces su propio peso.

Por lo que las circunstancias que atraviesas no tienen que ser fáciles ni ligeras para que puedas aguantarlas, porque tú no eres "pollo", el te ha certificado como águila.

"Los que esperan a Jehová tendrán nuevas fuerzas; levantarán alas como las águilas; correrán, y no se cansarán; caminarán, y no se fatigarán." Isaías 40:31 (RVR 1960)

"SEÑOR, te amo. ¡Tú eres mi fortaleza! El SEÑOR es mi roca, mi fortaleza y mi libertador." Salmos 18:1-2 (PDT)

REFLEXIÓN **214**

EMPRENDE EL VUELO

Buscando brindar el mayor nivel de protección a sus crías, el águila hace un nido de ramas en lo más alto de la montaña y entre las rocas. Sin embargo, cuando es tiempo de que una cría empiece a hacer uso de sus alas, el águila madre procede a descomponerle el nido, quitando de él las ramas, para dar lugar al soplo del viento dentro del nido.

Esto, como ya debes haber imaginado hace que el nido deje de ser el lugar cómodo y seguro al que estaba acostumbrada la cría, pero en vez de detener el proceso para evitar la incomodidad de esta, la madre águila trabaja para incomodarle aún más, revoloteando sobre el nido con sus poderosas alas y prácticamente, obligando a su cría a querer escapar, porque sabe que al único lugar donde irá a refugiarse, es al regazo de ella.

Así que al terminar el sacudimiento, el águila se sienta a descansar y al hacerlo, su cría sube sobre su espalda, creyendo que ahí ha de hallar seguridad ante tal "embate" y es precisamente en ese momento, cuando la madre sale del nido y emprende vuelo llevando en la espalda a su polluelo, subiéndole a niveles de altura inimaginables y desconocidas para su cría.

Este entrenamiento puede parecer fácil en su primera etapa pero justo en el momento en que el polluelo comienza a sentirse seguro, desde el aire la madre lo deja caer. Lo que probablemente es interpretado por la cría como un acto de rechazo y abandono pero sin poder hacer mas, expresa su frustración dando fuertes aleteos, que son los que sin saberlo, le ayudan a ejercitar uno de los más poderosos recursos con los que cuenta, ¡sus alas!.

Pero lo que está experimentando, es nuevo e incomodo para la cría. Ya que como "novata" de las alturas, no sabe cómo mantenerse en ellas sin caer. Sin embargo, lo más impactante de todo esto, es que aun cuando el águila madre ya no lleva la cría en la espalda, sus ojos nunca se apartan de ella y mientras esta desciende para caer de golpe, la madre águila se halla más abajo, abriendo sus alas para que no caiga en tierra sino sobre la espalda de ella, expresándole con esto: "Yo jamás te dejaré caer. Esto solo fue parte de un inevitable entrenamiento que debo darte para que puedas desarrollarte".

De igual modo, Dios nunca nos abandona sino que al igual que el águila hace con su cría, nos expone a procesos difíciles y desconocidos para hacer que desarrollemos aquello para lo que fuimos diseñados.

"Porque como el águila revolotea sobre el nido y anima a sus polluelos a volar, extiende sus alas y los levanta en vilo, y los sostiene sobre sus alas; así también a ellos los guió el Señor." Deuteronomio 32:11-13 (RVC)

REFLEXIÓN *215*

PROBANDO LAS ALAS

Nunca podrás ser todo lo que naciste para ser, aferrándote a lo que eres ahora. Es por esto que así como la madre águila agita y descompone el nido a sus pichones cuando les llega la hora de aprender a volar, nuestro Creador nos lleva más allá de nuestra zona de comodidad para que seamos forzados a escalar y si así no fuera, muchos de nosotros nunca ascenderíamos.

Un águila que no vuela, no puede cumplir con su propósito. Igualmente, tu vida perderá sentido si no te enfocas en conocer y actuar sobre lo que Dios te ha dado. Sin embargo, para lograrlo deberás hacer uso de sabiduría, coraje y determinación porque toda oportunidad de ascenso, trae consigo el miedo de colapsar en el intento. Pero es en medio de tal inseguridad que debes recordar que Dios es quién te ha mandado a emprender el vuelo y que por tanto tu ascenso está respaldado por Él.

El hecho de dejarnos pasar por crisis y momentos de presión, expresa el inmenso amor que nuestro Hacedor nos tiene. De hecho, uno de los regalos más grandes que Dios nos concede, es el permitirnos pasar por situaciones donde tengamos que hacer uso de nuestras "alas". Veamos este ejemplo:

"Y el ángel del Señor se le apareció, y le dijo: "El Señor está contigo, valiente guerrero." Entonces Gedeón le respondió: "Ah señor mío, si el Señor está con nosotros, ¿por qué nos ha ocurrido todo esto? ¿Y dónde están todas Sus maravillas que nuestros padres nos han contado, diciendo: '¿No nos hizo el Señor subir de Egipto?' Pero

ahora el Señor nos ha abandonado, y nos ha entregado en mano de los Madianitas." Y el Señor lo miró, y le dijo: "Ve con esta tu fuerza, y libra a Israel de la mano de los Madianitas. ¿No te he enviado Yo?" "Ah Señor," le respondió Gedeón, "¿cómo libraré a Israel? Mi familia es la más pobre en Manasés, y yo el menor de la casa de mi padre." Pero el Señor le dijo: "Ciertamente Yo estaré contigo, y derrotarás a Madián como a un solo hombre." Jueces 6:12-16 (NBLH)

REFLEXIÓN 216

RENUÉVATE

El águila es el ave con la más larga duración de vida y puede llegar a vivir hasta 70 años. Sin embargo, a la mitad de este periodo, al cumplir 35 años, tiene que tomar la decisión más importante que haya tomado en toda su existencia. Ya que debido a la cantidad de años vividos, al llegar a la mitad de su vida sufre un desgaste que afecta su destreza y precisión.

Si al llegar a la mitad de su vida, el águila decide no renovarse, dejara de vivir sus otros 35 años que suelen ser los mejores años para aquellas que deciden hacerlo. Pero tal renovación tiene un precio, porque para ser llevada a cabo, el águila tendrá que apartarse del resto de las criaturas de su especie para subir a lo más encumbrado de la montaña y pasar allí 150 días en un fuerte y doloroso proceso que incluye el golpear su pico con la roca, sin importar cuánto le duela o lo mucho que pueda sangrar al hacerlo, para poder dar lugar a un pico nuevo.

Luego de expulsar el pico, por causa de los duros golpes, pasa por el mismo proceso para cambiar sus garras y finalmente usando su nuevo pico, se arranca una por una, todas sus plumas para dar lugar a un nuevo plumaje. Entonces, una vez terminado este doloroso, pero altamente compensador proceso, reaparece en las alturas para dar inicio a la segunda temporada de su existencia.

Al igual que el águila, todos nosotros (cada cierto tiempo), tenemos que pasar por procesos de renovación, para dar lugar a las próximas temporadas a la que Dios quiere llevarnos y que siempre son mejores que las anteriores.
"Y vamos transformándonos en su imagen misma, porque cada vez tenemos más de su gloria, y esto por la acción del Señor, que es el Espíritu." 2 Corintios 3:18 (DHH)

REFLEXIÓN 217

✦ CRECIENDO COMO CEDROS ✦

Está situado en el centro de la bandera libanés representando (según la constitución de ese país) la inmortalidad y la estabilidad de la nación. Es usado como ejemplo del crecimiento que Dios espera que tengamos, según el Salmo 92:12 donde el salmista declara que el justo crecerá como cedro en el Líbano.
Pero, ¿Por qué la Biblia nos insta a crecer como cedros? ¿Cuáles son las características de este árbol, para que el Señor haya inspirado al salmista a hacer tal afirmación?

Veamos sólo algunas de ellas:

✤ Se produce en montes rocosos entre los 900 y los 2,100 metros de altura.

✤ Es árbol de gran talla que puede alcanzar hasta los 40 metros.

✤ Tiene la corteza fisurada, pero a pesar de esto su madera se considera como una de las más pesadas, densas, fuertes, duraderas y aromáticas en todo el mundo.

✤ Debido al olor que emana, ahuyenta los insectos y gusanos que quieran acercársele.

✤ Su madera es útil para crear instrumentos musicales de gran sonoridad y belleza.

✤ Contribuye al desarrollo armónico del medio ambiente porque ayuda a mantener el equilibrio de gases en la atmósfera absorbiendo el dióxido de carbono y transformándolo en oxígeno.

- Tolera fuertes cambios de temperatura.

- Su resistencia es centenaria y no se corrompe ante la humedad.

- Al ser una madera fina, es flexible al trabajo que hace en ella el carpintero, para llevar a cabo su obra.

Entonces luego de observar todo esto, sería interesante considerar *¿Estás tú creciendo como cedro?*

REFLEXIÓN 218

LO QUE REVELAN

En vez de sentirte víctima y dejar que te abrumen los diferentes procesos que llegan a tu vida, debes considerar que estos, son los que revelan:

- **Tu posición en el mundo espiritual:** A todos nos atrae considerar el nivel de prueba a la que Job fue expuesto. Sin embargo, la referencia que el Señor da a Satanás acerca de este hombre, diciendo que era varón perfecto, recto, temeroso de Dios y apartado del mal (ver Job 1:8), nos ayuda, no sólo a entender la causa de su prueba, sino también el significado de su nombre según el texto original, que se traduce como "el odiado y perseguido".

- **La capacidad de soporte que tienen tus fundamentos**: La única manera de saber que tan sólido es el fundamento de algo, es observando los vientos, las tormentas y tempestades a las que ha sido capaz de sobrevivir sin desplomarse. Por lo que el tipo de proceso al que eres expuesto, también habla de la capacidad de soporte que tienen tus fundamentos.

- **La recompensa que tendrás luego de haberlo pasado:** Finalmente, la magnitud de tu proceso revela la grandeza de la recompensa que llegará a tu vida luego de haberlo pasado.

"*Dichoso el que resiste la tentación porque, al salir aprobado, recibirá la corona de la vida que Dios ha prometido a quienes lo aman.*" Santiago 1:12 (NVI)

NO LE HUYAS ¡PÁSALA!

Tratar de evadir los procesos siempre nos traerá estancamiento. Por ejemplo, imagina que estás cursando una materia en algún centro de estudio y que el requisito para ser promovido es que tomes y pases una determinada prueba con la puntuación que ha sido establecida por el centro.

Sin importar que tanto le huyas a este requisito, sino tomas y pasas esta prueba, tendrás una solo opción: Quedarse en el mismo nivel donde se encuentra sin posibilidad de ser promovido. Y esa es la actitud (aunque parezca extraño), por la que optan muchas personas, prefiriendo dejar que sean las directrices de su carne las que les controlen, en vez de dejarse procesar por lo que Dios les está permitiendo pasar.

No le huyas a tu prueba, olvída las "opciones" que tienes para escapar de ella y pásala del modo que el Señor espera que lo hagas.

"Así que alégrense de verdad porque les espera una alegría inmensa, aunque tienen que soportar muchas pruebas por un tiempo breve." I Pedro 1:6 (NTV)

INDETENIBLE

REFLEXIÓN **220**

APRENDE CONTINUAMENTE

Se dice que el erudito romano Cato, comenzó a estudiar griego cuando tenía más de 80 años y que cuando le preguntaron porque estaba intentando una tarea tan difícil a su edad, el respondió: "Porque es la edad más temprana que me queda". Alguien en una ocasión dijo, que sólo una tercera parte de todos los adultos leen un libro completo después de su graduación, porque ven la educación como un periodo en la vida, y no como un estilo continuo de vida.

El aprendizaje es una actividad que no se restringe con la edad, por tanto sin importar la edad que tengas ahora sigue aprendiendo, sigue avanzando, sigue creciendo.

"Vive como si fueras a morir mañana. Aprende como si fueras a vivir siempre" Mohandas Karamchand Gandhi

SIGUE CRECIENDO

Crecer es una experiencia gratificante, no solamente en términos físicos sino a modo integral.

La Biblia dice que mientras los hijos del Sacerdote Eli, vivían desordenadamente, echaban por tierra el testimonio de su padre y abusaban del estatus que tenían dentro del templo y en la sociedad, el joven Samuel crecía en gracia y unción delante de Dios.

"Y el joven Samuel iba creciendo, y era acepto delante de Dios y delante de los hombres." 1 Samuel 2:26 (RVR 1960)

Por lo que en este día te recomiendo seguir creciendo en Dios por encima de los obstáculos. Cuando sientas hacerlo y también cuando no lo sientas; cuando te apoyen y cuando no te apoyen; cuando crean en ti y cuando no crean en ti.

Que nada detenga tu crecimiento. Crece con oposición, crece en el silencio, crece aun en medio de tus noches oscuras. Pase lo que pase y venga lo que venga, aun en los últimos momentos de tu vida, en el nombre de Jesús sigue creciendo.

REFLEXIÓN **222**

TERMINA EL SERMÓN

No seas de los que inician muchas cosas, y no terminan nada. Toma la firme decisión de culminar lo que emprendes y no lo abandones hasta que no lo hayas finalizado. No dejes perdido lo que hasta ahora has logrado ni te retires de la carrera sin el trofeo en la mano. Porque más importante que la manera en que empiezas un determinado asunto, es la forma como lo terminas.

Juan Calvino, uno de los reformadores más destacados en la historia de la iglesia, durante el siglo XV, mientras predicaba un sermón a sus seguidores, fue tomado por sus contrarios y expulsado de Ginebra. Tres años más tarde, por el favor de Dios con él, los mismos que le habían expulsado lo mandaron a buscar para restituirlo en Ginebra, reconocerlo y entregarle todo lo que le habían quitado.

Y estando de regreso, lo primero que Calvino hizo fue darle continuidad al sermón que disertaba a sus seguidores, tres años antes en el momento que había sido expulsado. Según la historia, mientras hacia su entrada al mismo auditorio de donde lo sacaron, sus palabras a los presentes fueron las siguientes:
"Pues bien, mis amados... Como les decía hace tres años atrás" Así Calvino, continuó su sermón hasta desarrollarlo por completo y finalizarlo.

Y tú, ¿habrás dejado algún "sermón" sin terminar? Considera en que área de tu vida has dejado inconcluso algo que de haber terminado, tus resultados fuesen distintos a los que tienes ahora.

En este día te invito a creer que Dios esta de tu lado, que no es tarde y que muchas oportunidades y herramientas se encuentran disponibles para ti, para que por encima de cualquier circunstancia puedas: "concluir tu sermón".

"Porque mejor es el fin de un asunto que su comienzo..." Eclesiastés 7:8 (NBLH)

INDETENIBLE

REFLEXIÓN **223**

─•❧• NO ANTICIPES TU FECHA •❧•─

Cuando mi hijo menor tenía 4 años de edad, fui con él al supermercado y cuando llegamos, tratando de ayudarme con la lista de compras, corrió al pasillo donde se hallaban los panes, tomó dos paquetes y los depositó en el canasto que habíamos tomado.
Agradecí al niño el gesto, pero al revisar (como siempre acostumbro) la fecha de vencimiento que tenían los panes me di cuenta que se habían vencido el día anterior. Por lo cual, dije a mi hijo que no podíamos llevarnos esos panes, que teníamos que buscar otros y él pregunto: "¿Por qué?" a lo que respondí: "Porque ya estos están vencidos" "¿Cómo así?". Preguntó él. "Ya no son útiles, se les acabo el tiempo de vida". Le conteste. "¿Eso significa que están muertos?" Preguntó el niño. "Si", le dije. Entonces con una mezcla de tristeza y asombro pregunto: "¿Quién los mato?. Al oír eso, supe que debía detenerme para explicarle lo había tratado fallidamente, hasta el momento de hacerle entender.

Así que lo cargue, le di un beso y tomando una de las bolsas de pan le dije: "Mira mi amor, los ingredientes con los que preparan los panes, se dañan después de un determinado tiempo y hacen que ya estos no sean buenos para comer. Así que los que hicieron este pan, sabían cuantos días iba a durar estando bueno y para que también nosotros lo supiéramos, le pusieron esa fecha en el plástico. Si la fecha que está en el plástico ya pasó como en el caso de este pan, significa que no debemos llevalo porque podría hacernos daño. Pero si la fecha del plástico aún no ha llegado, significa que lo podemos comer".

Para estar segura de que me había comprendido, fui con él al pasillo de los panes y le pedí que tomara otra bolsa, la que al tomar se aseguró que estuviera dentro de la fecha indicada para el consumo.

La razón por la que les comparto esto es porque resulta interesante el hecho de que la fecha de vencimiento para el consumo, la ponen donde se elaboran los productos y viene en la etiqueta desde antes que el consumidor tenga acceso a estos.

De igual manera Dios, como nuestro Hacedor, es quien nos pone fecha de vencimiento antes de enviarnos a la Tierra. El límite de nuestras vidas no lo determinamos nosotros, fue determinado por el Señor y no tenemos facultad para adelantarlo. Por tanto no dejes de servir de alimento a la vida de otros, porque el hecho de que estés leyendo esto, es la evidencia de que estas vigente y que aún tú fecha de vencimiento no ha llegado.

"Mientras yo exista y tenga vida, cantaré himnos al Señor mi Dios." Salmo 104:33 (DHH)

REFLEXIÓN 224

❖ ESA ES LA ACTITUD ❖

"*L*a actitud de ustedes debe ser como la de Cristo Jesús, quien, siendo por naturaleza Dios, no consideró el ser igual a Dios como algo a qué aferrarse. Por el contrario, se rebajó voluntariamente, tomando la naturaleza de siervo y haciéndose semejante a los seres humanos.

Y al manifestarse como hombre, se humilló a sí mismo y se hizo obediente hasta la muerte, ¡y muerte de cruz!

Por eso Dios lo exaltó hasta lo sumo y le otorgó el nombre que está sobre todo nombre, para que ante el nombre de Jesús se doble toda rodilla en el cielo y en la tierra y debajo de la tierra y toda lengua confiese que Jesucristo es el Señor, para gloria de Dios Padre." Filipenses 2:5-11 (NVI)

UN INSTRUMENTO ESCOGIDO

De ser perseguidor, se convirtió en un perseguido, y de llamarse Saulo, que significa "pedido" paso a ser Pablo, que significa "pequeño". Acerca de él, dijo el Señor: *"Instrumento útil me es éste. Llevará mi nombre a los gentiles, reyes y a los hijos de Israel y le mostraré cuanto le es necesario padecer por mi nombre."* (Ver Hechos 9:16.

De la Isla de Malta, se trasladó a la península de Italia y aun con cadenas puestas anunciaba el evangelio de la libertad de Cristo. Tuvo todo por perdida, con tal de agradar a Jesús. Y con referencia a esto, en cierta ocasión expresó lo siguiente:

"Si alguien pudiera confiar en sus propios esfuerzos, ese sería yo. De hecho, si otros tienen razones para confiar en sus propios esfuerzos, ¡yo las tengo aún más!
fui circuncidado cuando tenía ocho días de vida. Soy un ciudadano de Israel de pura cepa y miembro de la tribu de Benjamín, ¡un verdadero hebreo como no ha habido otro! fui miembro de los fariseos, quienes exigen la obediencia más estricta a la ley judía.

Era tan fanático que perseguía con crueldad a la iglesia, y en cuanto a la justicia, obedecía la ley al pie de la letra.
Antes creía que esas cosas eran valiosas, pero ahora considero que no tienen ningún valor debido a lo que Cristo ha hecho. Así es, todo lo demás no vale nada cuando se le compara con el infinito valor de conocer a Cristo Jesús, mi Señor. Por amor a él, he desechado todo lo demás y lo considero basura a fin de ganar a Cristo." Filipenses 3:4-8 (NTV)

REFLEXIÓN **226**

❖ RESPUESTA PARA ELLOS ❖

En los últimos tiempos, se ha puesto de moda el término Ingles "the open mind" o como es su traducción "los de mente abierta", término que hace referencia a un grupo de personas que se auto definen cómo: "de amplio criterio, que no tienen prejuicios ni tabúes, que son tolerantes y comprensivos en aspectos sociales y sexuales y ven la vida más relajada y despreocupada que el resto del mundo".

Sin embargo, nosotros los que tenemos clara conciencia de que la vida, no nos fue dada para hacer con ella lo que nos venga en gana, sino para agradar con ella, al que nos la dio debemos tener claro que por todo lo que el hombre haga tendrá que dar cuenta al Señor. (Ver 2 Corintios 5:10)

Y esto, según lo que el Creador ha establecido como bueno y malo; no según como lo que a la "criatura" le parezca.

"Porque Dios traerá toda obra a juicio, junto con todo lo oculto, sea bueno o sea malo." Eclesiastés 12:14 (LBLA)

ATIENDE A SU CONSEJO

*N*unca hagas lo que tu propia voluntad quiere hacer, cuando ya el Señor te dio los lineamientos claros acerca de lo que Él desea que hagas.

Tomemos ejemplo de aquellos personajes bíblicos que por desobedecer al mandato divino les fue mal, como son:

La esposa de Lot, quien se le había dicho que no debía mirar atrás, lo hizo y al hacerlo se convirtió en estatua de sal. (Ver Génesis 19:26)

Saúl, quien no destruyo a todo Amalec (como Dios le había dicho a través del profeta) creyendo que si guardaba lo mejor del ganado y traía como trofeo al rey de Amalec vivo, seria reconocido; por causa de eso fue desechado y sustituido por uno mejor que él. (Ver 1 Samuel 15:2-3)

Jonás, quien cerró sus oídos a Dios y decidió ir exactamente en dirección contraria al lugar donde había sido enviado y como consecuencia de su desobediencia, fue tragado por un pez gigante y paso tres días y tres noches en el vientre de aquel pez. (Ver Jonás 1:17)

Por tanto, no cierres tu oído a la voz de Dios porque el hecho de no obedecerle sólo te traerá dolor, frustración y desaliento.

"A ti clamaré, oh Jehová. Roca mía, no te desentiendas de mí, para que no sea yo, dejándome tú, semejante a los que descienden al sepulcro." Salmos 28:1 (RVR 1960)

EL QUIERE LIBRARNOS

Generalmente, cuando por no obedecer a Dios, las cosas nos salen mal decimos: "¿Dios, por qué permitiste que me pasará esto?". Pero lo que podamos estar enfrentando en ese determinado momento, no es culpa de Dios, sino de las malas decisiones que basadas en sentimientos y emociones, tomamos en algún momento y a pesar que el Señor insistió en tratar con nosotros de diferentes medios, no fuimos sensibles a su dirección.
Si quieres que te vaya bien en lo que haces, jamás pongas tus emociones y deseos por encima de la voluntad del Señor.

Si Dios te dijo que esa relación de noviazgo no es la que quiere para ti, ¿Por qué insistes en cerrar tus oídos?; Si te dijo que ese negocio que te has propuesto emprender, no es el correcto, ¿Por qué no le obedeces?; Si ya el Señor te ha dicho cuales son las cosas que debes de cambiar, ¿Por qué no lo escuchas?; Si Dios te ha dado instrucciones precisas de lo que debes hacer en cuanto a un determinado asunto, ¿Por qué no decides hacerlo?.

Cuando haces lo contrario a lo que el Señor te dice que hagas, por más que te afanes no serás prosperado y aunque al principio todo parezca perfecto, el final será desastroso porque cuando Dios te guía en algo, no es porque quiere dañarte, sino porque quiere cuidarte y evitar que pases por situaciones que puedan afectar tu relación con Él más adelante.

"*Así que Moisés le dijo al pueblo:* «*Asegúrense de obedecer todos los mandatos del Señor su Dios y de seguir sus instrucciones al pie de la letra. Manténganse en el camino que el Señor su Dios les ordenó que siguieran. Entonces tendrán una vida larga y les irá bien en la tierra donde están a punto de entrar y que van a poseer."* Deuteronomio 5:32-33 (NTV)

REFLEXIÓN 229

ESCUCHANDO A JETRO

Sin importar el cargo que tengas, la posición que ocupes o lo mucho que conozcas acerca de cualquier área determinada, habrán ocasiones en las que necesitaras la instrucción de alguien más experimentado que tu.
Recibir instrucciones de otros, no es señal de debilidad ni tampoco nos minimiza. Por el contrario, el consejo sabio nos alinea para dar cumplimiento de forma cabal a nuestro destino.

Moisés, el hombre que hablaba con Dios cara a cara, como habla un hombre con su amigo (ver Éxodo 33:11), para poder ser más efectivo en la misión que el Señor le había encomendado, recibió y puso en práctica las instrucciones que le dio su suegro Jetro.

De igual modo, Dios ha puesto al alrededor nuestro ciertos "Jetros" que son esas personas más experimentadas que nosotros, para que nos guíen y nos instruyan. Con respecto a esto, John Hus, uno de los primeros reformadores de la iglesia, dijo en una ocasión:

"Cuando discierna una opinión mejor que la que tengo en cuanto a cualquier asunto, humildemente abandonare mi posición anterior, porque estoy convencido de que las cosas que he aprendido son las menos, en comparación con las que me falta por aprender".

"Oye, hijo mío, y recibe mis razones y se te multiplicarán años de vida." Proverbios 4:10 (RVR 1960)

IDENTIFICANDO A GIEZI

No todas las personas tienen la madurez y la sabiduría necesaria para manejar ciertas informaciones.

Cuando murió el hijo de la mujer sunamita, ella salió en busca de Eliseo que estaba en el Monte Carmelo y al verla de lejos, éste mando a Giezi su criado a preguntarle si todo iba bien. Pero la mujer respondió al criado: "Todo está bien".
Sin embargo, al llegar donde estaba Eliseo, le pregunto: "¿Acaso pedí yo hijo a mi señor?".

Este relato, nos muestra la importancia de identificar a aquellos que nos salen al encuentro que son del tipo "Giezi" y a los que tienen la debida facultad para orientarnos en medio de una determinada situación y darnos la ayuda correcta, tal como lo hizo Eliseo con aquella mujer.

Así que nunca confundas a los "Elíseos", (la gente que tiene respuesta de parte de Dios para ti), con los "Giezis" a los que al salirte a tu encuentro sólo le debes decir: "Todo está bien. Agradezco la intención pero yo ando detrás de "Eliseo". (Ver 2 Reyes 4:8-37)

"Entonces dijo él (Eliseo) a Giezi: Ciñe tus lomos y toma mi báculo en tu mano y ve; si alguno te encontrare, no lo saludes y si alguno te saludare no le respondas; y pondrás mi báculo sobre el rostro del niño. Y dijo la madre del niño: Vive Jehová y vive tu alma, que no te dejaré." 2 Reyes 4:29-30 (RVR 1960)

REFLEXIÓN *231*

•⊱• **LOS TRES CONSEJOS I** •⊰•

Una pareja de recién casados, era muy pobre y vivía de los favores que le hacían los habitantes del pueblito donde moraban. Por lo que cansado de tal situación, un día el esposo le hizo la siguiente propuesta a su esposa: "Querida yo voy a salir de la casa. Tendré que ir a buscar un empleo y trabajar hasta tener condiciones para regresar y darte una vida digna. No sé cuánto tiempo voy a estar lejos; pero te pido que me esperes y me seas fiel porque te prometo, que yo haré lo mismo".

Así que el joven caminó muchos días a pie, hasta encontrar un hacendado que estaba necesitando de alguien para ayudarlo en su hacienda. El joven llegó, se ofreció y fue aceptado. Pidiendo a su empleador hacer un trato con él que consistía en lo siguiente: laborar por el tiempo que él quisiera, con derecho a quedar libre de sus obligaciones en el momento que lo dispusiera y que el dinero que se ganara desde el primer día, le fuera retenido hasta el día de su salida.

Estando ambos de acuerdo, aquel joven trabajó durante 20 años, sin recibir su pago, sin vacaciones y sin descanso.

Pasados veinte años, se acercó a su jefe y le dijo: "Patrón, gracias por haberme empleado durante todo este tiempo. Ahora debo regresar a mi casa". El empleador le respondió: "Muy bien, hicimos un pacto y voy a cumplirlo. Sólo que antes quiero hacerte una propuesta, y es esta: Yo te doy tu dinero y tú te vas, o te doy tres consejos y no te doy el dinero y te vas.

Vete a tu cuarto, piénsalo y me das la respuesta."

El hombre lo pensó durante dos días y luego buscó al patrón y le dijo: "Quiero los tres consejos". Entonces el patrón le recordó: "Si te doy los consejos, no te doy el dinero". Y el empleado confirmó: "Quiero los consejos". Entonces el patrón le aconsejó:

❖ NUNCA TOMES ATAJOS: Porque los caminos más cortos te pueden costar la vida.

❖ NO SEAS CURIOSO DE AQUELLO QUE REPRESENTE EL MAL: Porque la curiosidad por el mal puede ser fatal.

❖ NO TOMES DECISIONES EN MOMENTOS DE DOLOR: Pues puedes arrepentirte cuando ya sea demasiado tarde.

REFLEXIÓN *232*

—•❯❅• LOS TRES CONSEJOS II •❅❮•—

Después de darle los consejos, el patrón dijo al empleado: "Aquí tienes tres panes, dos para comer durante el viaje y el tercero para que lo compartas con tu esposa, cuando llegues a tu casa". Entonces, el hombre emprendió su camino de regreso a su hogar, de donde había salido hacia veinte años.

Luego de dos días de camino encontró una persona que le saludó y le preguntó: "¿Para dónde vas?" Él respondió, "Voy para un pueblito distante, que queda a más de veinte días por este camino". Entonces la persona le dijo: "Oh no, tú no tienes que caminar tanto. Yo conozco un atajo que si lo tomas, llegarás en cuatro días al lugar donde te diriges". Al serle señalado el atajo, el joven muy contento comenzó a caminar por él, pero no había caminado mucho cuando se acordó del primer consejo: "Nunca tomes atajos".
Entonces, abandonando el camino corto apresuradamente volvió a seguir por el camino real. Días después, supo que el atajo era una emboscada de asesinos y ladrones.

Después de algunos días, cansado al extremo encontró una pensión a orillas del camino donde decidió pasar la noche. Pero fue despertado por fuertes y violentos gritos en horas de la madrugada. Por lo que se levantó de un salto y se dirigió hasta la puerta para ir a ver de dónde provenían esos gritos y mientras salía de la habitación, se acordó del segundo consejo: "No seas curioso de aquello que represente el mal." Así que regresó a su cama y se dispuso dormir nuevamente. Al amanecer, después de tomar café el dueño de la posada le preguntó si no había escuchado gritos

durante la madrugada y él contesto que si los había escuchado. Y ¿No le dio curiosidad? Pregunto el propietario. No, respondió él.
A lo que asombrado el señor de la posada le respondió: "Usted es el primer huésped que sale vivo de aquí, pues mi único hijo tiene crisis de locura; grita durante la noche y cuando el huésped sale, lo mata y lo entierra en el quintal".

¡Qué bueno es no ser curiosos de ciertas cosas!

REFLEXIÓN 233

⸻·❧• **LOS TRES CONSEJOS III** •☙·⸻

Luego de eso, el hombre siguió su camino con ansias de llegar a su hogar y después de muchos días y noches de caminata, mientras caía la tarde, finalmente vio entre los árboles humo saliendo de la chimenea de su pequeña casa. Por lo que acelero el paso y vio entre arbustos la silueta de su esposa.

Estaba anocheciendo, pero de lejos pudo ver que ella no estaba sola. Caminó un poco más y vio que tenía sobre su regazo un hombre al que le acariciaba los cabellos. Cuando vio aquella escena, su corazón se llenó de odio y amargura y decidió correr al encuentro de los dos y matarlos sin piedad. Así que respiró profundo y apresuró aún más sus pasos, pero cuando estaba cerca de la puerta, recordó el tercer consejo: "Nunca tomes decisiones en momentos de dolor."

Entonces se paró, reflexionó y decidió dormir ahí mismo aquella noche, para al día siguiente tomar una decisión. Al amanecer, ya más calmado, dijo para sí mismo: "No iré a la cárcel por matar a mi esposa y a su amante, mejor volveré con mi patrón a pedirle que me acepte de vuelta. Pero antes de regresar le dejare saber a esta infiel, que yo siempre le fui fiel".

Así que se dirigió a la puerta de la casa y tocó. Cuando la esposa abrió la puerta, llena de alegría se colgó de su cuello y lo abrazó afectuosamente. Él trató de quitársela de encima, pero no lo consiguió. Entonces, con lágrimas en los ojos le dijo: "Yo te fui fiel y tú me traicionaste". Ella espantada le respondió: "¿Cómo?. Yo nunca te traicioné. Te esperé durante veinte años". A lo que el indagó, "¿Entonces quién era ese hombre que acariciabas ayer por la tarde? Ella le contestó, "Es nuestro hijo. Cuando te fuiste, descubrí que estaba embarazada y hoy ya tiene veinte años de edad".

Entonces, al escuchar a su esposa el marido entró, conoció y abrazó a su hijo y les contó a ambos toda su historia. Luego saco el tercer pan que le había dado su patrón para compartir con su esposa y al cortarlo encontró el dinero equivalente al pago de toda su labor durante veinte años.

"Atiendan a mi instrucción, y sean sabios; no la descuiden."
Proverbios 8:33 (NVI)

INDETENIBLE

REFLEXIÓN 234

LLENA DE PROCESOS

La vida está llena de procesos. Desde que ocurre la unión entre el óvulo con el espermatozoide comienza el primer proceso, el cual dura un promedio de 9 meses y al igual que éste, muchos de los procesos que experimentamos deben seguir un orden y un tiempo determinado.

Por ejemplo, cuando se confecciona un bizcocho, es necesario tener de antemano la receta del mismo, para comprar los ingredientes necesarios, hacer las mezclas determinadas y luego dejarlo en el horno durante el tiempo que sea necesario. El hecho de evadir o añadir algún ingrediente, ocasionara que el bizcocho no salga como debería. Es por esto que nosotros también en medio de nuestros procesos, debemos pedir a Dios que nos de la sabiduría y el discernimiento necesarios para no quitar o agregar "ingredientes" a lo que Dios está elaborando en nosotros.

Cada proceso es diferente; algunos son largos y otros son cortos, pero todo en la vida conlleva a pasar por un determinado proceso. Y aunque a veces la espera, desespera si nos mantenemos esperando el momento oportuno de Dios para cada cosa (en su tiempo) obtendremos la victoria.

"Hay un tiempo señalado para todo, y hay un tiempo para cada suceso bajo el cielo." Eclesiastés 3:1 (LBA)

REFLEXIÓN 235

EN EL DEBIDO TIEMPO

Aprender a identificar el tiempo correcto para cada cosa, puede marcar la diferencia entre el éxito y el fracaso. Y es que así como los alimentos que no se les da el debido tiempo de cocción, en vez de alimentarnos nos hacen daño, todo lo que se lleva a cabo de forma prematura trae sus consecuencias.
Por ejemplo, he conocido casos de personas que tienen un gran llamado ministerial de parte de Dios y basados en el don y el carisma que poseen emprenden ciertos proyectos antes del debido tiempo, lo cual en vez de ayudarles, les afecta y en vez de promoverles los estanca.

Sin embargo, quiero aclarar en este punto que no me refiero en ninguna manera al hecho de volverse inactivo, ni esperar ser un experto para poner en marcha el ministerio que el Señor te ha dado, sino mas bien hago referencia a la importancia de ir "al paso de Dios", subiendo con paciencia cada peldaño de la escalera en vez de tomar el "elevador".

Nunca hagas movimientos humanos, para tratar de acelerar lo que Dios hará a tu favor en su debido momento, porque esto no traerá buenos resultados. Como ejemplo de esto tenemos a José, quien tuvo que pasar por diversos procesos que contribuyeron con su preparación antes de manejar la grandeza que Dios había determinado darle y cuando trató de acelerar el cumplimiento a modo humano, pidiendo al copero que hablara de el al Faraón, éste lo olvidó por completo y no hizo referencia de José, hasta que no fue dispuesto por Dios que lo hiciera.

Así que aunque te veas tentado a forzar algo para hacer que ciertas cosas sucedan, mejor espera que acontezcan en el tiempo que ha sido determinado por el Señor.

"Entonces Faraón envió y llamó a José. Y lo sacaron apresuradamente de la cárcel y se afeitó y mudó sus vestidos y vino a Faraón." Génesis 41:14 (RVR 1960)

REFLEXIÓN 236

NO ADMITAS CO_2

Todo lo que se lleva a cabo en forma prematura, trae sus consecuencias. Algunos frutos son arrancados verdes para ser rociados con CO_2 y hacer que se vean rojos al instante. Lo que hace que a simple vista, parezcan que ya están listos para ser comidos, pero el sabor de estos frutos no se comparará con el de aquellos que se les permitió tener el tiempo suficiente para madurar.

Porque más importante que el color de la fruta, es el sabor que a través de la madurez, esta ha alcanzado. En otras palabras, no es lo mismo "ser" que "parecer".

El CO_2 hace que las frutas y los vegetales parezcan listos, pero es el tomar el tiempo para su debida maduración lo que realmente los hace estarlo.

No admitas CO_2 porque siempre será mejor esperar el tiempo indicado y no que seamos hallados con falta de madurez y sabor.

"Así que, amados hermanos míos, estad firmes y constantes, creciendo en la obra del Señor siempre." 1 Corintios 15:58 (RVA)

REFLEXIÓN *237*

—•⟩⋇⟨• ¿CUAL ES TU NIVEL DE FE? •⟩⋇⟨•—

En cuanto a nuestra confianza en Dios, a través de todo el texto sagrado vemos que existen dos tipos de fe: la que usted deposita en el cumplimiento de las promesas que le ha dado el Señor y la que se mantiene creyendo a Dios aún en medio de los más fuertes sufrimientos. Ambos tipos de fe son buenos y legítimos pero el segundo representa un nivel de confianza más profundo y maduro que el primero.

La mayor parte de creyentes en el mundo, tienen el tipo de fe que solo espera ver el cumplimento de las promesas y aunque no hay nada malo en eso (porque Dios nos ha dado muchas y preciosas promesas, en las que Él quiere que esperemos), nuestra fe madura a través de los momentos de crisis y los tiempos de sufrimiento.
Una cosa es creer, porque recibimos siempre todo lo que pedimos y otra cosa es continuar creyendo aun cuando no recibimos y todo parece desplomarse.

A muchas personas se les facilita mostrar fe cuando todo les sale de la forma esperada, pero ¿Podrían mostrar el mismo nivel de fe si pierden el empleo? ¿Si se les niega el ascenso? ¿Si se les incendia la casa? ¿Si pierden a un ser querido? o ¿Si le diagnostican alguna enfermedad incurable? Al presentarse en su vida algún escenario de estos, ¿Sería la fe de ellos capaz de sobrevivir?

Debemos pedir al Señor cada día que nos ayude a desarrollar el tipo de fe capaz de soportar desastres; que no se desvanezca ante los sufrimientos; que no se amedrente ante los hornos calentados

siete veces más de lo normal, ni ante los gigantes que sean diez veces mayores que nosotros. Una fe que nos haga cantar estando en la cárcel y hacer fiesta en medio de los candentes desiertos.
Una fe que nos permita decir con toda firmeza ante cualquier situación o pérdida:
"Aunque el me matare, yo seguiré esperando en el." Job 13:15 (RVR 1960)

REFLEXIÓN *238*

❖ **NO TE IRÁS ANTES** ❖

*E*l sueño que el Señor puso en tu corazón, te hace inmortal hasta que no se cumple. Si vives conforme a la voluntad de Dios para tu vida y todavía no has visto lo que Él ha dicho de ti; la enfermedad no podrá matarte, la angustia no podrá limitarte, la oposición no podrá frenarte y ningún diablo, por más que lo desee podrá dañarte. Te irás de la tierra en el tiempo que Dios determinó y no antes.

No le des a tus circunstancias el poder para detener tu destino. El mismo fuego que derrite la cera, endurece al barro y como ya vimos en capítulos anteriores, no es lo que te pasa sino tu reacción ante ello, lo que realmente importa.

"Jehová de los ejércitos juró diciendo: Ciertamente se hará de la manera que lo he pensado, y será confirmado como lo he determinado... Porque Jehová de los ejércitos lo ha determinado, ¿y quién lo impedirá? Y su mano extendida, ¿quién la hará retroceder?" Isaías 14:24,27 (RVR 1960)

REFLEXIÓN *239*

—•⊱❖⊰• TOMANDO BUENAS DECISIONES •⊱❖⊰•—

A todos nos toca tomar decisiones diariamente. Algunas sencillas, como qué tipo de vestuario o peinado usar para un día determinado; y otras de más envergadura que podrían afectar de forma significativa nuestro presente y nuestro futuro.

De hecho, es posible que en los actuales momentos estés a punto de tomar una decisión que influirá en gran manera tu modo de vivir y debido a la importancia de la misma, te sientas presionado y te preguntes: ¿Qué debo hacer para asegurarme que la decisión que voy a tomar es la mejor?. Con el fin de ayudarte, te recomiendo que hagas lo siguiente:

❖ **Reflexiona bien en los resultados que puedas obtener:** Considera todos los elementos acerca de la decisión que vas a tomar y verifica si la misma está respaldada por la Palabra de Dios o si de lo contrario, va en oposición a lo que Dios dice en su Palabra. Porque tal como la Biblia lo expresa en Salmos 119:105 "lámpara es a mis pies tu palabra y lumbrera a mi camino."

❖ **No te dejes llevar por las emociones:** Jamás tomes decisiones sólo basadas en emociones, porque dichas decisiones nunca resultan en bien.

❖ **Busca el consejo de sabios:** Además de lo antes dicho, en algunas ocasiones para tomar buenas decisiones se hará necesario contar con el apoyo de consejeros, que pudieran ser nuestros guías espirituales o personas experimentadas en una determinada rama. A esto hizo referencia el sabio Salomón al escribir: "No salgas a la guerra sin consejo sabio; porque la victoria depende de que tengas muchos consejeros." Proverbios 24:6 (NTV).

❈ **Confía plenamente en Dios para que todas las cosas te salgan bien**:
"*Pon tu vida en sus manos, confía plenamente en él, y él actuará en tu favor.*" Salmos 37:5 (TLA)

REFLEXIÓN 240

COMO VENCER EL MIEDO I

*T*odos, en algún momento de nuestras vidas hemos sentido miedo. De hecho, gracias a esto, hemos llegado a sobrevivir en diversas ocasiones en las que hemos sido expuestos ante algún peligro.

A este tipo de miedo se le conoce como equilibrante, porque está asociado a la prudencia y nos permite reconocer aquellas situaciones que pueden poner en peligro nuestra integridad.
Cuando nos encontramos ante una situación de temor, nuestro cuerpo sufre una serie de cambios, el corazón palpita con más velocidad para enviar sangre a las extremidades y al cerebro, las pupilas se dilatan y se producen tres hormonas que son: la adrenalina, la noradrenalina y los corticoides, también llamados hormonas del miedo.

Los corticoides, impiden que se produzca la conexión entre nuestras neuronas y la sinapsis que como sabemos es la base de la creatividad. Por tanto, es biológicamente imposible que una persona sea capaz de desarrollar todo su potencial cuando vive en una situación constante de miedo, porque se paraliza. Pero ¿Cómo podemos conquistar el miedo?

"No es valiente quien no tiene miedo, sino quien sabe conquistarlo"
Nelson Mandela

"Esforzaos y cobrad ánimo; no temáis, ni tengáis miedo de ellos, porque Jehová tu Dios es el que va contigo; no te dejará, ni te

desamparará. Y llamó Moisés a Josué, y le dijo en presencia de todo Israel: Esfuérzate y anímate; porque tú entrarás con este pueblo a la tierra que juró Jehová a sus padres que les daría, y tú se la harás heredar. Y Jehová va delante de ti; él estará contigo, no te dejará, ni te desamparará; no temas ni te intimides."
Deuteronomio 31:6-8 (RVR 1960)

REFLEXIÓN 241

COMO VENCER EL MIEDO II

Cuando crece tu confianza en la fidelidad y el poder de Dios, desaparecen tus temores y aunque el miedo te quiera visitar en medio de ciertas situaciones, puedes aferrarte a las diversas promesas que Dios nos ha dado al respecto, entre las cuales están las siguientes:

Si tienes temor al hombre:
"Sí yo soy quien te consuela, entonces ¿Por qué les temes a simples seres humanos que se marchitan como la hierba y desaparecen?" Isaías 51:12 (NTV)

Si tienes temor a lo desconocido:
"Yo soy quien te manda que tengas valor y firmeza. No tengas miedo ni te desanimes porque yo, tu Señor y Dios, estaré contigo dondequiera que vayas." Josué 1:9 (DHH)

Si tienes temor al fracaso:
"Pues yo te sostengo de tu mano derecha; Yo, el Señor tu Dios. Y te digo: "no tengas miedo, aquí estoy para ayudarte." Isaías 41:13 (NTV)

Si tienes temor a la enfermedad y la muerte:
"Aunque pase por caminos oscuros y tenebrosos, no tendré miedo, porque tú estás a mi lado; tu vara y tu bastón me reconfortan." Salmo. 23:4 (PDT)

"El Señor es quien te cuida, el Señor es tu sombra protectora." Salmo 121:5 (NVI)

REFLEXIÓN 242

CUANDO QUIERA VISITARTE

Entonces, por lo antes dicho cuando el miedo quiera visitarte, recuérdale:

"El señor es mi luz y mi salvación. ¿A quién podría yo temerle? El Señor es la fortaleza de mi vida, así que no le temo a nadie." Salmo 27:1 (PDT)

"Dios es quien me salva; tengo confianza, no temo. El Señor es mi refugio y mi fuerza, él es mi salvador." Isaías 12:2 (DHH)

"Él está en medio de mí y es guerrero victorioso." Sofonías 3:17 (RVR 1960)

"Y ustedes no recibieron un espíritu que de nuevo los esclavice al miedo, sino el Espíritu que los adopta como hijos y les permite clamar: « ¡Abba! ¡Padre!" Romanos 8:15 (NVI)

"Pues Dios no nos ha dado un espíritu de temor y timidez sino de poder, amor y autodisciplina." 2 Timoteo 1:7 (NTV)

REFLEXIÓN 243

A TRAVÉS DE SU LUPA

Una de las especialidades de nuestro enemigo, es tomar cosas que son mínimas para hacer que parezcan grandes. Dañando de esta forma, la mente y las emociones de aquellos que no conocen sus artimañas. Haciendo que ellos piensen lo que no es y que vean y escuchen cosas que realmente no existen. En otras palabras, nuestro enemigo es experto tomando simplezas, para hacer que las veamos a través del ojo de su "lupa".

Así que si estás leyendo esto, es porque Dios quiere que ya no le permitas seguir abusando de ti con sus finas artimañas. No dejes que te desenfoque, somete tus pensamientos y ansiedades a los pies del Señor porque Él, tiene cuidado de nosotros y de todo lo que es nuestro.

Echa fuera de tu mente y de tus emociones toda ansiedad que quiera robarte la paz y quitarte el gozo. Y cualquier cosa que realmente esté aconteciendo, si te mantienes con la actitud correcta, el Señor peleará por ti y se encargará de cuidar lo que ha puesto en tus manos.

Así que en el glorioso nombre de nuestro Señor y Salvador Jesucristo, desactivamos todo arte del adversario para engrandecer simplezas y declaramos que la paz y el descanso de Dios invaden tu espíritu para que no te dejes afectar por ninguna de sus artimañas.

"... Derribando argumentos y toda altivez que se levanta contra el conocimiento de Dios, y llevando cautivo todo pensamiento a la obediencia a Cristo..." 2 Corintios 10:5 (RVR 1960)

REFLEXIÓN 244

NO LAS IGNORAMOS

*N*uestra verdadera lucha no es carnal; es espiritual. Tu guerra no es con personas, de hecho, la gente que te hace guerra son las víctimas reales de Satanás y no tú, porque como títeres de su propiedad él las utiliza, sin que ellos alcancen a discernir que están siendo utilizados como su vil juguete.

Así que no te reveles contra ellos, sino contra quien está haciendo uso de ellos para atacarte. Recordando siempre que:

✤ Mayor es el que está contigo, que el que está en contra de ti.

✤ Tu verdadero enemigo no tiene nada nuevo, sino que usa las mismas tácticas, a través de diferentes personas.

✤ Dios puso a tu disposición una artillería pesada para enfrentarlo.

"Pues aunque andamos en la carne, no militamos según la carne; porque las armas de nuestra milicia no son carnales, sino poderosas en Dios para la destrucción de fortalezas." 2 Corintios 10: 3-4 (RVR 1960)

"Para que Satanás no gane ventaja alguna sobre nosotros; pues no ignoramos sus maquinaciones." 2 Corintios 2:11 (RVR 1960)

EN DIFERENTES TRAJES

*N*uestro adversario, es un estratega y para hacer que su ataque contra nosotros tenga el mayor efecto posible, hace uso de las personas que amamos, de aquellos que tenemos cerca y de los que (ya sea directa o indirectamente) tienen influencia sobre nosotros porque como vimos en el capitulo anterior, él busca que nos revelemos en contra del canal (las personas que él utiliza) y no contra la fuente del ataque, (que es el). Porque si atacas al canal y no a la fuente, en vez de traer solución, harás que se empeoren las cosas.

Haz uso de las armas espirituales y desecha las armas carnales, porque jamás podrás ganar una batalla espiritual peleando en la carne. Así que a partir de este día, reenfócate y comienza a pelear tus guerras del modo correcto.

"Porque no tenemos lucha contra sangre y carne, sino contra principados, contra potestades, contra los gobernadores de las tinieblas de este siglo, contra huestes espirituales de maldad en las regiones celestes." Efesios 6:12 (RVR 1960)

VESTIDOS Y ARMADOS I

Así como los soldados de los ejércitos terrenales, llevan puesta una armadura, nosotros también como ejército de Dios, debemos llevar una. Por lo que tenemos que conocer a cabalidad los elementos que contiene dicha armadura y considerar las directrices que se nos dan, acerca de esos elementos. Entonces iniciemos:

1. ***Cíñete con el cinturón de la verdad:***
El cinturón de la verdad debe ceñir nuestros corazones y nuestras mentes. La verdad nos mantiene seguros en Cristo y hace que todas las demás piezas de la armadura funcionen de manera eficiente. Por lo que cada día debemos comprometernos a caminar en la luz de la verdad de Dios.
"Jehová, ¿Quién habitará en tu tabernáculo? ¿Quién morará en tu monte santo? el que anda en integridad y hace justicia y habla verdad en su corazón." Salmo 15:1-2 (RVR 1960)

2. ***Ponte la coraza de justicia:***
Un soldado que tiene puesta la coraza, se adentra en la batalla confiado y con valentía.
El diablo está constantemente atacándonos con diferentes mentiras, acusaciones y dardos; los que sin la coraza de justicia, traspasarían hasta llegar a nuestro corazón. Pero cuando llevas puesta la coraza, te convences de tu identidad en Cristo Jesús y te aferras a la justificación que has recibido a través de Él.

"Justificados pues por la fe, tenemos paz para con Dios por medio de nuestro Señor Jesucristo: Por el cual también tenemos entrada por la fe á esta gracia en la cual estamos firmes, y nos gloriamos en la esperanza de la gloria de Dios." Romanos 5:1-2 (RVA)

VESTIDOS Y ARMADOS II

𝒫ara dar continuidad a lo antes dicho, proseguiremos explorando nuestra armadura, con los siguientes elementos:

3. *Cálzate con el calzado de la paz:*
El calzado, nos permite pisar con libertad y sin temor mientras nos enfocamos de lleno en la batalla y nos ayuda en nuestro movimiento y defensa.
Por otro lado, el calzado que Dios nos da nos impulsa para proclamar la paz verdadera, la cual sólo existe en Cristo.
"... Y calzados con la disposición de proclamar el evangelio de la paz." Efesios 6:15 (NBD)

4. *Toma el escudo de la fe:*
El escudo de la fe tiene una función específica sobre la cual la Biblia es muy clara: apagar todas las flechas encendidas del maligno; note que el texto no dice algunas, sino todas. El escudo se mueve con el ataque en toda dirección.
"Además de todo esto, tomen el escudo de la fe, con el cual pueden apagar todas las flechas encendidas del maligno." Efesios 6:16 (NBD)

5. *Ponte el casco de la salvación:*
Cuida tus pensamientos, no permitas que tu mente se contamine de malos pensamientos. Recuerda que has sido lavado con la sangre de Cristo. No olvides que muchos de los pecados que cometemos tienen su origen en nuestra mente. Ya que primero tenemos un mal pensamiento, que si no desechamos se convierte en sentimiento,

que son los que finalmente pasan a ser acción.
"Enójense, pero no pequen; reconcíliense antes de que el sol se ponga, y no den lugar al diablo." Efesios 4:26-27   (RVC)

6. *Toma la espada:*
La espada del Espíritu, representa la palabra de Dios, la que si no conocemos no podemos tomar y si no la tomamos, nos volvemos vulnerables a cualquier engaño por parte de nuestro adversario.

Ármate con la palabra de Dios, porque independientemente de lo fuerte que sea la guerra, con ella siempre podrás defenderte.

REFLEXIÓN 248

·≻⊱· CONTIGO EN LA BATALLA ·⊰≺·

Dios nunca te dejara solo en medio de tus batallas. De hecho, a mayor nivel de guerra, mayor nivel de gloria se manifestará se manifestara a tu favor. Por eso cada vez que estés bajo ataque, recuerda las diferentes promesas que para esos momentos nos ha hecho el Señor, entre las cuales están las siguientes:

"*Ninguna arma forjada contra ti prosperará, y condenarás toda lengua que se levante contra ti en juicio.*" Isaías 54:17 (RVR 1960)

"*Yo iré delante de ti y allanaré los lugares escabrosos; romperé las puertas de bronce y haré pedazos sus barras de hierro.*" Isaías 45:2 (LBA)

"*Cuando salgas a pelear contra tus enemigos y veas un ejército superior al tuyo, con muchos caballos y carros de guerra, no les temas, porque el Señor tu Dios, que te sacó de Egipto, estará contigo.*" Deuteronomio 20:1 (NVI)

"*El Señor entrena mis manos para la guerra y da destreza a mis dedos para la batalla.*" Salmo 144:1 (NTV)

"*Cuando se juntaron contra mí los malignos, mis angustiadores y mis enemigos, para comer mis carnes, ellos tropezaron y cayeron. Aunque un ejército acampe contra mí, no temerá mi corazón; aunque contra mí se levante guerra, yo estaré confiado.*" Salmo 27:2-3 (RVR 1960)

INDETENIBLE

REFLEXIÓN **249**

—•❥❖• **ACLAREMOS ESTO** •❖❧•—

Al apóstol Pablo, lo acusaban de no ser un genuino apóstol como los doce discípulos que anduvieron con Jesús. Sin embargo, en vez de dejar que tales acusaciones lo detuvieran, hizo la siguiente declaración:
"*De aquí en adelante nadie me cause molestias; porque yo traigo en mi cuerpo las marcas del Señor Jesús*" Gálatas 6:17 (RVR 1960) En aquella época, los esclavos llevaban las marcas de sus amos grabadas en sus cuerpos para revelar a quien pertenecían y Pablo también tenía las de su Amo, que era Jesús. Ver (Hechos. 14:19; 2 Corintios 4:10; 6:4-5; 11:23-28).

Quería que todos le vieran como el esclavo y soldado del Señor Jesús, como el embajador en cadenas de su Dueño. Por lo que al hacer una paráfrasis a la declaración del apóstol, hecha en este pasaje obtenemos lo siguiente:
aración del apóstol, hecha en este pasaje obtenemos lo siguiente:

"*Sin importar lo que haya acontecido de ayer hacia atrás, de ahora en adelante no dejare que nadie; (sin excepción alguna), absolutamente nadie podrá causarme molestia. Porque yo no dejare que sus acusaciones tengan en mi algún tipo de efecto. El que quiera ver las marcas de mi apostolado, que vea las cicatrices que llevo en mi cuerpo, porque estas son las que muestran que pertenezco a Jesús*".

REFLEXIÓN **250**

QUITALE EL CONTROL

Cuando lo que te hacia llorar, ya no te afecta te das cuenta de lo mucho que has crecido.
Las cosas que te molestan y te producen dolor, son las que el enemigo siempre usará para atacarte y hasta que no lo superes, él se mantendrá haciendo uso de lo mismo.

En ocasiones, las personas me preguntan: "¿Porqué el ataque tiene que venir de la gente que amo y de los que se suponen que tienen que ser mis mejores aliados?" Ante tal interrogante, siempre les pregunto: "¿Crees que el efecto del ataque sería el mismo si el enemigo usara a alguien que no sea significativo para ti?" Entonces responden: "No".

No podemos tener control sobre los ataques que nos hace el adversario pero si podemos decidir impedirle a estos, que nos dañen.
Desecha todo lo que tiene potencial para intoxicarte; niégale la entrada a todo lo que pueda dañar tu espíritu.

Quítale el control al enemigo y has que a partir de este día, aquello que él consideraba ser su mejor arma para herirte, pierda su efecto. Deja las cosas en manos de Dios; no sigas llorando y quejándote por lo mismo. Toma la decisión de revelar con tu actitud que has crecido, que estas en otro nivel y que ya no eres el mismo.

"... *Pórtense varonilmente, sean fuertes.*" I Corintios 16:13 (NBLH)

REFLEXIÓN **251**

ACCESO DENEGADO

En una ocasión, una amiga y compañera de ministerio me comunicó que duraría al menos un año sin ministrar porque consideraba que el nivel de ataque en el que se encontraba era tan fuerte que la había debilitado y sentía que no tenía fuerzas para seguir.

Cuando terminó de expresarse, le pedí que me permitiera presentarla en oración durante algunos días. Porque sabía que el ataque venía por ella ser, la amenaza que es para el reino de las tinieblas. Así que oré fervientemente a Dios para que me diera una palabra que le sirviera de dirección a esta ministro de Él, en medio de tal situación y mientras oraba, el Señor puso en mi espíritu la siguiente palabra:
"Dile a ella que antes de atacarla, el enemigo se trazó como meta callarla y paralizarla. Pregúntale si va a dejar que lo logre".

Al recibir esta palabra, la llamé inmediatamente y le dije lo que Dios me había dado para ella y fue fortalecida. A raíz de esto, continuo su ministerio fluyendo con mucho más fuerza que antes, aun en medio de la fuerte batalla que estaba librando.

Nuestro adversario siempre trabaja trazándose metas y objetivos específicos a través de cada uno de sus ataques, pero nosotros decidimos si se llevara la victoria o no.

Por lo que te hare la siguiente pregunta: ¿Vas a dejar que el adversario te paralice a través de sus artimañas y ataques? O

¿Seguirás adelante aun en medio de las circunstancias que puedas estar atravesando ahora?

Hazle saber al enemigo, que no le cederás lo que es tuyo, que no estás dispuesto a rendirte y que la guerra no termina hasta que tú te lleves la victoria.

"... Pero nadie ha hecho el arma que pueda destruirte. Dejarás callado a todo el que te acuse. Esto es lo que yo doy a los que me sirven: la victoria.» El Señor es quien lo afirma." Isaías 54:17 (DHH)

REFLEXIÓN 252

REEDIFICA I

El término reedificar, implica construir de nuevo en algo que ha sido destruido o dañado. El término en hebreo, es "bana" y se traduce como: poner cimientos, reparar, levantar.

Resulta interesante ver como el llamado de Nehemías, no inicia por medio de una aparición de fuego, ángeles, terremotos o nada que se le parezca; sino al ser observada una necesidad, que era la de reedificar los muros de Jerusalén que habían sido destruidos.

Muchas personas esperan para ejercer su llamado cuando algo avasallador les acontezca. Sin embargo, hay ocasiones en las que Dios espera que sean las diversas necesidades de las que somos testigos, que nos muevan a iniciar una determinada labor.

El nombre de Nehemías significa: "Jehová trae consolación" y precisamente esto, fue lo que él trajo a través de la reedificación.

Generalmente, las murallas se construían para proteger una ciudad o un pueblo de posibles ataques de los enemigos. Toda ciudad sin muralla tenía entrada abierta a sus detractores. Pero además de esto, las murallas de Jerusalén eran símbolo de la prioridad del pueblo en mantenerse puros y apartados, como pueblo de Dios.
Sin embargo, toda obra digna, trae oposición y la acción de Nehemías, no iba a ser la excepción.

"Cuando Sambalat se enteró de que estábamos reconstruyendo la muralla, se enojó muchísimo. Se puso furioso y se burló de

los judíos, diciendo ante sus amigos y los oficiales del ejército de Samaria: «¿Qué cree que está haciendo este pobre y debilucho grupo de judíos? ¿Acaso creen que pueden construir la muralla en un día por tan sólo ofrecer unos cuantos sacrificios? ¿Realmente creen que pueden hacer algo con piedras rescatadas de un montón de escombros, y para colmo piedras calcinadas?».
Tobías, el amonita, que estaba a su lado, comentó: «¡Esa muralla se vendría abajo si tan siquiera un zorro caminara sobre ella!"
Nehemías 4:1-3 (NTV)

REFLEXIÓN *253*

REEDIFICA II

Partiendo de lo antes dicho, notemos que la furia del adversario se enciende al ver a alguien "edificando" en los asuntos de Dios. *"Cuando Sambalat se enteró de que estábamos reconstruyendo la muralla, se enojó muchísimo."*

Pero si el enemigo ve que su furia no detiene al que edifica, entonces hará burla. "Y se burló de los judíos. Y dijo: ¿Qué cree que está haciendo este pobre y debilucho grupo de judíos?

Y al ver que por encima de su furor y de su burla se mantiene la edificación, buscara hacer que el que edifica se desenfoque para que no pueda terminar la obra que ha iniciado.

Y esto último, fue lo que más adelante trataron de hacer los enemigos de Nehemías.

"Cuando Sambalat, Tobías, el árabe Guesén y el resto de nuestros enemigos se enteraron de que había sido reconstruida la muralla y tapadas todas las brechas (aunque por entonces todavía no habían sido colocadas las hojas de las puertas), Sambalat y Guesén me enviaron un mensaje para que me entrevistara con ellos en una de las aldeas de la vega de Onó. Sin duda tramaban hacerme algún daño, por lo que les envié mensajeros con esta respuesta: La obra que tengo entre manos es de gran envergadura y no puedo bajar. ¿Por qué he de interrumpir la obra y abandonarla para ir a entrevistarme con ustedes? Cuatro veces me vinieron con este mensaje y siempre respondí lo mismo." Nehemías 6:1-4 (BLPH)

Por tanto, al igual que Nehemías cuando el adversario busque hacer que te desenfoques y abandones lo que has iniciado, solo respóndele: *"la obra que tengo entre manos es de gran envergadura y no puedo descender"*.

INDETENIBLE

REFLEXIÓN *254*

⋅⋟⋆⋅ NO ES UNA OPCIÓN ⋅⋆⋞⋅

Ante la respuesta emitida por Nehemías a la propuesta de sus enemigos, estos se enfurecieron aun más y como súbditos de Satanas fueron incitados para que procuraran dar muerte a Nehemías.

Ante tal situación, alguien dio consejo a Nehemías diciendo: "Corre, salva tu vida". Pero en vez de prestar atención a tales palabras, este respondió: "¿Un hombre como yo ha de huir?" (Ver 6:11)
A través de tal expresión, Nehemías da una respuesta similar a la anterior, expresando basicamente lo siguiente:
"Mis enemigos no me harán correr, porque yo tengo un propósito muy marcado. Se lo que hago, conozco a aquel para quien lo hago y no dejaré que nada ni nadie me detenga".

Por tanto, aunque el adversario de muchas maneras trate de intimidarte, aunque el miedo quiera paralizarte y aunque la envidia de otros quiera frenarte, no olvides que volver atrás sencillamente no es una opción.

"He visto asimismo que todo trabajo y toda excelencia de obras despierta la envidia del hombre contra su prójimo." Eclesiastés 4:4 (RVR 1960)

CREYENDOLE A ÉL

*N*uestro Dios, es especialista obrando en medio del caos, haciendo de lo imposible lo posible y llamando lo que no es, como si fuese. Es por esto que cuando verdaderamente le conocemos, entendemos que Él es, quien nos hace perseguir metas mayores a nosotros mismos y nos hace caminar por donde otros no se atreven a entrar.

Nos guía a lugares que no conocemos como hizo con Abraham. (Ver Génesis 12:1)

Nos hace creer en algo que nadie ha visto como lo hizo con Noé. (Ver Génesis 6:14)

Nos manda a hacer cosas que no tienen sentido, como hizo con Pedro, cuando lo envió a pescar y abrir la boca del primer pez que hallara, para sacar de ahí el dinero de pagar los impuestos. (Ver Mateo 17:27)

Porque los que son guiados por Dios, no dependen de lo que ven, sino que caminan hacia lo que creen.

"Porque todos los que son guiados por el Espíritu de Dios, los tales son hijos de Dios." Romanos 8:14 (LBA)

INDETENIBLE

REFLEXIÓN 256

NO SE EXPLICA, SE REVELA

Cuando llegue la hora de que se cumpla lo que Dios se ha propuesto hacer contigo, muchos se asombraran, algunos no lo entenderán y otros trataran de sacar ciertas conclusiones basadas en sus propios razonamientos. Veamos este ejemplo:

"Y venido a su tierra, les enseñaba en la sinagoga de ellos, de tal manera que se maravillaban, y decían: ¿De dónde tiene éste está sabiduría y estos milagros? ¿no es éste el hijo del carpintero? ¿no se llama su madre María, y sus hermanos, Jacobo, José, Simón y Judas? ¿no están todas sus hermanas con nosotros? ¿De dónde, pues, tiene éste todas estas cosas?" Mateo 13:54-56 (RVR 1960)

Pero Jesús no le respondía palabra, sino que seguía caminando cumpliendo con la misión que el Padre le había encomendado. Porque el ministerio no se explica, se revela.

Cuando seas cuestionado por personas que no entiendan lo que Dios está haciendo contigo, no trates de explicárselo, solo sigue trabajando en la encomienda que Dios te ha dado. Porque la autenticidad de tu ministerio no depende de lo que otros creen de ti, sino de lo que el Señor ya ha dicho acerca de ti.

"Y hubo una voz de los cielos que decía: Este es mi Hijo amado, en quien tengo complacencia." Mateo 3:17 (RVR 1960)

SÍ NO LO CONSIGUES

Jeffrey Bezos, abandonó su trabajo en Wall Street para abrir su propio negocio en el garaje de su casa, el cual consistía en vender libros por internet. Hoy día, luego de varios años de trabajo duro y esfuerzo continuo, lo que inicio como un sencillo negocio de marquesina, es la compañía más grande del mundo en ventas por internet, la cual conocemos como Amazon.

Este ejemplo nos deja claro que el estancamiento jamás debería ser una opción para nosotros. Así que si no puedes conseguir un empleo, quizás debas considerar la posibilidad de crear uno.

"El alma del perezoso desea y nada alcanza; Mas el alma de los diligentes será prosperada." Proverbios 13:4 (NVI)

NO LO ENTIERRES

Cuando el hijo de la Sunamita enfermo, estaba con su padre a quien consideraba ser su fuente, pero el padre al verlo enfermo, pidió a uno de sus criados que lo llevara a la madre porque entendía, que de ella el muchacho había salido.

Cuando en las rodillas de aquella mujer él niño muere, ella no lo enterró, sino que llevo la situación a aquel de donde (según ella) salió y fue a encontrarse con el profeta Eliseo. Pero el profeta, consciente de que había sido Dios y no él quien había provisto de hijo a la sunamita, acudió al Señor en oración para que respondiera por ese milagro.

"Y venido Eliseo a la casa, he aquí que el niño estaba muerto tendido sobre su cama. entrando él entonces, cerró la puerta tras ambos, y oró a Jehová. Volviéndose luego, se paseó por la casa a una y otra parte, y después subió, y se tendió sobre él nuevamente, y el niño estornudó siete veces, y abrió sus ojos... Y entrando ella, él le dijo: Toma tu hijo." 2 Reyes 4:32-33, 35-36 (RVR 1960)

Por tanto, cuando lo que Dios te dio parezca muerto, no lo entierres; llévaselo al que te lo dio.

EN LAS MANOS CORRECTAS

Lo poco, se vuelve mucho y lo que parece inútil, se vuelve útil cuando llega a las manos correctas. Como ejemplo de esto tenemos a Sansón, quien al ser atacado por los filisteos, el Espíritu de Jehová vino sobre él y hallando una quijada de asno fresca, la usó como arma de destrucción masiva, con la que mató a mil hombres.

El puñado de harina y el poco de aceite de la viuda de Sarepta milagrosamente se multiplicaban, mientras que ella cada día, le sustraía para su alimentación y la del profeta Elías.

El poco de aceite en el cántaro de la viuda endeudada que fue a ver a Eliseo, se multiplicó hasta llenar muchos otros cántaros, y dejó de fluir sólo cuando ya no había más vasijas en las que se pudiera depositar.

Finalmente, con tan sólo 5 panes y 2 peces fue alimentada toda una multitud de más de 5,000 personas sin contar las mujeres y los niños que habían ido tras Jesús a un lugar desierto.

Por tanto, no subestimes aquello que a simple vista parece poco, porque suele convertirse en mucho cuando llega a las manos correctas.

HORA DE DESPERTAR

*E*l deseo de Dios, independientemente de lo que estés pasando, es que no dejes de avanzar hacia el cumplimento del propósito que Él tiene contigo. Es por esto, que siempre que te debilitas, está presto a fortalecerte y traer a tu vida un nuevo despertar, tal como el que vemos en el siguiente pasaje:

"Y el Señor despertó el espíritu de Zorobabel hijo de Salatiel, gobernador de Judá y el espíritu del sumo sacerdote Josué, hijo de Josadac y el espíritu de todo el remanente del pueblo. Así que vinieron y comenzaron la obra." Hageo 1:14 (NBLH)

La palabra "despertar" utilizada en este pasaje según el texto original, es "ur" y significa: abrir los ojos, avivar, levantar y mover. Por lo que en este día, declaro que son abiertos tus ojos, que es avivado tu espíritu, que te levantas del piso y que das inicio a la obra que Dios te ha puesto delante.

"Despierta, tú que duermes, levántate de entre los muertos y te alumbrará Cristo." Efesios 5:14 (LBA)

LLEGARÁS A TU DESTINO

El hecho de pasar por las turbulencias de la vida es inevitable, pero permitir que estas nos estanquen es inaceptable. No le des a las dificultades que se te presentan, el poder de llevarte a vivir por debajo del nivel para el que fuiste marcado. Ármate de valentía y dile a tu circunstancia: "No permitiré que me detengas. Jamás tendrás acceso a tal poder".

Si el camino que lleva a tu destino está lleno de afiladas rocas y puntiagudas espinas, refuerza tus zapatos pero no dejes de caminar en medio de el.

"... *Estamos atribulados en todo, mas no angustiados; en apuros, mas no desesperados; perseguidos, mas no desamparados; derribados, pero no destruidos; llevando en el cuerpo siempre por todas partes la muerte de Jesús, para que también la vida de Jesús se manifieste en nuestros cuerpos.*"
2 Corintios 4:8-10 (RVR 1960)

REFLEXIÓN 262

Y AUN SAÚL, ASÍ LO SABE

En 1 Samuel 23:16, la Biblia dice: "Entonces se levantó Jonatán hijo de Saúl y vino a David y fortaleció su mano en Dios. Y le dijo: no temas, pues no te hallará la mano de Saúl mi padre, y tú reinarás sobre Israel... Y aun Saúl mi padre así lo sabe."

Gran parte de lo que estas atravesando hoy, se debe a lo glorioso que será el nivel, donde Dios te pondrá más adelante.

Saúl no estaba persiguiendo simplemente al hijo de Isaí, sino al próximo rey de Israel, al que sería su sucesor. De igual manera, Satanás no sólo persigue lo que eres ahora, sino lo que sospecha que puedes llegar a ser más adelante. Así que, ¡resiste! porque ciertamente no te quedarás dónde estás. Una bendición muy grande se aproxima para tu vida y esto es algo tan cierto, firme y verdadero que aun aquellos que en tu contra operan bajo el espíritu de "Saúl", así lo saben.

REFLEXIÓN 263

—•☙• LAS CORRECTAS COORDENAS •❧•—

*S*í alguna vez has conducido bajo fuertes tormentas, entonces te has dado cuenta que las mismas, afectan tu visibilidad de modo que se hace difícil ver lo que tienes delante. Muchos por causa de esto, reducen la velocidad y otros incluso, deciden detenerse. Pero a los que andan por fe y no por vista, las tormentas de la vida no les reducen el paso y mucho menos los sacan de circulación, porque conocen y tienen la plena certeza de que por encima de la tormenta, sin importar que tan fuerte esta sea, se encuentra el Señor y Él es quien se encarga darnos las correctas coordenadas.

"El Señor mira desde el cielo y ve a toda la raza humana. Desde su trono observa a todos los que viven en la tierra." Salmo 33:13-14 (NTV)

REFLEXIÓN 264

YO NO PERTENEZCO AQUÍ

No manejes lo que es temporal como si fuera permanente. Si lo que Dios te prometió, no es lo que estás viviendo ahora, entonces lo que atraviesas en estos momentos sólo será temporal.

Tomemos como ejemplo el caso de Moisés, quien estando en tierra de Madián, tuvo un hijo y le puso por nombre Gerson que se traduce como: *"forastero soy en tierra ajena"*. Dejando claro y recordándose así mismo cada vez que pronunciaba el nombre de su hijo: *"Yo no pertenezco aquí. Mi estadía en este lugar es temporal."*

No hagas de tu condición presente, tu morada permanente, porque Dios hará que sigas en movimiento.

"Porque un momento será su ira, pero su favor dura toda la vida."
Salmo 30:5 (RVR 1960)

SOLO HABLANDO

*H*ablando del cuidado que Dios tiene de sus hijos, la Biblia dice:
"No consintió que nadie los agraviase y por causa de ellos castigó aun a reyes y les dijo: no toquen a mis ungidos; ni hagan daño a mis profetas." Salmos 105:14-15 (RVR 1960)

Hablando de las conspiraciones en contra de su pueblo dice:
"Si alguno conspirare contra ti, lo hará sin mí; el que contra ti conspirare, delante de ti caerá." Isaías 54:17 (RVR 1960)

Hablando a Faraón acerca de Israel le dijo:
"Israel es mi hijo, mi primogénito. Ya te he dicho que dejes ir a mi hijo, para que me sirva, mas tú no has querido dejarlo ir; he aquí yo voy a matar a tu hijo, tu primogénito." Éxodo 4:22-23 (RVR 1960)

Hablando de las persecuciones hechas a la iglesia, Jesús le dijo a Saulo:
"Saulo, Saulo, ¿por qué me persigues?... Yo soy Jesús, a quien tú persigues; dura cosa te es dar coces contra el aguijón." Hechos 9:5 (RVR 1960)
No inviertas tiempo confrontando a tus opresores. No los dañes ni permitas que tu carne te lleve a tomar venganza por lo que te han hecho. Porque también a nosotros con respecto a esto, el Señor nos dice:
"No tomen venganza, dejen el castigo en las manos de Dios, porque está escrito: Mía es la venganza; yo pagaré», dice el Señor." Romanos 12:19 (BNHL)

NO DEJES DE TRABAJAR

Es muy cierto que en algunos aspectos de la vida debemos proceder pausadamente para evitar fracasar. Sin embargo, esto jamás debería ser una excusa para disminuir nuestra productividad. Por lo que debemos seleccionar cuidadosamente aquello a lo que prestamos oído y cuidarnos de dar cabida en nuestro interior a expresiones como las siguientes:

✤ *Lo que sientes ahora, solo es parte del primer amor y se te pasará.*
Ya que en más de uno de los Salmos, el salmista dijo: "Una cosa he pedido al Señor, y ésa buscaré: que habite yo en la casa del Señor todos los días de mi vida, para contemplar la hermosura del Señor, y para meditar en su templo."

Y es que Dios es tan excelso que mientras más lo buscamos más nos damos cuenta de lo mucho que le necesitamos, y mientras más lo conocemos más hambre tenemos de pasar tiempo con Él.

✤ *Ten cuidado porque vas muy rápido.*
Pero la palabra del Señor nos exhorta: "Todo lo que te viniere a la mano para hacer, hazlo según tus fuerzas; porque en el Seol, adonde vas, no hay obra, ni trabajo, ni ciencia, ni sabiduría" Eclesiastés 9:10 (RVR 1960).

No contamos con otro tiempo que no sea el presente; dado que el pasado se ha ido y el futuro no ha llegado todavía, debes aprovechar al máximo el fluir que Dios está dando a tu vida hoy.

✤ ***Así como subiste vas a bajar.***
Uno de los ejemplos más notables de que en el trabajo que hacemos para Dios, no necesariamente tiene que haber un descenso o abandono, lo vemos reflejado en la vida de Agnes Gonxha Bojaxhiu, mejor conocida por el mundo como "la madre Teresa de Calcuta", quien nunca dejó de trabajar para los más necesitados y hasta el día de su muerte nada ni nadie pudo hacer que ella se detuviera. Porque hasta en sus peores momentos, incluso con un marcapasos y diversos problemas cardiovasculares, ella siempre siguió trabajando en pos de su misión y cuando era cuestionada por esto solo decía:

"No puedo parar de trabajar. Tendré toda la eternidad para descansar".

INDETENIBLE

REFLEXIÓN **267**

¡LÁNZALO LEJOS!

Cuando Pedro preguntó al maestro cuantas veces se debe perdonar al que peque en contra nuestra, Jesús le respondió: "*Hasta setenta veces siete*". Pero Jesús no hacía referencia a las 490 veces que se obtiene como resultado al multiplicar setenta por siete. Sino, al hecho de perdonar continuamente todas las veces que sea necesario. El verbo "perdonar" utilizado en este pasaje, proviene de la raíz griega "afiemi" y se traduce como "lanzar lejos".

Así que lo establecido por el Señor, en cuanto a nuestra forma de perdonar es que tomemos las ofensas que nos hacen los hombres y las "arrojemos lejos continuamente".

Si no tomamos la firme decisión de "lanzar lejos" todo lo tóxico y ofensivo que cada día y a través de diferentes medios llega a nuestro corazón, nos convertiremos en personas amargadas y heridas dándole a esas ofensas el poder de llevarnos a ser personas totalmente distintas a las que el Señor nos ha llamado a ser. Por tanto, aunque lo que te hayan hecho sea doloroso y haya venido de quien menos lo esperabas, deslígate de eso, no lo retengas, decide dejarlo ir.

Cuando no dejamos pasar las ofensas, estas se convierten en una pesada carga que nos hace vivir sofocados por el peso de la misma y estanca nuestra creatividad y desempeño debido a que usamos todas nuestras energías para manejar el dolor que esa herida nos produce, en vez de usarlo en ser productivos.

No vale la pena dejar que una ofensa por más fuerte y dolorosa que sea, le produzca un aborto a tu destino.

Y no hago referencia al hecho de darle la razón o aplaudir a aquellos que te han agraviado, sino a dejar claro a través del perdón, que tienes demasiado por delante para permitir que las ofensas del pasado te encarcelen y te detengan.

Así que no pierdas ni un solo día mas arrastrando amargura y resentimientos. Ni te sientes a esperar que los que te ofendieron vengan a pedirte perdón, porque no le puedes dar a nadie la facultad de poner tu vida en pausa, hasta que tome conciencia del agravio que cometido.

Reconoce de una vez por todas que Dios te ha marcado para algo muy alto no para quedarte en el piso.

Que la falta de perdón no te estanque. Decide hoy en el nombre de Jesús, tomar la ofensa y ¡LANZARLA LEJOS!

REFLEXIÓN **268**

CADA QUIEN DA LO QUE TIENE

Cuenta la historia, que en la guerra librada en 1950 y 1953 entre Corea del Norte y Corea del Sur, los de la parte Norte arrojaron en territorio del Sur, 50 toneladas de basura y excremento, sobre lo que colocaron un letrero gigante que decía: "ESTO ES LO QUE USTEDES SON".

Ante tal ataque, los principales miembros directivos de Corea del Sur, se reunieron para determinar el modo como habían de contraatacar. Algunos entendían que el mejor modo era llevando al territorio enemigo, el doble de lo que ellos les habían llevado. Es decir, 100 toneladas de basura y excremento con un letrero similar al que les habían puesto a ellos. Pero alguien propuso una idea distinta, algo revolucionario y que constituiría una ofensa aún mayor. La propuesta consistía en reunir 100 toneladas, pero no de basura sino de trigo, fideos, vegetales, viandas y carnes, para colocarla en el territorio enemigo con un letrero que diga: "CADA QUIEN DA LO QUE TIENE".

Es señal de debilidad, permitir que las malas acciones de los demás nos lleven a hacer lo mismo que ellos hacen. De modo, que si alguien te maldice, bendícelo, al que te haga daño hazle bien y al que te ofenda en palabras háblale con amor y respeto. Porque ¿Que grandeza hay en tratar bien solo a los que hacen con nosotros lo mismo?

"Ama a tus enemigos y ora por los que te persiguen, porque de esta manera estarás actuando como un verdadero hijo de tu Padre que está en los cielos." Mateo 5:44-45 (RVR 1960)

REFLEXIÓN 269

LA CORRIENTE LA ARRASTRO

Recuerdo que cuando era niña, mi abuelo al junto de mis primos, me llevó a un día de campo y mientras jugábamos en el río, una de las zapatillas que llevaba puesta, la cual recientemente me había comprado mi madre, fue arrastrada por la corriente y aunque desesperadamente traté de alcanzarla y aún mis primos hicieron todo lo que pudieron para recuperarla, la corriente de aquel río era tan fuerte que la hizo desaparecer de nuestra vista en cuestión de segundos.

Y es que debido a su proceso normal de erosión, los ríos siempre arrastran corriente abajo, las sustancias que llevan suspendidas y las depositan en el mar o en alguna desembocadura haciendo que donde los residuos caen, el suelo se vuelva fértil.
Pero debido a la corta edad que para ese entonces tenía, desconocía este fenómeno y aunque el mismo, era parte de una manifestación normal de la naturaleza, me llenó de frustración y tristeza porque el día que mi madre me compró las zapatillas, mientras las ponía en mis pies me dijo: "Procura no perderlas", así que no sabía cómo decirle lo que había acontecido. Ese día pedí a mi abuelo que por favor no me llevara devuelta a casa y el accedió pero al anochecer mi madre fue a buscarme y antes de saludarla, (a pesar de que tenía todo un día sin verla) con lágrimas en los ojos sólo le pude decir: "Mami perdóname, no fue mi culpa. Trate de alcanzarla pero la corriente la arrastró".

En el libro de Juan 7:38 Jesús dijo: *"El que cree en mí, como dice la escritura, de su interior correrán ríos de agua viva."*

INDETENIBLE

Por lo que, al igual que aquel río que arrastró mi zapatilla, nosotros hemos sido provistos de fuertes corrientes de aguas que fluyen de nuestro interior para echar fuera todos los residuos que en el caen. Así que activa el rio y no retengas desechos.

¿QUE TIPO DE RECIPIENTE ERES?

Un viejo maestro cansado de escuchar las quejas de su discípulo, lo mandó a buscar un poco de sal. Cuando el discípulo regresó, el maestro le pidió que mezclara la sal en un vaso de agua y lo bebiera. ¿A qué sabe? – le pregunto el maestro. ¡Amargo! – le respondió el discípulo.

El maestro sonrió y le pidió al discípulo que tomara el mismo puñado de sal y lo arrojara en el lago. Los dos caminaron en silencio hasta llegar al embalse y cuando el discípulo echó la sal, el maestro le dijo: "Ahora toma agua del lago".

Mientras el agua corría por la quijada del joven, el maestro le pregunto, ¿A qué sabe? , "Sabe fresca", le dijo el discípulo. ¿Puedes probar la sal? – le pregunto el maestro.

No, le dijo el joven. Luego de escuchar la respuesta, el maestro se sentó a su lado y tiernamente le explicó:
Los dolores, fracasos y frustraciones que nos trae la vida (en este contexto) son como sal. Sin embargo, la cantidad de amargura que puedas probar por causa de esta "sal" siempre dependerá del tipo de contenedor al que esta le llegue.

"... Esa agua se convierte en un manantial que brota con frescura dentro de ellos y les da vida eterna." Juan 4:14 (NTV)

REFLEXIÓN 271

❖ HAZLO SONRREIR ❖

*H*ace algún tiempo, fui invitada por primera vez a una iglesia donde no conocía ninguna de las personas congregadas allí; recuerdo que aquel día celebraban su aniversario y en el programa que habían preparado para el servicio, estaba incluida una danza especial alineada al tema de la actividad. En dicha intervención, las danzarinas tuvieron una participación brillante. De hecho, todas parecían ser maestras.

Pero ese día, además de la maravillosa oportunidad que tuve de conocerlas, también conocí a sus familiares. Porque cada danzarina, tenía dentro del gran auditorio un público que parecía no tener ojos para ninguna de las demás participantes y con sus rostros cargados de felicidad tomaban fotos, grababan vídeos y apuntaban a la joven (que como quedo revelado) era parte directa de ellos.

En aquel momento, considerando lo mucho que nos complace a nosotros ver el buen desempeño de las personas que amamos, pensé en lo mucho que también se complace Dios, (quien nos ama más de lo que nuestro entendimiento es capaz asimilar) cuando nos esforzamos en hacer las cosas del modo correcto.

Nuestros resultados serían muy diferentes si cada vez que hacemos algo, procuráramos con ello, hacer sonreír a nuestro Creador.

"Pues si ustedes, siendo malos, saben dar cosas buenas a sus hijos, ¡cuánto más su Padre que está en el cielo." Mateo 7:11 (DHH)

RESPETA LOS MUROS

$\mathcal{P}$or diferentes razones, las ciudades en la antigüedad estaban protegidas por murallas. Debido a esto, cuando se iba a la guerra contra alguna ciudad, en la mayoría de los casos como estrategia, se incluía la medida de no acercarse demasiado a las murallas de tal ciudad porque desde ahí se hacía mucho más riesgosa la pelea. En cuanto a esto, el libro de 2 Samuel 11: 20-21 dice:

"¿Por qué os acercasteis demasiado a la ciudad para combatir? ¿no sabíais lo que suelen arrojar desde el muro? ¿no echó una mujer desde el muro un pedazo de una rueda de molino, sobre Abimelec, hijo de Jerobaal y murió en Tebes? ¿Por qué os acercasteis tanto al muro?."

En este mismo orden, nosotros también en las diferentes batallas que enfrentamos, debemos mantener distancia de aquellos elementos que a modo de "muros", representan un peligro para nosotros. Guardando los límites que han sido establecidos entre lo que podemos y no podemos hacer y teniendo en claro cuáles son las cosas que al darle entrada a nuestra vida, tienen potencial para destruirnos. Por lo que sí en algún momento llegas a preguntarte: ¿Hasta dónde puedo hacer algo determinado sin llegar a caer directamente en pecado? La respuesta a esto es: Respeta los muros. Ya que al acercarte mucho a los límites establecidos por Dios, Satanás lanzando sus piedras asesinas de molino, buscará aplastarte.
Los engaños y trampas del enemigo generalmente se inician con algo que no parece pecado pero que es cómodo y agradable para la carne.

Nuestra naturaleza carnal, es atraída por el pecado de la misma forma como el hierro es atraído por el imán.

REFLEXIÓN 273

ZARANDEADOS

"Dijo también el Señor: Simón, Simón, he aquí Satanás os ha pedido para zarandearos como a trigo." Lucas 22:31 (RVR 1960)

La palabra "zarandear" utilizada en este pasaje, viene de la raíz griega (siniasai) y significa: sacudir en un cernidor para separar el buen grano de la paja. El cuadro muestra a Satanás queriendo:

- Zarandear y sacudir a los discípulos.
- Probar su autenticidad.
- Demostrar que no son genuinos.
- Acusarlos delante de Dios diciendo que no eran íntegros.
- Mostrarle a Dios la deslealtad de ellos.

Sin embargo, la palabra "pedido" viene del griego (exeitesato) y significa obtener algo pidiéndolo. Por lo que el Señor deja en claro que Satanás pidió permiso a Dios para hacer caer a los discípulos. O sea, que este es el mismo cuadro que se nos presenta en Job 1:6
La Biblia es clara en dejarnos saber que Dios es Supremo, todo cuanto pasa en el universo pasa porque El lo permite, incluso las diversas tentaciones a las que somos expuestos. Satanás está sujeto a Dios y no tiene derecho ni poder para tentar a los creyentes a menos que Dios se lo permita.

Pero en cuanto a esto la Biblia nos revela lo siguiente:
"Ustedes no han sufrido ninguna tentación que no sea común al género humano. Pero Dios es fiel, y no permitirá que ustedes sean tentados más allá de lo que puedan aguantar. Más bien, cuando llegue la tentación, él les dará también una salida a fin de que puedan resistir." 1 Corintios 10:13 (NVI)

REFLEXIÓN 274

⋅⋅❖⋅⋅ **RESPONDE CON LOS FRUTOS** ⋅⋅❖⋅⋅

*E*n su libro "Una Vida con Propósito" el pastor Rick Warren establece:
"Sí tu vida no tiene frutos, no importa quién la álabe y si tiene frutos, no importa quién la critique".

Dejar que Dios y tus frutos presenten defensa por ti, es mucho más sabio que el hecho de presentar defensa por ti mismo. Son los frutos que damos y no los argumentamos que pronunciamos, que dan testimonio de nosotros.

No te afanes por hacer saber a la gente lo que eres; tus frutos se encargarán de revelarlo.

"No hay árbol bueno que pueda dar fruto malo, ni árbol malo que pueda dar fruto bueno. Cada árbol se conoce por su fruto: no se cosechan higos de los espinos, ni se recogen uvas de las zarzas. El hombre bueno dice cosas buenas porque el bien está en su corazón, y el hombre malo dice cosas malas porque el mal está en su corazón. Pues de lo que abunda en su corazón habla su boca."
Mateo 7: 43-45 (DIIH)

REFLEXIÓN 275

•⊱⊰• LE SALIÓ AL ENCUENTRO •⊱⊰•

Cuando llegó el tiempo señalado para Jacob salir de casa de Laban, donde había trabajado por muchos años, esté enojado con Jacob por haberse llevado a su familia y todo lo que había producido, decidió salirle al encuentro. Pero Dios conociendo su enojo, antes de que saliera se le apareció en sueños y le dijo: *"Ten mucho cuidado en la forma como hablas con Jacob."*

Por lo que al hallarlo, el mismo Laban tuvo que confesarle a Jacob: *"Mi poder es más que suficiente para hacerte daño, pero anoche el Dios de tu padre me habló y me dijo: "¡Cuidado con amenazar a Jacob!."*

Es por esto que más adelante, Jacob dice a Laban: *"Si el Dios de mi padre, Dios de Abraham y temor de Isaac, no estuviera conmigo, de cierto me enviarías ahora con las manos vacías; pero Dios vio mi aflicción y el trabajo de mis manos, y te reprendió anoche."* (Ver Génesis 31:24, 29,42)

El Dios de Israel está contigo y suele salir al encuentro de los que te persiguen. La ira de tus opresores será controlada por las directrices que recibirán de parte Dios.

NO DEJES QUE TE VENZA

"*Porque no nos ha dado Dios espíritu de cobardía, sino de poder, de amor y de dominio propio.*" 2 Timoteo 1:7 (RVR 1960)

Lo que hemos tardado años en construir, puede desmoronarse en minutos cuando no ejercemos dominio propio.

Es la falta de dominio propio, lo que hace que muchos reaccionen de forma inapropiada, que emitan comentarios indebidos y que se dejen vencer por la maldad de otros.

Todo lo que no controlamos, termina controlándonos a nosotros. Dios no quiere que seamos vencidos por lo malo, sino que procediendo con el bien, tengamos victoria sobre el mal.

"*No dejen que el mal los venza, más bien venzan el mal haciendo el bien.*" Romanos 12:21 (NTV)

INDETENIBLE

REFLEXIÓN 277

◆>❀◆ CUIDADO CON LO QUE DICES ◆❀<◆

*E*n momentos de presión, enojo o ira, muchas personas le permiten a su boca emitir palabras que luego suelen lamentar. Incluso el hecho de no sentirse valorados, o entender que no se les ha tratado con la debida consideración, hace que muchos exploten manifestando conductas y emitiendo palabras de las que se arrepienten más adelante.

Estallar con impulsos e ira ante nuestras frustraciones, no resolverá nada al contrario, lo empeorará todo. Aun cuando sientas que hay alguna injusticia en tu contra, ten cuidado con lo que dices.

Recuerda que el Señor todo lo ve y que Él conoce perfectamente bien lo que estás pasando. Entonces no te impacientes; espera que Dios te haga justicia porque si en vez de estallar ante los agravios que otros cometen en tu contra, decides esperar en el Señor, Él se encargara de presentar defensa a tu favor sin que tengas que volverte histérico ni hacer uso de métodos carnales para hacer frente a la situación.

Las personas heridas tienden a herir a otros, no seas uno de ellos.

"Hay hombres cuyas palabras son como golpes de espada; mas la lengua de los sabios es medicina." Proverbios 12:18 (RVR 1960)

REFLEXIÓN 278

CON BOCA DE SABIO

Con la boca podemos matar y podemos dar vida, podemos hacer que alguien se levante o que alguien se caiga, podemos herir y podemos sanar, podemos edificar y podemos destruir, podemos aumentar la fe de alguien o podemos quitarle la fe a alguien, podemos hacer reír o podemos hacer llorar, fortalecer o debilitar, entre muchas otras cosas más. Por lo que resulta preocupante ver como muchas personas, sin ningún tipo de temor continuamente pronuncian palabras que les acarrean juicio sin darse cuenta que estas pronunciaciones son las causantes de su continua pobreza espiritual y de la ruina que muchas veces padecen.

Decide tener a partir de este día boca de sabio y cada vez que vayas a emitir cualquier palabra, piensa bien lo que vas a decir, considera sí realmente tiene sentido, si le servirá de edificación a los oyentes y sí algo será mejor de lo que era antes, luego de que lo digas.

"El sabio de corazón habla con prudencia y a sus labios añade sabiduría." Proverbios 16:23 (RVR)

INDETENIBLE

REFLEXIÓN *279*

—•⊱✦• **MUCHO MÁS QUE ESO** •✦⊰•—

$\mathcal{P}$or más fuerte que sea la presión sobre ti, procede con sabiduría y entendimiento al enfrentarla haciendo uso de la altura y el buen manejo que debe caracterizarte.

Las ofensas son un indicador de debilidad y generalmente se utilizan cuando las personas se sienten vencidas y sin argumentos reales para enfrentar una determinada situación.

Sobre esto, Jesús también nos dio ejemplo cuando le tocó enfrentar a Satanás en el desierto, ya que El no hizo uso de palabras ofensivas como estas: "Mira diablo sucio, fuiste un traidor, tu no sirves"; ni nada que se asemeje. Sino que nuestro Señor lo enfrentó firmemente con la Palabra que es más cortante que toda espada de doble filo, y ya que Él es nuestro ejemplo, nosotros también debemos hacer lo mismo.

Responder con ofensas, es el modo débil de enfrentar una situación, por eso aunque otros te ofendan, mantén tu posición porque tú no eres un simple flojo, débil, sin carácter y al que cualquier cosa lo mueve, sino que en el nombre de Jesús tu eres... MUCHO MÁS QUE ESO.

"¿Quién, entonces, es una persona madura? Sólo quien es capaz de dominar su lengua y de dominarse a sí mismo.
Al caballo podemos dominarlo, y hacer que nos obedezca, si le ponemos un freno en la boca. Algo parecido pasa con los barcos. Por grande que sea un barco, y por fuertes que sean los vientos

que lo empujan, el navegante puede controlarlo con un timón muy pequeño. Y lo mismo pasa con nuestra lengua. Es una de las partes más pequeñas de nuestro cuerpo, pero es capaz de hacer grandes cosas. ¡Es una llama pequeña que puede incendiar todo un bosque!" Santiago 3:2-5 (TLA)

INDETENIBLE

REFLEXIÓN **280**

ORIENTACIÓN CORRECTA

*N*unca dejes de dar una orientación o consejo sabio a aquellos que lo necesitan por causa de miedo a que no te escuchen o por temor a que se sientan ofendidos. A veces no es lo que decimos, sino "como lo decimos" lo que realmente daña.

Ayuda a sanar a otros, con la palabra de medicina que Dios ha puesto en tu boca.

No te hagas el indiferente ni apoyes las acciones incorrectas que otros hacen; aun si son personas que amas, no te dejes cegar por los sentimientos.

Aunque se enojen contra ti, no dejes de darles la orientación correcta porque si en verdad los amas debes ayudarlos a salir de su error. Y aunque en el momento de la corrección no te lo agradezcan, ten por seguro que lo harán más adelante; pero si por el contrario, no les das la orientación correcta, cuando reaccionen y de alguna manera se den cuenta del hoyo en el que estaban, te reclamaran el hecho de no haberles ayudado.

"El que reprende al hombre, hallará después mayor gracia que el que lisonjea con la lengua." Proverbios 28:23 (RVR 1960)

CUANDO DIOS PREGUNTA I

La Biblia es la Palabra de Dios y en ella se encuentran todas las respuestas. Sin embargo, en la misma Biblia encontramos multitud de ocasiones en las que Dios, aparte de ofrecer respuestas también plantea diferentes preguntas, que en ocasiones hace, basado en algún mandamiento o directriz que previamente haya dado. Porque Dios no sólo nos da promesas, sino que también nos pide cuentas. Veamos algunos ejemplos:

"Entonces el Señor Dios llamó al hombre: —¿Dónde estás? Génesis 3:9 (NTV)

El hombre contestó: —Te oí caminando por el huerto, así que me escondí. Tuve miedo porque estaba desnudo. — ¿Quién te dijo que estabas desnudo? —Le preguntó el Señor Dios—. ¿Acaso has comido del fruto del árbol que te ordené que no comieras?" Génesis 3:10-11 (NTV)

"Entonces el Señor Dios le preguntó a la mujer: — ¿Qué has hecho?" Génesis 3:13 (NTV)

Pero, si Dios sabe todas las cosas, ¿Por qué las pregunta?

REFLEXIÓN *282*

ᛜ CUANDO DIOS PREGUNTA II ᛝ

*D*ios hace preguntas por diversas razones entre las cuales están las siguientes:

Para pedirnos cuenta de nuestros deberes:

"Entonces el Señor dijo a Caín: ¿Dónde está tu hermano Abel? Y él respondió: No sé. ¿Soy yo acaso guardián de mi hermano? Y Él le dijo: ¿Qué has hecho? La voz de la sangre de tu hermano clama a mí desde la tierra." Génesis 4:9-10 (LBLA)

Para que nos examinemos a nosotros mismos:

"¿Acaso Israel es un esclavo o un siervo nacido en casa? ¿Por qué se ha convertido en presa? Contra él rugieron los leoncillos. Fuertemente rugieron y han hecho de su tierra una desolación; sus ciudades están quemadas, sin habitantes. Incluso los hombres de Menfis y de Tafnes te han afeitado la coronilla. ¿No te ha sucedido esto por haber dejado al Señor tu Dios, cuando Él te guiaba por el camino?" Jeremías 2:14-17 (NBLH)

Para que examinemos nuestra relación con Él:

"¿Qué injusticia hallaron en mí sus padres, para que se alejaran de mí y anduvieran tras lo vano y se hicieran vanos?" Jeremías 2:5 (NBLH)

Para ver si la visión nuestra está alineada a la de Él:

"La palabra del Señor vino a mí, y me dijo: « ¿Qué es lo que ves, Jeremías?» «Veo una rama de almendro», respondí. «Has visto bien —dijo el Señor —, porque yo estoy alerta para que se cumpla mi palabra.»" Jeremías 1:11-12 (NVI)

Para buscar gente con un corazón dispuesto:

"Entonces oí la voz del Señor que decía: — ¿A quién enviaré? ¿Quién irá por nosotros? Y respondí: —Aquí estoy. ¡Envíame a mí!" Isaías 6:8 (NVI)

Para dejar expuesto nuestro grado de fe:

"Y me dijo: Hijo de hombre, ¿vivirán estos huesos? Y dije: Señor Jehová, tú lo sabes. Me dijo entonces: Profetiza sobre estos huesos, y diles: Huesos secos, oíd palabra de Jehová. Así ha dicho Jehová el Señor a estos huesos: He aquí, yo hago entrar espíritu en vosotros, y viviréis." Ezequiel 37:3-5 (RVR 1960)

REFLEXIÓN *283*

ASUNTOS DE PROFETAS

Un profeta, es alguien llamado por Dios para ser su representante en la tierra. Cuando un profeta habla en nombre de Dios, es como si Dios mismo estuviera hablando.

El verdadero profeta de Dios no habla por presunciones y lo que dice se cumple, porque en Dios no hay confusiones.

En cuanto al profeta Samuel, la Biblia dice que era hombre insigne y todo lo que él decía acontecía sin falta. (Ver 1 Samuel 9:6)

Por otro lado, cuando por la rebeldía del rey Jeroboam, le provino una enfermedad a su hijo Abias, el rey envió su mujer disfrazada a ver al profeta Ahias para que este no le reconociera, (porque el rey estaba consciente de que no había andado bien delante de Dios, pero quería saber si el niño viviría o no). Sin embargo, cuando el profeta escucho los pasos de la mujer acercándose a la casa, alzando la voz le dijo: "Entra, mujer de Jeroboam. ¿Por qué te finges otra?". I Reyes 14:1-6 (RVR 1960)

Finalmente, el rey Sedequías, dijo que no creía en la palabra de los profetas porque había una supuesta contradicción entre Jeremías y Ezequiel los cuales eran contemporáneos. Ya que el primero decía que el rey sería llevado a Babilonia y el otro decía que él no vería a Babilonia. Sin embargo, más adelante fue comprobado que no hubo contradicción alguna y que ambos profetas decían la verdad, ya que efectivamente el rey Sedequías fue llevado a Babilonia, como dijo el profeta Jeremías pero antes de llegar allá, le fueron sacados los ojos como lo había profetizado Ezequiel.

"Y si dijeres en tu corazón: ¿Cómo conoceremos la palabra que Jehová no ha hablado?; si el profeta hablare en nombre de Jehová, y no se cumpliere lo que dijo, ni aconteciere, es palabra que Jehová no ha hablado; con presunción la habló el tal profeta; no tengas temor de él." Deuteronomio 18:21-22 (RVR 1960)

REFLEXIÓN *284*

❖ AUN LOS CUERVOS LA RESPETAN ❖

"Y vino a él palabra de Jehová, diciendo: Apártate de aquí, y vuélvete al oriente, y escóndete en el arroyo de Querit, que está frente al Jordán. Beberás del arroyo; y yo he mandado a los cuervos que te den allí de comer. Y él fue e hizo conforme a la palabra de Jehová; pues se fue y vivió junto al arroyo de Querit, que está frente al Jordán. Y los cuervos le traían pan y carne por la mañana, y pan y carne por la tarde; y bebía del arroyo." 1 Reyes 17:2-6 (RVR 1960)

Al leer este pasaje, podemos observar el peso que tiene lo que ordena Dios, aun sobre criaturas como los cuervos. Porque estos comen carne, pero no pudieron comerse la que fueron enviados a llevarle a Elías el profeta, porque esta no era cualquier carne, era comida de profeta y la comida de profeta aun los cuervos la respetan.

Lo que Dios ha marcado para ti, no hay "cuervo" que pueda arrebatártelo.

EL RUIDO DE LA CARRETA

𝓔n cierta reunión, un hombre hizo el siguiente relato:
-Caminaba con mi padre cuando él se detuvo en una curva y después de un pequeño silencio me preguntó:
-Además del cantar de los pájaros, ¿Escuchas alguna cosa más?-
Agudicé mis oídos y algunos segundos después le respondí: -Estoy escuchando el ruido de una carreta.-
-Así es hijo, se acerca una carreta y está vacía - dijo mi padre.

Al oírlo decir eso le pregunté: -¿Cómo sabes que es una carreta vacía, si no podemos verla aún?- Entonces mi padre respondió: -Es muy fácil saber cuándo una carreta está vacía debido al ruido que hace. Mientras más vacía está, mucho más ruido hace-.

Me convertí en adulto y hasta el día de hoy cuando veo a una persona hablando demasiado, interrumpiendo la conversación de todos, siendo inoportuna o violenta, presumiendo de lo que tiene, sintiéndose prepotente y restando valor a la gente, tengo la impresión de oír la voz de mi padre diciendo: "Mientras más vacía esta la carreta, mayor es el ruido que hace"

La humildad consiste en callar nuestras virtudes y permitirle a los demás descubrirlas.

"Deja que sean otros los que te alaben; no está bien que te alabes tú mismo." Proverbios 27:2 (DHH)

INDETENIBLE

REFLEXIÓN *286*

POR UN SIMPLE DÓLAR

Hace años un predicador se mudó para Houston, Texas. Poco después, se montó en un autobús para ir al centro de la ciudad.

Al sentarse, descubrió que el chofer le había dado un dólar de más en el cambio y mientras consideraba que hacer, pensó para sí mismo, "Ah, quizás no tenga tanta importancia... es sólo un dólar ¿Quién se va a preocupar por tan poca cantidad? Las compañías de autobús reciben mucho y no echarán de menos un simple dólar"

Pero cuando llegó a su parada, se detuvo y pensándolo de nuevo, decidió darle el dólar al conductor diciéndole: "Tome, usted me dio este dólar de más".

El conductor, con una sonrisa le respondió: "Sé que eres el nuevo predicador del pueblo. He pensado regresar a la iglesia y quería saber si usted es un cristiano genuino, así que decidí probarlo viendo que haría si yo le daba una cantidad mayor al cambio correspondiente."

Cuando el predicador bajo del autobús asombrado con lo ocurrido sólo dijo: "¡Oh Dios, por poco arruino lo que viniste hacer conmigo a esta ciudad a cambio de un simple dólar!"

Nuestras vidas serán la única Biblia que muchos leerán, así que no olvides servir de ejemplo a otros en todo lo que haces.

"*Ninguno tenga en poco tu juventud; pero sé ejemplo de los fieles en palabra, en conversación, en caridad, en espíritu, en fe, en limpieza."* 1 Timoteo 4:12 (RVR 1960)

"Porque ejemplo os he dado, para que como yo os he hecho, vosotros también hagáis." Juan 13:15 (RVR 1960)

REFLEXIÓN *287*

❖ IMPORTACIA DE LA SABIDURÍA ❖

La búsqueda del conocimiento requiere de esfuerzo. La diligencia en conocer la palabra y actuar bajo los preceptos que en esta se establecen, nos hace sabios. Por eso el sabio Salomón escribió al respecto:

"Hijo mío, si haces tuyas mis palabras y atesoras mis mandamientos; si tu oído inclinas hacia la sabiduría y de corazón te entregas a la inteligencia; si llamas a la inteligencia y pides discernimiento; si la buscas como a la plata, como a un tesoro escondido, entonces comprenderás el temor del Señor y hallaras el conocimiento de Dios." Proverbios 2:1-5 (RVR 1960)

Y más adelante, añade:
"Con sabiduría se construye la casa; con la inteligencia se echan los cimientos. Con buen juicio se llenan sus cuartos de bellos y extraordinarios tesoros. el que es sabio tiene gran poder, y el que es entendido aumenta su fuerza. La guerra se hace con buena estrategia; la victoria se alcanza con muchos consejeros." Proverbios 24:3-6 (RVR 1960)

El conocimiento siempre debe preceder al sentimiento, o de lo contrario estarás malgastando tiempo y esfuerzo en acciones desviadas cuyo fin traerán improductividad y muerte.

"Aplica tu corazón a la instrucción y tus oídos a las palabras del conocimiento." Proverbios 23:12 (LBA)

REFLEXIÓN 288

AL NIVEL MAXIMO

*S*in importar que tan grande sea lo que posees, si no dedicas el tiempo y esfuerzo suficiente para desarrollarlo nunca podrás apreciar los resultados de ello porque todo lo que no se se cultiva, muere.

No descuides lo que te ha sido dado, dale valor a lo que posees porque sólo cuando te esfuerzas continuamente para desarrollar lo que tienes, puedes llevar tu vida al nivel máximo de expresión. A esto hace referencia el proverbista al decir:

"Pasé junto al campo del hombre perezoso y junto a la viña del hombre falto de entendimiento; y he aquí que por toda ella habían crecido los espinos. Ortigas habían ya cubierto su faz y su cerca de piedra estaba ya destruida. Miré, y lo puse en mi corazón; lo vi y tomé consejo. Un poco de sueño, cabeceando otro poco, poniendo mano sobre mano otro poco para dormir; así vendrá como caminante tu necesidad y tu pobreza como hombre armado." Proverbios 24:30-34 (RVR 1960)

REALMENTE ES UNA DEMANDA

Todas las cosas que vale la pena llevar a cabo, requieren de paciencia y perseverancia. Ningún pianista toca perfectamente en sus inicios y los atletas generalmente no ganan la primera vez que compiten. Existen muchos momentos desalentadores entre la experiencia inicial y el perfeccionamiento de una habilidad.

Lamentablemente, mucho potencial es sacrificado en el altar del desaliento. A través de la practica y la disciplina será como se perfeccionara el pianista y el atleta ganara la competencia. Los concertistas de piano y los atletas olímpicos no nacen, sino que se mueven más allá de sus momentos de desaliento para perfeccionar sus capacidades innatas.

La misma actitud se necesita para llevar al nivel máximo aquello que llevas dentro. Dios nunca te dará un sueño, a menos que sepa que tienes los talentos, habilidades y la personalidad para realizarlo. Las ordenes que te ha dado, realmente están haciendo una demanda a lo que Él puso dentro de ti desde antes de nacer.

Así que decide no detenerte ante nada y sofocar el desaliento con una doble dosis de enfoque, persistencia y esfuerzo.

"Mira, Jehová tu Dios te ha entregado la tierra; sube y toma posesión de ella, como Jehová el Dios de tus padres te ha dicho. No temas ni desmayes." Deuteronomio 1:21 (RVR 1960)

DESECHA LO TÓXICO

Además del esfuerzo y la sabiduría que necesitamos, debemos añadir a nuestro potencial el fertilizante apropiado y en cantidad suficiente para sustentar y conservar (aun en medio de los ambientes más hostiles) la esencia de lo que llevamos dentro.

"Somos lo que comemos" es una frase muy conocida por la mayoría de nosotros, pero ésta no sólo debería ser aplicada a la comida del cuerpo, sino también a la del alma y del espíritu. Aquello de lo que nos llenamos, determina lo que damos. Por tanto, identifica y deslígate de los lugares, personas y hábitos que son tóxicos para tu vida y llénate de los que contienen los nutrientes necesarios para tu crecimiento.

"Así pues, la fe nace al oír el mensaje, y el mensaje viene de la palabra de Cristo." Romanos 10:17 (DHH)

"Así que quiten de su vida todo lo malo y lo sucio, y acepten con humildad la palabra que Dios les ha sembrado en el corazón, porque tiene el poder para salvar su alma." Santiago 1:21 (NTV)

REFLEXIÓN *291*

❖ QUE IMPLICA SER SOLTERO I ❖

"*Yo preferiría que estuvieran libres de preocupaciones. El soltero se preocupa de las cosas del Señor y de cómo agradarlo. Pero el casado se preocupa de las cosas de este mundo y de cómo agradar a su esposa; sus intereses están divididos. La mujer no casada, lo mismo que la joven soltera, se preocupa de las cosas del Señor; se afana por consagrarse al Señor tanto en cuerpo como en espíritu. Pero la casada se preocupa de las cosas de este mundo y de cómo agradar a su esposo. Les digo esto por su propio bien, no para ponerles restricciones sino para que vivan con decoro y plenamente dedicados al Señor.*" I Corintios 7:32-35 (RVR 1960)

Entendemos como soltería el estado en que se encuentran las personas antes de casarse. Sin embargo, en muchas ocasiones se confunde el término soltería con el término soledad.

La definición de soltero viene del término inglés "single" que significa: singular, individual, único y completo. Por lo que, más que un estado civil, la soltería debería ser la condición interna en la que se debe considerar cada individuo.
Ya que hasta que no te veas a ti mismo como una persona con valor propio y que no depende de otro mortal para existir, no estarás verdaderamente listo para casarte.

Entonces según este término en vez de querer dejar de ser soltero, lo cual equivale a ser: singular, individual, único y completo; deberías de correr hacia este estado.

Es por esto que la Biblia no dice "No es bueno que el hombre este soltero", sino que dice: *"no es bueno que el hombre este solo"* (Ver Génesis 2:18)

La razón de la creación de Eva fue acompañar a Adán y no completarlo porque él ya estaba completo.

"De la costilla que le había quitado al hombre, Dios el Señor hizo una mujer y se la presentó al hombre." Génesis 2:22 (NVI)

Note que el texto dice que el Señor le presentó a Adán alguien semejante a él que le hiciera compañía, para que no estuviera sólo.

Así que para no estar solo lo único que necesitas es tener personas semejantes a ti alrededor y tienes más de 5 billones de estas.

REFLEXIÓN *292*

❖ QUE IMPLICA SER SOLTERO II ❖

*A*lgunos se sienten más solos luego de casarse, que lo que se sentían antes de hacerlo. Y es que el problema de soledad, no depende de estar casado o no como consideran muchos.

Note que Adán no sabía que necesitaba a Eva porque estaba completo y al estar completo, Dios (al no haber nadie de su especie) determinó que no era bueno que estuviera solo. La soledad incrementa cuando te casas sin primero haber entendido que eres un individuo completo.

No te vuelvas ansioso a causa de lo que no puedes hacer ahora; aprovecha esta etapa de tu vida. Porque hay cosas que puedes hacer en esta temporada, que en otro tiempo no podrás hacer con la misma facilidad. Por eso el apóstol Pablo aconseja:
"El soltero dedíquese a Dios." 1 Corintios 7:32-33 (RVR 1960)

Entonces quizás te preguntes ¿Hasta cuándo estaré soltero?. He aquí la respuesta:
"Busquen el reino de Dios por encima de todo lo demás y lleven una vida justa, y él les dará todo lo que necesiten." Mateo 6:33 (NTV)

Por lo que sí aún estas soltero, te invito a considerar lo siguiente:

❖ La persona indicada para ti se encuentra reservada por Dios en algún lugar.
❖ El deseo de Dios es bendecirte y Él sabe quién será de bendición

para ti.

❉ Si el momento para tu matrimonio aún no ha llegado, es porque algo Dios quiere que aprendas o que hagas antes de llegar ahí.

REFLEXIÓN 293

ALGUNOS NO ENTIENDEN

¿Recuerdas la última vez que compraste un regalo para alguien que amas? Mucho del placer de dar el regalo está en elegir algo que deleite a la persona a quien se lo vas a dar. El significado del regalo radica en el amor que hay entre el dador y el receptor del mismo.

Una mascota no puede apreciar un anillo de diamantes, pero tu esposa o novia, si lo hará. ¿Por qué? porque ella entiende los pensamientos y el sentimiento que te motivo a dárselo.

Aquel que recibe un regalo debe comprender y apreciar al dador, para que el regalo pueda tener significado. A esto hizo referencia Jesús al decir:

"No den lo sagrado a los perros, no sea que vuelva contra ustedes y los despedacen; ni echen sus perlas a los cerdos, no sea que la pisoteen." Mateo 7:6 (NVI)

REFLEXIÓN 294

—•꣠• DECIDIÓ QUEBRARLO •꣠•—

"Y estando él en Betania, sentado a la mesa en casa de Simón el leproso, vino una mujer con un frasco de alabastro de perfume muy costoso de nardo puro; y rompió el frasco y lo derramó sobre la cabeza de Jesús." Marcos 14:3 (RVR 1960)

La mujer que nos presenta el texto fue donde Jesús, quien había cambiado su vida, dispuesta a derramar sobre Él lo que con tanto esmero le había llevado. Decidió vencer los obstáculos, la burla y el rechazo con tal de cumplir con lo que se había propuesto: derramar el costoso perfume que contenía el frasco de alabastro.

El alabastro era elaborado con una resina muy dura y resistente, además de ser un contenedor muy fino. Pero esto a aquella mujer no le importó y en vez de abrir el frasco, decidió quebrarlo para esparcir sobre Jesús, todo lo éste contenía.

En cuanto a esto, nos llama a la atención el hecho de que todo lo que se abre puede volver a cerrarse, pero lo que se quiebra no. Entonces, consideremos lo diferente que nuestra vida fuera si nosotros al igual que esta mujer, en vez de sólo abrir nuestras vidas a Dios cuando tenemos el deseo de hacerlo, decidiéramos quebrarnos delante de Él, de modo que ausentes de su presencia no tengamos la posibilidad de dar a nuestras vidas ningún otro uso.

"Yo le he dicho al Señor: Mi Señor eres tú. Fuera de ti, no poseo bien alguno." Salmos 16:2 (NVI)

"Alma mía, en Dios solamente reposa." Salmos 62: (RVR 1960)

REFLEXIÓN **295**

❖ NECESITAMOS SU VOZ ❖

Uno de los principios que personalmente considero ser "no negociable" es el de conocer la Palabra de Dios y practicarla. Sin embargo, tan importante como conocer su Palabra, es que conozcamos su voz. Esa voz que nos dice que hacer y cómo hacerlo, que nos da a entender cuando algo viene o no, de parte de Él.

Voz del Señor, que te orienta para que sepas cuando hablar y cuando callar, cuando moverte y cuando detenerte. Voz de Dios, que puede venir a ti a través de diferentes puentes ya sean externos como la simple mirada de un niño, o internos como el sentir persistente de llevar algo a cabo.

A lo largo de mi vida, he podido sobrevivir a muchas vicisitudes, peligros y momentos muy amargos gracias al sólo hecho de haber aprendido a escuchar su voz. Una de esas veces, aconteció en medio de uno de los más feroces ataques que he tenido que enfrentar; en un momento donde sentía como si el dolor de aquello me hubiera paralizado, tanto interna como externamente.

Por causa de eso, literalmente veía todo gris, sentía que ya nada volvería a ser igual y ciertamente así fue; nada jamás fue igual sino muchísimo mejor lo que era antes, pero esto sólo se produjo cuando escuché y me dejé guiar por esa infalible voz que en medio de aquel valle de sombra de muerte me dijo: "Yesenia, levántate y usa las armas que te he dado. No permitas que el dolor de éste acontecimiento te despoje"

Aquella voz hizo que aun sintiéndome débil, echara mano de esas poderosas armas, las cuales ya conocía muy bien porque las había usado en otro tiempo y habían producido en mi vida grandes resultados. (Ver 2 Corintios 10:4-6) Pero para tener el coraje de usarlas esta vez, tuve primero que ser sensible al sonido de esa tan oportuna voz, que para producir tal efecto, sólo podía venir del Señor.

Si tú al igual que yo en aquella ocasión, necesitas de manera urgente ser guiado por esa voz, te invito a que hagas la siguiente oración: "Dios, por favor enséname a oír tu voz en medio de lo que estoy atravesando. Hazme entender tu dirección, aconséjame para no desviarme, líbrame de hacer todo lo que tú no apruebas. No permitas que por causa de cómo me siento, yo dañe lo que estás haciendo. Quiero tu voz, para que no me engañe el adversario haciéndome caer en su trampa. Necesito tu voz para que me guíe a partir de este y en cada uno de mis días sobre la Tierra. Que en ninguna situación de mi vida, falte esa incomparable, cálida, sublime e infalible voz."

"Hazme saber el camino por donde ande, porque a ti he elevado mi alma." Salmo 143:8 (RVR 1960

REFLEXIÓN 296

MUCHO TIEMPO EN EL HORNO

En una ocasión, aprovechando el retraso que tuvo el vuelo que debía tomar para llegar a donde estaría ministrando durante ese fin de semana, mi esposo y yo decidimos ir a una panadería que quedaba cerca, donde al entrar dije: "Aquí verdaderamente huele a pan recién salido del horno". El entonces, me preguntó señalando toda la variedad que allí había: "¿Cuál de todos quieres?". Y según mi percepción le pedí que me comprara el que más se relacionaba con el agradable olor que allí había, y así lo hizo. De hecho, pidió dos, uno para él y uno para mí.

Cuando comenzamos a comer los panes, nos dimos cuenta de que ciertamente estaban frescos, incluso aún un poco caliente, pero estaban muy duros. Así que dije a mi esposo: "Amor, el pan está bueno pero está muy duro". El entonces me contestó, con una seguridad parecida a la de un panadero experto: "Lo que pasa es que lo dejaron mucho tiempo en el horno".

La forma como me lo dijo me hizo reír y al mismo tiempo agradecer y bendecir a Dios, por no dejarnos pasar más tiempo del que verdaderamente necesitamos pasar dentro del "horno".

"... *Si lloramos por la noche, por la mañana tendremos alegría.*"
Salmo 30:5 (DHH)

¿COMO LO SABE?

Un grupo de mujeres reunidas para estudiar la Biblia, fueron intrigadas al hallar en ella lo siguiente: "Y Él se sentará como fundidor y purificador de plata." Malaquías 3:3

Al leer esto, se preguntaron qué podría significar esta afirmación con respecto al carácter y la naturaleza de Dios. Por lo que una de las mujeres se ofreció a investigar el proceso de purificación de la plata.

Esa misma semana, la dama llamó a un orfebre e hizo una cita para ver como este llevaba a cabo su trabajo. Aunque no le mencionó detalles acerca de la verdadera razón de su visita, cuando llego al lugar observo cómo este sostenía la pieza de plata sobre el fuego, dejándolo calentar intensamente en la parte del horno, donde el fuego ardía con más fuerza para sacarle así las impurezas.

En ese momento ella recordó una vez más el versículo que la había llevado allí: "Él se sentará como fundidor y purificador de plata." Y preguntó al orfebre si era cierto que debía permanecer sentado frente al fuego durante todo el tiempo que la plata era refinada.

A lo que el orfebre respondió: "Si, pero no sólo debo estar aquí sentado sosteniendo la plata, también debo mantener mis ojos fijamente en ella durante el tiempo que está en el fuego, porque si la dejo un minuto más de lo necesario, se destruiría".

La mujer se mantuvo en silencio por un momento y luego

preguntó: ¿Cómo sabe cuando ya está completamente refinada? Y el sonriendo le dijo: "Muy simple, cuando puedo ver mi imagen reflejada en ella".

"Por tanto, nosotros todos, mirando a cara descubierta como en un espejo la gloria del Señor, somos transformados de gloria en gloria en la misma imagen, como por el Espíritu del Señor." 2 Corintios 3:18 (RVR 1960)

PRESIÓN PARA LA EXPOSICIÓN

Cada vez que Dios te va a subir de nivel, te expone a situaciones que revelan tu madurez.

Porque como Alfarero, te está dando forma para que no actúes por impulsos, para que controles la ira, para que no te escudes tras mentiras, entre muchas otras cosas que deben ser trabajadas en torno a tu carácter.

Pero tu nivel de formación sólo será revelado a través de la exposición a situaciones incómodas, y a veces mientras estas en el proceso, te manejaras de modo incorrecto y te sentirás frustrado por no haber respondido como debiste. Pero Dios es quien permite que te sientas así, para que en la próxima prueba que enfrentes, procures manejarte mejor.

Así que cuando vuelvas a estar bajo presión, recuerda que más que cualquier otra cosa, ese es el escenario preparado por el Señor, para dar lugar a tu exhibición.

"Palabra de Jehová que vino a Jeremías, diciendo: Levántate y vete a casa del alfarero, y allí te haré oír mis palabras. Y descendí a casa del alfarero, y he aquí que él trabajaba sobre la rueda."
Jeremías 18:1-4 (RVR 1960)

REFLEXIÓN **299**

❖ DISPUESTO PARA TU BIEN ❖

Antes del cumplimento de la promesa de Dios en nuestras vidas, todo parece ser contrario a lo que Él nos dijo que ha de hacer. Es por esto que debemos enfocarnos en lo que sabemos (que Dios es infalible y no deja de cumplir sus promesas) y no en lo que vemos. Nuestras adversidades son permitidas por el Señor para que conozcamos aspectos de Él, que de otro modo no llegaríamos a conocer.

Todo lo que ocurre en la Tierra, debe ser aprobado por Dios en los cielos. O sea que el que otorga los permisos para lo que te acontece, es aquel que te ama como tu entendimiento no llega a alcanzar. Por tanto, aunque no te guste, ni lo entiendas; aunque hubieses preferido que nunca te hubiera acontecido, puedes tener la plena certeza que será para tu bien.

"Ahora bien, sabemos que Dios dispone todas las cosas para el bien de quienes lo aman..." Romanos 8:28 (NVI)

El término "disponer" se define como: colocar o poner personas o cosas de una manera determinada, para alcanzar un fin señalado. De manera que sin importar cuál sea la situación que estés atravesando, nunca el Señor la hubiese permitido sino no fuera para encaminarte al diseño que ya de ti, está establecido.

"Yo sé los planes que tengo para ustedes, planes para su bienestar y no para su mal, a fin de darles un futuro lleno de esperanza. Yo, el Señor, lo afirmo." Jeremías 29:11 (DHH)

⋅‣⁘• DALE LA MERECIDA RESPUESTA •⁘‣⋅

Según la traducción original el nombre de Elías, significa: "Jehová es Dios". Por lo que la esencia misma de este hombre, lo llevaba a revelarse ante la idolatría del pueblo o cualquier intento de parte de este, de suplantar al Dios verdadero.

Es por esto que ante el mal proceder del rey Acab, la voz denunciante de este profeta emitió lo siguiente:

"Vive Jehová Dios de Israel, en cuya presencia estoy, que no habrá lluvia ni rocío en estos años, sino por mi palabra." 1 Reyes 17:1 (RVR 1960)

Luego de haber dicho esto, la sequía se manifestó afectando a toda la nación, mientras que Elías era sostenido por Dios de forma milagrosa.
Pasado un largo tiempo, mientras el hambre era grave en Samaria, el Señor ordeno a Elías presentarse ante Acab y este, al verle dijo:

"¿Eres tú el que turbas a Israel? Y él respondió: Yo no he turbado a Israel, sino tú y la casa de tu padre, dejando los mandamientos de Jehová, y siguiendo a los baales." 1 Reyes 18:17 (RVR 1960)

Por lo que a través de esto, queda revelado que Elías (aun siendo Acab el rey) denuncio el mal proceder que este había tenido, haciendo desviar al pueblo.

De igual modo, frente a los diversos intentos de intimidación y acusaciones hechas por el enemigo, debemos revestirnos de autoridad y dar la merecida respuesta, la cual en ocasiones (de acuerdo a la dirección que recibamos de parte de Dios), podría ir desde responder basados en los fundamentos y principios bíblicos, hasta el hacer silencio y sólo esperar la defensa del Señor, ante una determinada situación.

"Cuando los entreguen a las autoridades y los lleven a juicio, no se preocupen por lo que habrán de decir para defenderse. En ese momento, Dios les indicará lo que deben decir. Ustedes no son los que van a hablar, sino que el Espíritu Santo hablará por ustedes."
Marcos 13:11 (TLA)

REFLEXIÓN **301**

❖ VERDADEROS PACIFICADORES ❖

"*Bienaventurados los pacificadores porque ellos serán llamados hijos de Dios.*" Mateo 5:9 (RVR 1960)

Este pasaje de las escrituras, deja en claro que los pacificadores son bienaventurados porque realizan una obra característica de Dios, que es hacer la paz.

Sin embargo, la paz que la Biblia llama bendita no viene de evadir las situaciones conflictivas, sino de tratarlas y conquistarlas.
Por lo que esta bienaventuranza no demanda una aceptación pasiva de las cosas por miedo a los contratiempos que pueda traer el hecho de confrontarlas, sino el enfrentarnos activamente con las cosas y hacer que estas, terminen en paz.

"*La paz les dejo; mi paz les doy. Yo no se la doy a ustedes como la da el mundo. No se angustien ni se acobarden.*" Juan 14:29 (NVI)

REFLEXIÓN 302

POSICIÓN CORTANTE

Con el fin de despojarte de lo que el Señor te ha dado, Satanás te hará cientos de atractivas ofertas, y si no sabes responder de modo cortante a sus asaltos, estos podrían serte causa de descarrilamiento. Como ejemplo de esto, observemos los siguientes pasajes:

"Y Acab habló a Nabot, diciendo: Dame tu viña para un huerto de legumbres, porque está cercana a mi casa, y yo te daré por ella otra viña mejor que esta; o si mejor te pareciere, te pagaré su valor en dinero. Y Nabot respondió a Acab: Guárdeme Jehová de que yo te dé a ti la heredad de mis padres." 1 Reyes 21:2-3 (RVR 1960)

"Cuando vio Simón que por la imposición de las manos de los apóstoles se daba el Espíritu Santo, les ofreció dinero, diciendo: Dadme también a mí este poder, para que cualquiera a quien yo impusiere las manos reciba el Espíritu Santo. Entonces Pedro le dijo: Tu dinero perezca contigo, porque has pensado que el don de Dios se obtiene con dinero." Hechos 8:20-21 (RVR 1960)

REFLEXIÓN 303

❖ PARA LO QUE FUE PERMITIDA ❖

"*Pero esto decía para probarle porque Él sabía muy bien lo que había de hacer.*" Juan 6:5 (RVR 1960)

Es imposible que Dios sea sorprendido por algo, porque Él conoce absolutamente todas las cosas y nada está fuera de su control.

Lo que para nosotros es un problema, para el Señor es el escenario perfecto donde ha de revelarse. A Él nada lo turba; y esto es algo que queda expuesto en el pasaje que acabamos de ver:
"Pero esto decía para probarle porque Él sabía muy bien lo que había de hacer".

De igual manera, a través de las diversas necesidades que enfrentamos, sólo estamos siendo probados, porque mucho antes de que estas carencias se manifestaran, ya Dios sabía perfectamente cómo, cuándo y dónde las había de resolver.

El término "probar" utilizado en este pasaje es "peirazo" y se traduce como: examinar y disciplinar. Por lo que en vez de dar lugar a la desesperación, cuando no tengas lo que te hace falta entiende que esta carencia, solo fue permitida por el Padre para examinarte y disciplinarte. Por tanto no te desalientes, ni dejes que la ansiedad del momento le impida a tu necesidad alcanzar aquello para lo cual fue permitida.

"*Mi Dios les proveerá de todo lo que necesiten, conforme a las gloriosas riquezas que tiene en Cristo Jesús.*" Filipenses 4:19 (NVI)

INDETENIBLE

REFLEXIÓN 304

•⊱•❧• SIN ESTAR EN LA LISTA •❧•⊰•

"Cuando alzó Jesús los ojos, y vio que había venido a él gran multitud, dijo a Felipe: ¿De dónde compraremos pan para que coman éstos? Pero esto decía para probarle; porque él sabía lo que había de hacer. Felipe le respondió: Doscientos denarios de pan no bastarían para que cada uno de ellos tomase un poco. Uno de sus discípulos, Andrés, hermano de Simón Pedro, le dijo: Aquí está un muchacho, que tiene cinco panes de cebada y dos pececillos; mas ¿qué es esto para tantos?

Entonces Jesús dijo: Haced recostar la gente. Y había mucha hierba en aquel lugar; y se recostaron como en número de cinco mil varones. Y tomó Jesús aquellos panes, y habiendo dado gracias, los repartió entre los discípulos, y los discípulos entre los que estaban recostados; asimismo de los peces, cuanto querían."
"Y comieron todos y se saciaron; y recogieron lo que sobró de los pedazos, doce cestas llenas. Y los que comieron fueron como cinco mil hombres, sin contar las mujeres y los niños." Juan 6:5-11, Mateo 14:20-21 (RVR 1960)

Resulta interesante ver como Jesús uso los cinco panes y dos peces que tenía un muchacho (que no estaba en la lista) para dar de comer a una multitud de más de cinco mil en número. Ósea que la materia prima para hacer el milagro que alimentaría a todos los que habían sido contados, estaba en las manos de un muchacho que no había sido tomado en cuenta.

De igual modo, en ocasiones Dios utiliza aquello que no pensaste y gente que ni siquiera tienen referencias acerca de ti, para hacer que se produzcan cosas milagrosas en tu vida.

"He aquí, llamarás a gente que no conociste, y gentes que no te conocieron correrán a ti, por causa de Jehová tu Dios, y del Santo de Israel que te ha honrado." Isaías 55:5 (RVR 1960)

INDETENIBLE

REFLEXIÓN 305

❖ **DISPONIBLE PARA TI** ❖

Dios tiene distintas formas de suplir nuestras necesidades, entre ellas maneras que nunca imaginas que podrían ser usadas.

Ejemplo de esto tenemos en el libro de Números 11, cuando a causa de las quejas del pueblo el Señor le dijo a Moisés que les daría a comer carne hasta que fuesen saciados. Pero Moisés dudando esto, a causa de las condiciones y el lugar que se encontraban, dijo a Dios:
"Seiscientos mil de a pie es el pueblo en medio del cual yo estoy; ¡y tú dices: les daré carne y comerán un mes entero! ¿Se degollarán para ellos ovejas y bueyes que les basten? ¿O se juntarán para ellos todos los peces del mar para que tengan abasto? entonces Jehová respondió a Moisés: ¿Acaso se ha acortado la mano de Jehová? Ahora verás si se cumple mi palabra o no...Y vino un viento de Jehová y trajo codornices del mar y las dejó sobre el campamento, un día de camino a un lado y un día de camino al otro lado, alrededor del campamento y casi dos codos sobre la faz de la tierra."

De modo que sí estas pasando por algún momento de necesidad y no ves la manera como podrían llegar los recursos, en vez de permitir a esa situación turbarte, recuerda que Dios es la Fuente de todo lo que existe y que Él hace lo que quiere, cuando quiere y a través de los medios que quiere. Así que acude a Él y verás cómo (si así lo haces), recibirás la milagrosa provisión que desde antes que la necesidad se presentara, ya se encontraba disponible para ti.

"Y poderoso es Dios para hacer que abunde en vosotros toda gracia, a fin de que, teniendo siempre en todas las cosas todo lo que basta, abundéis para toda buena obra: Como está escrito: Derramó, dio á los pobres, Su justicia permanece para siempre."
2 Corintios 9:8-9 (RVR 1960)

INDETENIBLE

REFLEXIÓN *306*

•‹›•‡•❖ **ACCIONA A FAVOR DE OTROS** ❖•‡•‹›•

*E*l hecho de "ponernos en el lugar del otro", conlleva sensibilizarnos con la condición de los demás para tratar de comprender como ellos se sienten frente a una determinada situación.

Ponernos en el lugar de los demás y ser misericordiosos con ellos implica ser conmovidos ante sus circunstancias, y en la medida de nuestra posibilidad, actuar en favor de ellos. Pero no hago referencia al hecho de tomarles pena, porque la pena es un sentimiento que normalmente no está acompañado de acción, solo de lamentación. De modo, que el mejor ejemplo para ilustrar la misericordia a la que estamos haciendo referencia, es el de Jesús quien a lo largo de su estancia en la Tierra, fue siempre movido a misericordia por los que estaban a su alrededor. Veamos solo algunos ejemplos:

"Cuando vio a las multitudes, les tuvo compasión, porque estaban confundidas y desamparadas, como ovejas sin pastor." Mateo 9:36 (NTV)

"Y Jesús, llamando a sus discípulos, dijo: Tengo compasión de la gente, porque ya hace tres días que están conmigo, y no tienen qué comer; y enviarlos en ayunas no quiero, no sea que desmayen en el camino. Mateo 15: 32 (RVR 1960)

"... Cuando ya se acercaba a las puertas del pueblo, vio que sacaban de allí a un muerto, hijo único de madre viuda. la acompañaba un

grupo grande de la población. Al verla, el Señor se compadeció de ella y le dijo: no llores. entonces se acercó y tocó el féretro. los que lo llevaban se detuvieron, y Jesús dijo: Joven, ¡te ordeno que te levantes! el muerto se incorporó y comenzó a hablar, y Jesús se lo entregó a su madre." Lucas 7:12-15 (NVI)

Aprendamos de Jesús y procuremos en vez de sentir lastima por otros, accionar a favor de otros.

"Porque tuve hambre, y me disteis de comer; tuve sed, y me disteis de beber; fui forastero, y me recogisteis; estuve desnudo, y me cubristeis; enfermo, y me visitasteis; en la cárcel, y vinisteis a mí. entonces los justos le responderán diciendo: Señor, ¿cuándo te vimos hambriento, y te sustentamos, o sediento, y te dimos de beber? ¿Y cuándo te vimos forastero, y te recogimos, o desnudo, y te cubrimos? ¿O cuándo te vimos enfermo, o en la cárcel, y vinimos a ti? Y respondiendo el Rey, les dirá: De cierto os digo que en cuanto lo hicisteis a uno de estos mis hermanos más pequeños, a mí lo hicisteis." Mateo 25: 35-40 (RVR 1960)

REFLEXIÓN 307

• AUMENTO POR IMPARTICIÓN •

Una de las mayores bendiciones que podemos llegar a experimentar es la de poder compartir lo que tenemos con otros.

No dejemos que el egoísmo impere en nosotros, rechazando ser para los demás lo que queremos que alguien sea para nosotros.

La razón por la que muchos no reciben es porque no se han dispuesto a compartir lo que tienen, ignorando que la medida de su impartición, determina la medida de la multiplicación que Dios ha de darles.

"Den, y él les dará: se les echara en el regazo, una medida llena, apretada, sacudida y desbordante. Porque con la medida que midan a otros se les medirá a ustedes." Lucas 6:38 (RVR1960)

Pon lo que tienes y lo que sabes a disposición de los demás porque cuando enseñas a otros a ser mejor de lo que son, usando lo que conoces, te vuelves mucho más productivo de lo que eras cuando sólo te ocupas de tu buen desempeño.

"Querido hermano, pido a Dios que, así como te va bien espiritualmente, te vaya bien en todo y tengas buena salud." 3 Juan 1:2 (DHH)

¿QUÉ MÁS PODRÍAS ALCANZAR?

Lo que has logrado hasta ahora, nunca debe limitar lo que aún puedes conquistar. En otras palabras, nunca te conformes con el alcance de un logro, porque irónicamente esta es la causa por la que muchos se detienen, haciendo que quede paralizado todo el potencial que aun poseen.

A través de la historia vemos como todos los que han dejado huellas, fueron personas conocidas por una pasión más grande que su deseo de comodidad personal.
Esther decidio entrar a ver al rey aunque eso le hubiera podido causar la muerte.

Abraham, abandono su tierra y la casa de su padre para obedecer a Dios moviéndose a un lugar que desconocía.

David siendo apenas un joven, tuvo la valentía de hacer frente al gigante que desafiaba a Israel. Y fue ese enfrentamiento que le sirvió como puente, para llegar al nivel donde el Señor se había propuesto llevarle.
Y a ti, ¿Cuál puente te ha provisto Dios, para pasar de donde estas ahora, hacia donde él quiere llevarte?. Sigue avanzando, sigue conquistando y hasta el final de tu vida sigue cruzando puentes.

"Ustedes darán honra a mi Padre, dando mucho fruto y así demostrarán que son mis seguidores." Juan 15:8 (PDT)

REFLEXIÓN 309

❖ MAXIMIZA LO QUE TIENES ❖

El término "máximo" se define como: limite superior o extremo al que puede llegar una cosa.

Es sinónimo de conceptos tales como pináculo, preeminencia, culminación, pico y cúspide. Por lo que al considerar el peso de estos términos, nos damos cuenta de las diversas oportunidades que hemos desaprovechado, los recursos que hemos malgastado y el tiempo que hemos desperdiciado, rehusando a ir más allá de donde llegan las personas promedio.

Por lo que maximizar es: expresar y exponer todo lo que dentro de nosotros, Dios ha puesto.

"Levántate, resplandece, porque ha llegado tu luz y la gloria del Señor ha amanecido sobre ti." Isaías 60:1 (LBA)

REFLEXIÓN *310*

ESO HUBIERA ALCANZADO

Un hombre que había perdido su empleo, luego de haber buscado trabajo por varios meses concurrió a un clasificado de Microsoft que buscaba barrenderos. Al ser entrevistado le preguntaron sus datos, lo hicieron barrer y fue felicitado por el auxiliar de Recursos Humanos que lo entrevistó, quien le dijo: "El puesto es suyo, sólo deme su email y por ese medio le haremos llegar la información acerca del día y la hora que tiene que presentarse".
Al oír esto, el hombre desconsolado contestó: "Yo no tengo email". Entonces el entrevistador muy apenado le dijo: "Lo siento mucho pero si no tiene email, virtualmente no existe y está en contra de las políticas de la empresa dar empleo a alguien así".

El hombre salió de aquel lugar desesperado, así que uso los únicos $2.50 que llevaba en su bolsillo, fue al mercado y compró 1 cajón de tomates de 10 Kg. el cual yendo casa por casa lo vendió y en menos de dos horas duplico la inversión inicial que había hecho por los tomates.

Al día siguiente repitió la operación y más adelante, debido a la inmensa demanda de cada día, decidió poner un puestito que alquilo por 5 dólares diarios y terminaba cada día llevando 15 dólares a su casa. En poco tiempo, ve que las ganancias se duplican y se triplican en un solo día. Y es cuando decide comprarse una camionetica que al año, cambió por un camión y a los tres años sustituye por una pequeña flota.

Luego de 5 años, el laborioso hombre era dueño de una de las principales distribuidoras alimenticias del país y para ese tiempo, recibió a un vendedor de seguros en su despacho, quien al terminar la charla le dice: "Finalmente señor, ¿Me puede dar su email para enviarle todo lo referente a su póliza por esa vía? a lo que el hombre le contesto: "No tengo email señor". Entonces, asombrado el asegurador le dijo: "Si usted sin tener email llegó a construir este imperio, no quiero imaginarme lo que hubiese alcanzado para esta hora, si lo tuviera..."

A lo que el hombre contestó: *"De haberlo tenido, hubiese alcanzado un puesto de barrendero en Microsoft. Eso yo hubiera alcanzado".*

EXTIÉNDELO

La historia está hecha por individuos que se atrevieron a responder a los desafíos.

Cada día debemos considerar el hacernos las siguientes preguntas:

¿He hecho lo mejor que podía hacer con las oportunidades que me da la vida?
¿He usado mis dones, talentos y habilidades hasta el límite?

Todo es diseñado por Dios no sólo para reproducirse, sino también para dejarlo como legado a la próxima generación. El Señor espera que dejes lo que eres, impregnado en tu descendencia, en los que vienen después de ti.

Lo que tienes no se maximiza, hasta que no lo reproduces en la generación siguiente. Por eso el sabio Salomón dijo:

"Todo lo que te viniere a la mano para hacer, hazlo con todas tus fuerzas; porque en el Seol, adonde tú vas, no hay obra, ni industria, ni ciencia, ni sabiduría." Eclesiastés 9:10 (JBS)

REFLEXIÓN *312*

—•⫸⋠• **ELEVATE Y NO DESCIENDAS** •⋡⫷•—

Con cientos de horas de experiencia en vuelo, un piloto que volaba su avioneta élite sobre el océano, fue expuesto a un gran desafío al ser sorprendido por un ruido extraño que salía de debajo de su asiento. El cual, antes de que pasara mucho tiempo, supo de donde venía, sintiendo una enorme rata en pleno vuelo correteando por sus pies.

Aquellos fueron los minutos más patéticos de toda su carrera como piloto. Un sudor frio corrió por su espalda mientras buscaba con desesperación, donde llevar a cabo un aterrizaje de emergencia. Algo difícil, si tenemos en cuenta que volaba sobre el mar. Pero al no tener forma de descender, se le ocurrió un plan alternativo: remontarse a una altura mayor a la que estaba.

Y al elevarse a un nivel de altura sobre el cual no había volado antes, aumento la presurización (el bombeo activo de aire comprimido en la avioneta, el cual aumenta mientras más se eleva una aeronave) la rata no pudo soportar eso y causa de la presurización, explotó.

Cuando sientas ratas en tu avioneta, en vez de descender, elévate mucho más alto, porque las ratas suelen explotar a causa del aumento de presurización.

REFLEXIÓN 313

ACCIÓN DE SABIOS

Las personas sabias, viven basadas en el temor y la reverencia a Dios. Son prudentes y saben a quién le cuentan sus cosas. Saben esperar su tiempo y no tratan de ocupar lugares ajenos, ni posiciones que no les corresponden. Son leales e íntegros en su relación con Dios y con los demás.

Los sabios dan lo mejor de ellos mismos, aunque no sean valorados por otros, porque saben que en su tiempo Dios les dará su recompensa. Cuando son tentados, responden del modo que Dios espera que respondan a las artimañas del tentador, sin dejarse arrastrar por lo que su carne quiera.

"El principio de la sabiduría es el temor de Jehová; y el conocimiento del Santo es la inteligencia." Proverbios 9:10 (RVG)

REFLEXIÓN *314*

ÉL SI EXISTE

Un hombre fue a una barbería a cortarse el cabello, como de costumbre. Al ser atendido entabló una amena conversación con el barbero que le trabajaba. Hablaron de muchas cosas y tocaron varios temas, de pronto, surgió el tema acerca de Dios, cuando el barbero dijo:

-Amigo le diré la verdad, yo no creo que Dios exista. - Pero, ¿Por qué usted dice eso? – pregunta el cliente.
Sólo hay que salir a la calle para uno darse cuenta de que Dios no existe. O dígame, ¿Si Dios existiera, habrían tantos enfermos?, ¿Habrían niños abandonados?
Si Dios existiera, no habría sufrimiento ni tanto dolor para la humanidad. Yo no puedo pensar que exista un Dios que permita todas estas cosas.
El cliente se quedó pensando por un momento, pero no quiso responder para evitar una discusión. Por lo que cuando el barbero terminó su trabajo el cliente se despidió y salió del negocio. Pero acabando de salir de la barbería, vio en la calle a un hombre con la barba y el cabello largo que al parecer hacía mucho tiempo que no se lo cortaba y se veía muy desarreglado.
Entonces entró de nuevo a la barbería y le dijo al barbero. - ¿Sabe una cosa? Los barberos no existen. - ¿Cómo que no existen? – Pregunto el barbero-. Si aquí estoy yo y soy barbero. – ¡No! -dijo el cliente-, no existen, porque si existieran no hubiesen personas con el pelo y la barba tan larga como la de ese hombre que va por la calle.

-Amigo, los barberos existen, yo soy uno de ellos y a usted le consta, pero dígame ¿Cómo cree que puedo arreglar a esos que andan en la calle si no vienen a mí? -

- ¡Exacto! -dijo el cliente. Ese es el punto también acerca del obrar de Dios. El si existe, pero muchas personas rehúsan acercarse a Él y esa es la causa de tanto dolor y miseria.

"Todo lo que el Padre Me da, vendrá a Mí; y al que viene a Mí, de ningún modo lo echaré fuera." Juan 6:37 (NBLH)

INDETENIBLE

REFLEXIÓN **315**

EL LO RECOMPENSARÁ

En ocasiones, las personas sufren desmedidamente por no recibir de otros lo mismo que ellos se esfuerzan en dar. Es decir, se sienten disconformes porque entienden que según los esfuerzos y sacrificios que hacen, no son debidamente correspondidos. Pero Dios nos entiende y sabe perfectamente cómo nos sentimos porque Él no sólo está con nosotros, sino dentro de nosotros.

Él sabe todas las cosas y tiene el poder para retribuirnos lo que muchas veces sentimos que la vida nos ha robado. Veamos sólo estos ejemplos:

Sobre Mefiboset, el hijo lisiado de Jonathan:
"David le dijo: no tengas temor, porque yo a la verdad haré contigo misericordia por amor de Jonatán tu padre, y te devolveré todas las tierras de Saúl tu padre; y tú comerás siempre a mi mesa." 2 Samuel 9:7 (RVR 1960)

En cuanto a las hijas de Zelofehad, las que según la ley no les tocaba herencia:
"Y Jehová respondió a Moisés, diciendo: Bien dicen las hijas de Zelofehad; les darás la posesión de una heredad entre los hermanos de su padre, y traspasarás la heredad de su padre a ellas. Y a los hijos de Israel hablarás, diciendo: Cuando alguno muriere sin hijos, traspasaréis su herencia a su hija. Si no tuviere hija, daréis su herencia a sus hermanos; y si no tuviere hermanos, daréis su herencia a los hermanos de su padre." Números 27:1-10 (RVR 1960)

Por tanto, si sientes que ciertas cosas no han sido justas para contigo, acuérdate que Dios es tu Justicia y Él se encargará de recompensarte por todo lo que te corresponde pero aún no has recibido.

REFLEXIÓN 316

⋅⊱ DIOS TE HARÁ JUSTICIA ⊰⋅

"Y vio Jehová que Lea era menospreciada, y le dio hijos; pero Raquel era estéril. Génesis 29:31 (RVR 1960)

El nombre de Lea viene de la raíz hebrea (Laá) que significa cansada, usada, gastada, exhausta, fatigada. Fue la primera esposa de Jacob y éste no la amaba, porque su corazón le pertenecía a Raquel, la hermana de Lea.

Sin embargo, Dios vio la aflicción de Lea y le concedió tener hijos. Algo que constituía no sólo una gran bendición para cualquier mujer, sino también un acto de justicia de parte de Dios ya que la carencia de hijos en aquella época era considerada como una gran desgracia e incluso como un castigo divino.

Mientras que cuando la mujer concebía, se consideraba que había dado a su marido el regalo más precioso que se le podía otorgar. Así que al ver el menosprecio hacia Lea, Dios decidió bendecirla como recompensa por su aflicción. Algo que queda expresado con la siguiente frase: "Y vio Jehová que Lea era menospreciada".

El término hebreo traducido como "vio", en este pasaje es "raa" e implica: observar, reconocer, atender, considerar, aprobar, examinar.

Por tanto, el Señor contemplo el menosprecio de Lea y por causa de esto la recompenso. Porque los juicios de Dios son perfectos y todas las cosas están desnudas y abiertas delante de Él.

"Encomienda al Señor tu camino; confía en él, y él actuará. Hará que tu justicia resplandezca como el alba; tu justa causa, como el sol de mediodía." Salmos 37:6 (NVI)

EL VALOR DE LA ACLARACIÓN

Como cada uno de nosotros es diferente y tiene un modo distinto de interpretar las cosas, el sentido de lo que decimos puede variar dependiendo de cuál sea la apreciación de nuestro receptor.

Por eso es importante estar dispuestos a aclarar siempre que sea necesario, algo que al salir de nosotros, haya sido mal interpretado por otros.

Las aclaraciones, fortalecen los lazos, desactivan malicias, salvan relaciones y nos mantienen unidos.

Cuida lo que dices y siempre que se amerite da una explicación para traer sanidad a otros, hazlo con toda humildad. Nunca dejes que el orgullo te robe lo que más importa, la bendición de mantenerte en armonía con la gente.

"Sobre todo, tened entre vosotros un ferviente amor, porque el amor cubre una multitud de pecados." 1 Pedro 4:8 (RVR 1960)

INDETENIBLE

REFLEXIÓN *318*

❖ NI AUN EN LOS PALACIOS ❖

*A*cerca de Juan el Bautista, Jesús dijo a la gente: "*Mientras los discípulos de Juan se iban, Jesús comenzó a hablar acerca de él a las multitudes: «¿A qué clase de hombre fueron a ver al desierto? ¿Acaso era una caña débil sacudida con la más leve brisa? ¿O esperaban ver a un hombre vestido con ropa costosa? No, la gente que usa ropa costosa vive en los palacios. ¿Buscaban a un profeta? Así es, y él es más que un profeta.*" Mateo 11:7-9 (NTV)

De ninguna otra persona, Jesús hizo un elogio tan extraordinario como este que expresó acerca de Juan el Bautista. El cual fue originado al preguntar a su audiencia: ¿A qué clase de hombre fueron a ver al desierto? ¿Acaso era una caña débil sacudida con la más leve brisa? (Ver. 7)

Al explorar la expresión "caña débil sacudida con la más leve brisa", Jesús pudo haberse referido a una de dos cosas:

1. A las cañas que crecían en la orilla del Jordán y que eran usadas como una especie de proverbio para referirse a algo común.
2. A una persona débil e inestable. Que no podía mantenerse firme frente al embate de los vientos que le azotaban.
Pero a esto Jesús añade: "¿O esperaban ver a un hombre vestido con ropa costosa? No, la gente que usa ropa costosa vive en los palacios. ¿Buscaban a un profeta? Así es, y él es más que un profeta" (Vers. 8-9)

Cualquier cosa que la gente haya salido a ver al desierto, de seguro que no era a una persona común y corriente ni tampoco vacilante y débil, porque nadie andaría por camino de desierto, para ver a alguien que no tuviera algo extraordinario y distinto a lo que tenía el resto de las demás personas.

En otras palabras Jesús testifica de Juan, que él no era movido por cualquier viento y que sus vestiduras no eran costosas, frágiles ni delicadas. Por el contrario, Juan estaba vestido de cuero de camello; (que era algo común). Pero ese material común, vestía a un hombre extraordinario.

La gente iba detrás de Juan, por lo que él les impartía. Por eso caminaban largas horas para llegar al desierto (lugar candente, árido y seco), pero este hombre tenía un mensaje que producía efecto en la gente, por tanto ellos por encima de lo que tuvieran que vencer para llegar a él, querían escucharlo.

Haz que por causa de tu conexión con el Señor, puedas impartir en la gente algo que ellos no pueden hallar ni aun en los palacios.

REFLEXIÓN 319

QUE NO SE TE OLVIDE

No dejes que la presión del momento te haga dudar aquello de lo que estabas convencido cuando las cosas iban bien, como le ocurrió a Juan el Bautista quien hablando de Jesús, en un momento determinado dice:

"Viene tras mí el que es más poderoso que yo, a quien no soy digno de desatar encorvado la correa de su calzado." Marcos 1:7 (RVR 1960)

Algo que cobra aun mas sentido, al considerar que el desatar el calzado de los pies, era una tarea designada sólo a los esclavos. Así que lo que Juan declara es: "El que viene detrás de mi es tan grande que yo no me considero digno ni aun de ser su esclavo".

Por otra parte, al ver a Jesús en el Jordán, Juan dice: *"He aquí el Cordero de Dios, que quita el pecado del mundo."* Juan 1:29 (RVR 1960)

Certificando frente a todos, la confianza que tenía en la persona de Jesús como el enviado de Dios para rescatar al mundo.
Sin embargo, esta confianza fue probada cuando al ser puesto en la cárcel, Juan envía a dos de sus discípulos a preguntar a Jesús si era Él el que había de venir o si tendrían que esperar a otro. (Ver Mateo 11)

Por lo tanto Juan estaba permitiendo a la circunstancia que estaba atravesando, hacerle dudar lo que él en otro tiempo, había testificado acerca de la persona de Jesús.

Pero las circunstancias de Juan, no alteraron la esencia ni la misión de Jesús. Por lo que la respuesta que el Señor da a los discípulos de Juan, es esta:

"Vayan y díganle a Juan lo que están viendo y oyendo. Cuéntenle que los ciegos ven, los cojos andan, los leprosos quedan limpios de su enfermedad, los sordos oyen, los muertos vuelven a la vida y a los pobres se les anuncia la buena noticia. ¡Y dichoso aquel que no encuentre en mí motivo de tropiezo!" Mateo 11:4-6 (DHH)

No permitas que los momentos de presión te hagan dudar lo que en otro tiempo pudiste testificar acerca de quién es Dios. Tú sabes que Él sana, porque te ha sanado, sabes que restaura porque te ha restaurado y conoces que el liberta porque te ha libertado. El poder de Dios no caduca; Él es y seguirá siendo siempre el mismo.

"He aquí que no se ha acortado la mano de Jehová para salvar, ni se ha agravado su oído para oír." Isaías 59:1 (RVG)

INDETENIBLE

REFLEXIÓN 320

•┈•❖•• NO CAMBIES TU NATURALEZA ••❖•┈•

*U*n joven que vio que un alacrán se estaba ahogando, decidió sacarlo del agua pero cuando lo hizo, el alacrán lo picó. Por la reacción al dolor, el joven lo soltó y el animal cayó al agua y se ahogaba de nuevo, pero el joven intentó sacarlo otra vez y otra vez el alacrán lo picó.

Alguien que había observado todo, se acercó y le dijo: "Perdone, pero usted ¡es terco! ¿No entiende que cada vez que intente sacarlo del agua lo picará?"
El joven respondió: "Si lo entiendo, pero la naturaleza del alacrán es picar y eso no va a cambiar mi naturaleza que es ayudar". Así que ayudándose con una hoja sacó al animalito del agua y le salvó la vida.

No dejes que las mordeduras de alacrán cambien tu naturaleza, simplemente toma precauciones al exponerte a estas.

"*No seas vencido por lo malo; más vence con el bien el mal.*"
Romanos 12:21 (RVR 1960)

DALES DE COMER

Cuando Benhadad rey de Siria, procurando dar muerte al profeta Eliseo, fue tras él, el profeta clamó a Dios para que hiciera caer ceguera sobre el rey y todo su ejército para así conducirlos a Samaria; y Dios lo escuchó. Llegando allá, Eliseo pidió a Joram (rey en Samaria) que les perdonará la vida y que además se les diera de comer y de beber a todos hasta ser saciados. (Ver 2 Reyes 6)

Por lo que si al igual que Eliseo, el Señor te ha librado de los que se han levantado en tu contra y los ha entregado en tus manos, no procures vengarte. Haz bien a los que te han hecho mal y procura bendecir con todo lo que puedas a los que en algún momento han tratado de "quitarte la vida".

"No tomen venganza, hermanos míos, sino dejen el castigo en las manos de Dios, porque está escrito: "Mía es la venganza; yo pagaré, dice el Señor". Antes bien, Si tu enemigo tiene hambre, dale de comer; si tiene sed, dale de beber. Porque actuando así, harás que se avergüence de su conducta." Romanos 12:19 (NVI)

INDETENIBLE

REFLEXIÓN 322

 EL SILENCIO

Hay momentos en los que aunque tengas la razón es preferible callar. Incluso si entiendes que se ha cometido alguna injusticia en tu contra. Recuerda que está no es tu guerra sino la de Dios y que sí mantienes tu paz, tu victoria llegará sin necesidad de que te vuelvas histérico y sin que tengas que operar según las directrices de tu carne.
Así que no dejes que tu carne te controle ni aceptes sus sugerencias. Has silencio y deja que sea Dios quien te defienda. Porque a veces, el arma más poderosa de nuestro arsenal, es una a la que todos tenemos acceso y se llama "El silencio".
En ocasiones, es perdiendo como se gana y es dejando pasar muchas cosas, como se obtiene la victoria.

"Pero ustedes no tendrán que intervenir en esta batalla. Simplemente, quédense quietos en sus puestos, para que vean la salvación que el Señor les dará." 2 Crónicas 20:17 (NBD)

¿QUÉ TE VAN A DAR?

*I*dentifica cuidadosamente cuales son las batallas, luchas y guerras verdaderamente dignas de pelear, ya que en algunas ocasiones, es preferible dejar pasar situaciones y responder con ignorancia a lo que podría hacerte perder velocidad; y hasta desviarte de lo que te has propuesto alcanzar.

No todas las cosas merecen ser escuchadas, no todo se investiga. Hay momentos en lo que resulta mucho más provechoso ir delante de la presencia de Dios a exponer nuestra causa, que tratar de probar nuestro punto para que nos entiendan y sepan porque hemos actuado de una forma determinada.

No permitas que todo te afecte, considera a fondo cual será el provecho que tendrán cada uno de los enfrentamientos a los que te expones.

Antes de enfrentarse al gigante Goliat, David pregunto: *"¿Qué le van a dar al hombre que venciere a este filisteo y quitare el oprobio de Israel?"* 1 Samuel 17:26 (RVR 1960)

Al hacer esta pregunta, David revela su interés en saber cuál sería el beneficio real de tener ese enfrentamiento con aquel gigante. Entendiendo que algo semejante, había de tener alguna recompensa y se interesó en conocerla.

No desperdicies tiempo, esfuerzos y recursos peleando por cosas que no valen la pena, porque si agotas lo que tienes, haciendo frente

INDETENIBLE

a las pequeñeces, cuando lleguen las verdaderas batallas; aquellas que ciertamente debes librar, te sentirás agotado y sin fuerzas para hacerlo.

Por tanto, la próxima vez que tengas que hacer frente a algo, toma un tiempo y hazte la siguiente pregunta: ¿Cuál será el resultado de enfrentar esta situación? Realmente, ¿Vale la pena, que lo enfrente o será mejor ignorarlo?

"Los que buscan mi vida arman lazos, y los que procuran mi mal hablan iniquidades y meditan fraudes todo el día.
Mas yo, como si fuera sordo, no oigo; y soy como mudo que no abre la boca. Soy, pues, como un hombre que no oye y en cuya boca no hay reprensiones. Porque en ti, oh Jehová, he esperado; tú responderás, Jehová Dios mío." Salmos 38:12:15 (RVR 1960)

EL CARÁCTER

El carácter, proviene de una palabra latina que significa "marca o cualidad distintiva". Nuestro carácter es lo que nos define y nos identifica.

El carácter genuino es firme, predecible y estable. La mayoría de personas están familiarizadas con la frase: "Todo el mundo tiene un precio", refiriéndose a que cada persona tiene un punto, en el que actuará fuera del marco de su sistema de valores y principios para obtener algo que represente una prioridad más alta para ellos. Lo que en ocasiones puede ser dinero, fama o poder; pero a los que practican esto no les irá bien. Si queremos que nuestros resultados sean buenos y permanentes, tenemos que renunciar para siempre a esta idea.

Los hombres y mujeres de Dios no pueden tener otro precio, que el ya pagado por el Señor, estando en la cruz del Calvario y no deberíamos siquiera considerar la posibilidad de vendernos a algo más, sin importar que tan atractivo parezca.

La firmeza de nuestro carácter debe hacer que cada vez que alguien nos haga una oferta opuesta a nuestras convicciones, la respuesta siempre sea la misma: "Eso, no es coherente con mis principio ni está alineado a mi sistema de valores, así que no incurriré en ello".

La parte predecible de nuestro carácter debería ser tal, que hable por nosotros aún cuando no estemos presentes. La parte estable de nuestro carácter, debería llevarnos a considerar que a todos les

INDETENIBLE

resulta difícil confiar en una persona que no deja de claudicar.

Ya que como lo expresa la palabra del Señor: *"Su lealtad está dividida entre Dios y el mundo, y son inestables en todo lo que hacen."* Santiago 1:8 (NTV)

Por lo que si una persona tiene un defecto de carácter en cierta área, inevitablemente tendrá también defectos de carácter en todas las otras.

Finalmente, te invito a que pienses en esto: ¿Eres conocido por ser una persona firme, predecible y estable? O ¿Por ser de aquellos que sacrifican los valores y principios a cambio de obtener placeres temporales?.

Te exhorto a que consideres esto: ¿Cuáles medidas podrías tomar a partir de hoy para mejorar tu carácter?

¿ESTÁS VERDADERAMENTE LISTO?

El nivel al que eres promovido, siempre estará relacionado con tu capacidad de soporte. Aquello que eres capaz de aguantar sin desintegrarte, habla de que tan listo estas para que te sean confiadas cosas mayores de las que has estado manejando hasta ahora.

Si eres frágil para soportar las dificultades que se te presentan, también serás considerado como frágil para ser promovido a un nivel mayor.

Una de las áreas de estudio en las que el Señor me ha permitido incursar, es la alta gerencia, donde aprendí que las personas mejores pagadas dentro de las empresas son aquellas que demuestran tener el mayor nivel de capacidad para manejar presión y resolver problemas.

En otras palabras, no puedes ser gerente de una compañía cuando no puedes manejar estrés, no puedes ser un supervisor, si en vez de ejercer dominio sobre tus emociones dejas que estas te manejen a ti, no puedes ser parte de la junta directiva de una organización importante, si no sabes responder debidamente a los diferentes problemas que en ellas se presentan.

Mientras menos tienes la responsabilidad de manejar, menor será la compensación. Mientras más tienes a tu cargo, mayor será la recompensa.

Así que no olvides que tu nivel de soporte, exhibe tu nivel de preparación para ser promovido. Porque al ser promovido, serás expuesto a nuevos retos y mayores demandas que las enfrentadas antes.

Cuando dices: "Estoy listo para mi promoción" lo que realmente estás diciendo es: "No importa lo que tenga que enfrentar ni lo que pueda venir en mí contra; cualquier obstáculo que se levante, estoy listo para superarlo".
Entonces, partiendo de este principio de vida... ¿Estás realmente listo para la promoción?

"Porque a quien mucho se le da, también se le pedirá mucho y a quien mucho se le confía, se le exigirá mucho más." Lucas 12:48 (DHH)

RECONOCE TUS FALLAS

*B*ueno es tener la debida actitud para reconocer nuestras fallas y admitir nuestros errores. Poder expresar palabras como: "Lo siento, estaba equivocado, no debí hablar así, reaccione de forma exagerada, reconozco que falle", deja revelado nuestro verdadero nivel de madurez.

Si por haberte dejado llevar por la presión de un determinado momento, reconoces que has producido una herida en la vida de alguien, decide enmendar; haz todo lo que este a tu alcance para reparar el daño causad y en caso de ser necesario, explícale al agraviado que te dejaste arrastrar por el enojo y que no era tu intención herirle.

En todos los años que tengo en el ministerio, he podido ver cómo relaciones que habían estado rotas durante mucho tiempo, se han salvado gracias a la disposición de alguien a ofrecer una disculpa sincera.

No permitas que el orgullo dañe tus relaciones, de hecho considera que cada vez que Dios envía a alguien para ser de bendición a tu vida, el enemigo trabajará por diferentes medios para hacer que lo pierdas, así que no lo permitas. Practica la humildad, acepta tu error y reconoce tus faltas porque no en vano dice la Biblia:

"El orgullo del hombre lo humillará, pero el de espíritu humilde obtendrá honores." Proverbios 23:29 (LBA)

INDETENIBLE

REFLEXIÓN *327*

—⋅⟩⋅⟨⋅— LA VERDADERA BENDICIÓN —⋅⟩⋅⟨⋅—

Una de las formas más efectivas de identificar si algo es realmente una bendición, es observando el efecto que produce en nuestra vida espiritual. En otras palabras, debemos considerar si lo que hemos recibido nos acerca más, o si por el contrario nos hace alejar de Dios.

En ocasiones, con el fin de hacernos tropezar, Satanás utilizará diversas trampas entre ellas el ofrecernos cosas que parecen buenas y que resultan ser atractivas pero realmente no lo son.

Si el empleo que tanto necesitas te lo ofrecen, pero el mismo tiene elementos que podrían afectar tu comunión con Dios, aunque tenga buenos beneficios y el salario sea atractivo, esa oferta no puede venir de Dios. Porque al respecto, la Biblia establece:
¿Qué provecho obtendrá un hombre si gana el mundo entero, pero pierde su alma? O ¿qué dará un hombre a cambio de su alma? Mateo 16:26 (LBLA)

Si se te presenta la oportunidad de tener o alcanzar algo que has anhelado durante mucho tiempo, pero para conseguirlo debes incurrir en falsedades y mentiras, eso no procede de Dios porque *"Los labios mentirosos son abominación al Señor, pero los que obran fielmente son Su deleite"* Proverbios 12:22 (NBLH)

Finalmente, si te has comenzado a relacionar con alguien y notas que tu vida espiritual en vez de fortalecerse se ha debilitado, esta persona (sin importar lo mucho que te agrade) no ha sido enviada

por Dios a tu vida. Porque lo que procede del Señor, en vez de alejarte, contribuirá siempre a que te sientas mucho más cerca de Él.
Ten cuidado, porque en ocasiones lo que a simple vista puede parecer una "gran bendición" se trata solo de una trampa puesta por el adversario para traer a tu vida una enorme destrucción.

"La bendición de Jehová es la que enriquece y no añade tristeza con ella." Proverbios 10:22 (RVR 1960)

INDETENIBLE

REFLEXIÓN *328*

◈ VALORA LA GENTE ◈

¿Alguna vez te has detenido a preguntar a alguien cómo llegar a algún lugar de la ciudad? Si en algún momento lo has hecho, quizás has notado como casi siempre, la gente deja de hacer lo que está haciendo para ayudarte, aunque esto signifique cruzar la calle o detener el tráfico. ¿Por qué? Porque cuando pueden servir de ayuda a otros, la gente se siente útil y se les desarrolla el sentido de realización al saber que alguien les necesita.

Tus relaciones con los demás, fueran mucho mejor si hicieras que la gente que está a tu alrededor se sienta parte importante de tu vida y de las cosas que haces.

Cuando las personas se sienten necesitadas, su nivel de productividad y creatividad aumenta. Por lo que este, puede ser un buen día para que te preguntes: ¿Cuáles de las personas que tengo a mi alrededor pudieran ayudarme a realizar un trabajo mejor del que yo hago solo? Deja que los demás puedan ser parte de lo que emprendes y verás como lo que haces, al insertarlos a ellos, se convertirá en algo mayor y más completo de lo que ya es.

"Por eso les dije: Ustedes son testigos de nuestra desgracia. Jerusalén está en ruinas, y sus puertas han sido consumidas por el fuego. ¡Vamos, anímense! ¡Reconstruyamos la muralla de Jerusalén para que ya nadie se burle de nosotros! Entonces les conté cómo la bondadosa mano de Dios había estado conmigo y les relaté lo que el rey me había dicho. Al oír esto, exclamaron:
¡Manos a la obra! Y unieron la acción a la palabra." Nehemías 2:17-18 (NVI)

REFLEXIÓN 329

─•❧• ¿CUANDO TE VIMOS? •❧•─

Estamos día que vivimos, Dios nos pone a prueba ubicándonos en situaciones donde más que solo dar opiniones humanas y actuar como simples espectadores, podamos poner en exhibición la esencia de lo que Él ha puesto en nosotros.

Cuando verdaderamente reconoces que todo lo que eres y todo lo que tienes se lo debes a Dios, estás dispuesto a compartir lo que Él te ha dado, con otros.

La razón por la que el Señor nos provee y nos ubica en ciertas posiciones es para que podamos ser un canal de bendición para la vida de los demás y al hacerlo, Dios lo considera como si lo hiciéramos para Él directamente.

Veamos este ejemplo:
"*Entonces el Rey dirá a los de su derecha: Venid, benditos de mi Padre, heredad el reino preparado para vosotros desde la fundación del mundo.*
Porque tuve hambre, y me disteis de comer; tuve sed, y me disteis de beber; fui forastero, y me recogisteis; estuve desnudo, y me cubristeis; enfermo, y me visitasteis; estuve en la cárcel, y vinisteis a mí. entonces los justos le responderán, diciendo: Señor, ¿cuándo te vimos hambriento y te sustentamos?, ¿o sediento y te dimos de beber? ¿Y cuándo te vimos forastero y te recogimos?, ¿o desnudo y te cubrimos? ¿O cuándo te vimos enfermo o en la cárcel, y fuimos a verte? Y respondiendo el Rey, les dirá: De cierto os digo que en cuanto lo hicisteis a uno de éstos, mis hermanos

INDETENIBLE

más pequeños, a mí lo hicisteis" Mateo 25: 34-40 (RVR 1960)

Así que la próxima vez que veas algún necesitado y tengas la posibilidad de ayudarle, no te rehúses a hacerlo porque es Dios quien te está ubicando en esa situación, para darte la oportunidad de que puedas servir de bendición a la vida de otros, haciendo uso de lo que Él te ha otorgado a ti.

COMO EL QUISO

*E*l capítulo 18 del libro de Jeremías, es uno de los más predicados de todo el Antiguo Testamento. Es mucho lo que podemos aprender al considerar la experiencia que tuvo el profeta cuando enviado por Dios, descendió a la casa del alfarero. Sin embargo, en esta ocasión quiero hacer énfasis en la siguiente parte de este conocido capítulo:

"Y la vasija de barro que él hacía se echó a perder en su mano; y volvió y la hizo otra vasija, según le pareció mejor hacerla." (Ver. 4)

Algo que llama mi atención en este pasaje, es que la vasija fue hecha según al Alfarero le pareció mejor hacerla. Sin buscar opiniones de nadie y sin hablar con el barro a ver si estaba de acuerdo con que se le diera tal forma.

La hizo de la manera que consideró mejor hacerla y Él sabe lo que hace porque de Él, es el barro y Él es "El Alfarero Experto". Por lo que debemos considerar el hecho de que Dios nos hizo a la manera de Él, según a Él, le pareció mejor hacernos y que tanto nuestras características internas como externas llevan la forma que Él quiso darnos.

Así que nunca dejemos de ser lo que el Alfarero quiso que fuéramos para complacernos a nosotros mismos o para ganar la complacencia de otros, porque ¿De qué sirve agradar a otros que también son "vasijas" cuando no estás agradando al Alfarero que a todos nos hizo?

INDETENIBLE

REFLEXIÓN *331*

⋅⋅✥⋅⋅ LA MUJER QUE TRANSCIENDE ⋅⋅✥⋅⋅

*M*uchas son las cualidades de una mujer que marca la diferencia, pero de todas, te invito a que consideremos algunas:

✤ Es temerosa de Dios y busca agradarle en todo lo que hace.
✤ Clama a Dios y decide levantarse cuando cae.
✤ Es capaz de estorbarle el camino a Satanás cuando le ataca, con el fin de destruir su vida y la de sus seres queridos.
✤ No se deja arrastrar por sus emociones sino que ejerce dominio sobre ellas.
✤ No actúa por sentimientos sino por principios.
✤ Entiende la grandeza del sometimiento y la ejerce.
✤ Deja huellas y pone una marca en todo lo que hace, que la distingue de las demás.
✤ Procura ser ejemplo y abrir camino a quienes vienen detrás.
✤ Procura dar a otros lo mejor de sí, aunque no reciba lo mismo a cambio.
✤ Sabe que cuando terminen sus días en la tierra no termina el plan de Dios con su casa, sino que continúa activo a través de sus generaciones.

"Mujer ejemplar, ¿dónde se hallará? ¡Es más valiosa que las piedras preciosas!" Proverbios 31:10 (NVI)

"Asimismo vosotras, mujeres, estad sujetas a vuestros maridos, de modo que si algunos de ellos son desobedientes a la palabra, puedan ser ganados sin palabra alguna por la conducta de sus mujeres." 1 Pedro 3:1 (LBA)

EL HOMBRE DE VALOR

Así como en la reflexión anterior, consideramos algunas de las cualidades de las mujeres que trascienden, en esta veremos algunas de las características que tiene un hombre de valor:

✤ Un hombre de valor es uno que ama a Dios con todas sus fuerzas y lo enseña a su familia.
✤ Procura ser el líder espiritual de su hogar.
✤ Ama a su familia y está dispuesto a vencer el egoísmo y el orgullo para convertirse en un servidor para los que la conforman.
✤ Atiende las necesidades de su casa.
✤ Da prioridad a las necesidades de su familia antes que a las suyas propias.
✤ Reconoce sus errores y se dispone a pedir perdón a quien haya lastimado, comenzando con su esposa e hijos.
✤ Enseña y modela a sus hijos principios de vida bíblicos.
✤ Se esfuerza para proveer a su familia.
✤ Protege a su familia espiritual y físicamente.
✤ Da a su familia la seguridad que necesitan.

"Procura con diligencia presentarte a Dios aprobado, como obrero que no tiene de qué avergonzarse, que maneja con precisión la palabra de verdad."
2 Timoteo 2:15 (LBA)

"Maridos, amen a sus mujeres y no sean ásperos con ellas."
Colosenses 3:19 (LNBH)

REFLEXIÓN 333

—•❧• EN ESTO CONSISTE •❧•—

Cuando optas por ser una persona leal, además de atraer la bendición de Dios a tu vida, tendrás la confianza y el respeto de las personas que te rodean.

En todas las relaciones que llegues a establecer, la lealtad es, y siempre será un elemento indispensable para su duración y estabilidad. Sin embargo, ser leal va más allá de una simple expresión. Cuando una persona es leal, considerará a los demás como se considera a sí misma.

Una de las implicaciones de la lealtad, consiste en tener a las personas que están ausentes, la misma consideración que le muestras cuando están presentes. En otras palabras, nunca digas a espalda de nadie lo que no eres capaz de decirle cuando le tienes de frente.

Nuestro objetivo real al referirnos a las fallas de alguien, debe ser siempre ayudarle a mejorar y para lograrlo debemos tener la valentía y el amor de Dios en nosotros.

Recuerdo que en una ocasión, tuvimos a alguien de visita en nuestra casa y mientras compartíamos la cena, esta persona comenzó a hablar cosas muy desagradables acerca de alguien que conocíamos en común. Aquello, resultó ser doblemente incómodo para mí, debido a que era la primera vez que teníamos a esta persona de visita en la casa y no quería que se sintiera ofendida. Sin embargo, bajo ningún concepto sería desleal con la persona que se encontraba ausente. Por lo que sin pensarlo dos veces, le interrumpí y dije:

"Discúlpeme hermano, pero la persona a la que usted se refiere es conocido nuestro y no quiero que se hable mal de él ni de nadie en esta casa. Así que le agradeceré que cambiemos el tema y si tiene algo más que hablar de él, llámelo y dígaselo personalmente".

Aquel hombre jamás volvió a nuestra casa, pero si llegara a repetirse el cuadro nuevamente, sin titubeos yo haría lo mismo.

Procura ser leal en tus relaciones y mantén con los ausentes, la misma consideración que esperas que te tengan a ti cuando no estás presente.

"Por eso, todo cuanto quieran que los hombres les hagan, así también hagan ustedes con ellos." Mateo 7:12 (NBLH)

REFLEXIÓN *334*

APAGA LOS DARDOS

En el libro de Efesios 6:10-18, el apóstol Pablo nos da instrucciones acerca de cómo debemos librar nuestra lucha espiritual y entre otras cosas nos dice:

"Sobre todo, tomad el escudo de la fe, con que podáis apagar todos los dardos de fuego del maligno."

Esta parte del texto, hace referencia a una táctica de guerra que se practicaba durante la época del Imperio Romano, la cual consistía en arrojar al agua por varios días los escudos de madera, antes de ser usados en el campo de batalla; esto los hacía absorber el agua y al recibir los dardos de fuego enviados por el ejército enemigo, eran apagados instantáneamente a causa de la humedad de la madera.

De igual modo, nosotros debemos procurar cada día sumergirnos en la presencia del Señor para empaparnos de su gloria, de modo que los dardos que continuamente nos envía el maligno puedan ser apagados de inmediato.

"... Para que Satanás no tome ventaja alguna sobre nosotros, pues no ignoramos sus maquinaciones." 2 Corintios 2:11 (DHH)

SIEMPRE SERÁ LA MISMA

Si quieres salir vencedor, ante cualquier batalla que enfrentes, la estrategia de guerra siempre será la misma.

"Pónganse toda la armadura de Dios para que puedan hacer frente a las artimañas del diablo. Porque nuestra lucha no es contra seres humanos, sino contra poderes, contra autoridades, contra potestades que dominan este mundo de tinieblas, contra fuerzas espirituales malignas en las regiones celestiales. Por lo tanto, pónganse toda la armadura de Dios, para que cuando llegue el día malo puedan resistir hasta el fin con firmeza.
Manténganse firmes, ceñidos con el cinturón de la verdad, protegidos por la coraza de justicia y calzados con la disposición de proclamar el evangelio de la paz. Además de todo esto, tomen el escudo de la fe, con el cual pueden apagar todas las flechas encendidas del maligno. Tomen el casco de la salvación y la espada del espíritu, que es la palabra de Dios. Oren en el Espíritu en todo momento, con peticiones y ruegos. Manténganse alerta y perseveren en oración por todos los santos." Efesios 6:11-18 (NVI)

"Sométanse, pues a Dios y resistan al diablo, y de ustedes huirá." Santiago 4:7 (BLPH)

No busques hacer uso de ninguna otra estrategia; la línea de acción ya te fue dada y la manera de vencer siempre será la misma.

REFLEXIÓN *336*

──•❧• **LO QUE HACE CESAR** •❧•──

*E*s muy natural que a causa de diferentes tipos de factores, las relaciones entre padres e hijos, esposos y esposas, jefes y empleados, maestros y estudiantes, pastores y miembros, líderes y seguidores, así como muchas otras; atraviesen por diversos tipos de presiones. De hecho, hay momentos en los que puede parecer que estás siendo atacado directamente por ellos.

Pero en cuanto al modo como debemos de actuar frente a esto, la Biblia dice:

"Si el espíritu del príncipe se exaltare contra ti, no dejes tu lugar, porque la mansedumbre hará cesar grandes ofensas." Eclesiastés 10:4 (RVR 1960)

Por tanto, no dejes que las presiones te hagan abandonar el lugar donde Dios te ha puesto, no te alteres ni actúes a la defensiva por causa de esto. Mantente humilde y aprende a resistir, porque es la mansedumbre la que hace menguar las diversas ofensas.

"Las personas sensatas no pierden los estribos; se ganan el respeto pasando por alto las ofensas." Proverbios 19:11 (NTV)

ÉL CUIDA DE NOSOTROS

No te agobies tratando de controlar aquello que no puedes. Sí ya has depositado el asunto en las manos del Señor, demuestra con tu actitud que verdaderamente confías en que su poder, su amor y su gracia están a tu favor...¡Descansa!. Porque aún en términos de nuestra confianza en Dios, lo que somos capaces de demostrar, tiene mucho más peso que lo que nuestra boca pueda llegar a pronunciar.

"... Echando toda vuestra ansiedad sobre él, porque él tiene cuidado de vosotros." I Pedro 5:7 (RVR 1960)

INDETENIBLE

REFLEXIÓN 338

¿TE IMAGINAS?

¿Te imaginas todo lo que pudiera suceder hoy, si decides expresarle a alguien lo mucho que significa para ti?, ¿Si en vez de quejarte por lo que no tienes, agradeces por lo que Dios te ha dado? ¿Si en vez de crear un problema, resuelves uno que ya esta creado? Y ¿Si en vez de esperar recibir, decides dar?

Solamente porque este día es único y no se repetirá jamás, ¿Por qué no decides hacer feliz a alguien? ¿Sacarle una sonrisa del rostro sin importar si se trata de un desconocido que mendiga en la calle o de alguna persona que no conoces?

A pesar de que no sientas hacerlo, te invito a que lo hagas, porque si así lo haces verás lo bien que te sentirás al final del día y si persistes en hacer esto cada día, muy pronto notarás que otros también harán lo mismo por ti.

"Practiquen la hospitalidad entre ustedes sin quejarse." 1 Pedro 4:9 (NVI)

ASUNTOS SERIOS

"*H*e aquí yo envío mi Ángel delante de ti para que te guarde en el camino y te introduzca en el lugar que yo he preparado.

Guárdate delante de él y oye su voz; no le seas rebelde; porque él no perdonará vuestra rebelión, porque mi nombre está en él. Pero si en verdad oyeres su voz e hicieres todo lo que yo te dijere, seré enemigo de tus enemigos y afligiré a los que te afligieren.

Porque mi Ángel irá delante de ti, y te llevará a la tierra del amorreo, del heteo, del ferezeo, del cananeo, del heveo y del jebuseo, a los cuales yo haré destruir. no te inclinarás a sus dioses, ni los servirás, ni harás como ellos hacen; antes los destruirás del todo, y quebrarás totalmente sus estatuas.

Mas a Jehová vuestro Dios serviréis, y él bendecirá tu pan y tus aguas; y yo quitaré toda enfermedad de en medio de ti. No habrá mujer que aborte, ni estéril en tu tierra; y yo completaré el número de tus días. Yo enviaré mi terror delante de ti, y consternaré a todo pueblo donde entres, y te daré la cerviz de todos tus enemigos."
Éxodo 23:20-27 (RVR 1960)

REFLEXIÓN *340*

⋅•⊱❉⊰• **CUIDA TU SIEMBRA** •⊱❉⊰•⋅

Ciertamente, todo lo que el hombre sembrare eso también segará. Por eso, ten mucho cuidado con lo que siembras.

Si estás haciendo la siembra correcta, aunque no estés recibiendo lo mismo de la persona a la cual estás haciendo esa siembra, no te preocupes porque de alguna manera, en algún momento de la vida, volverá a ti a modo de cosecha; aunque venga a través de alguien diferente, pero ten por seguro que de algún modo el bien que haces se te devolverá.

"... Siempre se cosecha lo que se siembra." Gálatas 6:7 (NTV)

"No nos cansemos, pues, de hacer bien; porque a su tiempo segaremos, si no desmayamos." Gálatas 6:9 (RVR 1960)

NO DEJES DE ECHARLA

*T*enemos que ser vencedores aunque tengamos la valla en contra. Es decir, aunque tengamos oposición por todos lados, aunque no contemos con el apoyo de otros, aunque muchos apuesten a nuestro fracaso.

Porque teniendo a Dios de nuestro lado, la victoria está asegurada, por encima de cualquier tipo de pronóstico que se haya emitido en nuestra contra. A esto hizo referencia el salmista al escribir:

"El Señor es mi luz y mi salvación, ¿A quién temeré? El Señor es el baluarte de mi vida; ¿Quién podrá amedrentarme? Cuando los malvados avanzan contra mí para devorar mis carnes, cuando mis enemigos y adversarios me atacan, son ellos los que tropiezan y caen. Aun cuando un ejército me asedie, no temerá mi corazón." Salmos 27:1-3 (NVI)

Así es que por encima de lo que sea, no dejes de echar la pelea.

REFLEXIÓN 342

ESTA ES LA RAZÓN

La razón por la que algunos no aceptan lo que ven como algo definitivo, es porque ya Dios les mostró hacia dónde los lleva y ellos le creen al que prometió.

Por tanto, hoy te ánimo para que aunque lo que ves ahora, no se parezca a lo que Dios dijo que ha de hacer contigo, sigas creyendo.

El Señor no necesita que lo que te habló se parezca a lo que estás viviendo porque cuando Él da la orden, todo tiene que ser transformado y alineado a lo que Él ya dijo.

"*El Señor de los ejércitos Celestiales hizo este juramento: «Sucederá tal como yo lo tengo planeado. Será tal como lo he decidido.*" Isaías 14:24 (NTV)

TIEMPOS DE RESTAURACIÓN

Dios no sólo restaura, sino que hace nueva todas las cosas cuando las pones en sus manos.

Prepárate porque el Señor traerá restauración a tu vida y su restauración es tan perfecta que hará las cosas muchísimo mejor de lo que eran antes.

"Y os restituiré los años que comió la oruga, la langosta, el pulgón, y el revoltón; mi grande ejército que envié contra vosotros. Y comeréis hasta saciaros, y alabaréis el nombre de Jehová vuestro Dios, el cual hizo maravillas con vosotros: y nunca jamás será mi pueblo avergonzado. Y conoceréis que en medio de Israel estoy yo, y que yo soy Jehová vuestro Dios, y no hay otro: y mi pueblo nunca jamás será avergonzado." Joel 2:25-27 (RVR 1960)

En el glorioso nombre de Jesús, hoy declaramos que para tu vida y la de los tuyos, Dios trae tiempos de restauración.

REFLEXIÓN *344*

—•>•|•<•—   ¡AGARREN EL BULTITO!   •>•|•<•—

*E*n una ocasión, mientras esperaba mi turno en un centro de servicios, escuche a una mujer (un tanto avanzada de edad), referirse a la manera como se manejaba el proceso de alumbramiento décadas atrás. Y al respecto ella decía: "Recuerdo que en el campo donde vivía, las mujeres embarazadas cuando entraban en los últimos meses de su proceso de embarazo, arreglaban un bultito con todo lo que iban a necesitar en el momento de dar a luz, incluyendo la ropa del bebe. Así cuando los dolores le comenzaban sólo decían a la persona que le acompañaba "Estoy para dar a luz, corran busquen el bultito".

Aludiendo a esto, estoy convencida de que ha llegado la hora de alumbrar lo que Dios ha puesto en muchos de los que leen esto y que a los que tienes a tu lado, en vez de contarles tus penas y frustraciones, causadas por el fuerte dolor del momento que estas atravesando, deberías simplemente decirles: "Corran, agarren el bultito porque estos dolores de parto indican que dentro de muy poco, estaré dando a luz".

"Cuando la mujer está para dar a luz, tiene aflicción, porque ha llegado su hora; pero cuando da a luz al niño, ya no se acuerda de la angustia, por la alegría de que un niño haya nacido en el mundo." Juan 16:21 (LBLA)

ASÍ SON CIERTAS COSAS

"*C*uando salgas a combatir contra tus enemigos y te encuentres un ejército con caballos y carros de combate superior al tuyo, no te amedrentes, porque está contigo el Señor, tu Dios, que te sacó de Egipto." Deuteronomio 20:1 (BLPH)

"*¡Bendito sea el Señor, mi protector! Él es quien me entrena y me prepara para combatir en la batalla; él es mi amigo fiel, mi lugar de protección, mi más alto escondite, mi libertador; él es mi escudo, y con él me protejo; él es quien pone a los pueblos bajo mi poder.*" Salmo 144:1-2 (DHH)

No te aflijas, ni creas que estas huérfano ante los ataques del enemigo porque no lo estás. Dios te defenderá, él no te abandonará, espera en su ayuda porque ciertamente la recibirás.

REFLEXIÓN 346

❖ MUCHO PARA AGRADARLE ❖

No podemos hacer nada para pagar a Dios lo que hace con nosotros. Pero sí podemos hacer todo para agradarle por lo que cada día hace por nosotros.
Vive de tal manera que hagas sonreír a Dios con cada una de tus acciones.

"Yo le he dicho al Señor: «Mi Señor eres tú. Fuera de ti, no poseo bien alguno.»
Tú, Señor, eres mi porción y mi copa; eres tú quien ha afirmado mi suerte."
"Bendeciré al Señor, que me aconseja; aun de noche me reprende mi conciencia."
"Siempre tengo presente al Señor; con él a mi derecha, nada me hará caer." Salmos 16: 2, 5, 7,8 (NVI)

NO ACEPTES DESVIOS

*M*uchos se mantienen fuertes y firmes hasta que llegan otros y los desvían. A esto hace referencia el apóstol Pablo al decir:

"*Vosotros corríais bien; ¿quién os estorbó para no obedecer a la verdad? esta persuasión no procede de aquel que os llama*" Gálatas 5:7-8 (RVR 1960)

"*¡No se dejen engañar! Bien dice el dicho, que «las malas amistades echan a perder las buenas costumbres.»*" 1 Corintios 15:33 (TLA)

Cuídate de aquellos que buscan persuadirte para apartarte del carril correcto.

¡No dejes que gente que no tiene rumbo, te desvíen de lo que has decidido emprender para el Señor!

INDETENIBLE

REFLEXIÓN 348

PALABRAS DE VIDA

"*Podemos saber quién es hijo de Dios, y quién es hijo del diablo: los hijos del diablo son los que no quieren hacer lo bueno ni se aman unos a otros.*
Desde el principio se les ha enseñado a ustedes que nosotros debemos amarnos unos a otros. No debemos ser como Caín, que era como un hijo del diablo, y por eso mató a su hermano. ¿Y por qué lo mató? Porque lo que Caín hacía era malo, y lo que hacía su hermano era bueno.
Mis queridos amigos, no se extrañen si los pecadores de este mundo los odian. El amor que nos tenemos demuestra que ya no estamos muertos, sino que ahora vivimos. Pero si ustedes no se aman los unos a los otros, es porque todavía están bajo el poder de la muerte. Si ustedes se odian unos a otros, son asesinos, y ya saben que ningún asesino puede tener la vida eterna." 1 JUAN 3:10-15 (TLA)

TRES COSAS

Por encima de todo lo que se levante, jamás olvides:

Quién eres: *"Nosotros somos hechura suya; hemos sido creados en Cristo Jesús para realizar buenas obras, las cuales Dios preparó de antemano para que vivamos de acuerdo con ellas."* Efesios 2:10 (RVC)

Hacia a dónde vas: *"La vida de los hombres buenos brilla como la luz de la mañana: va siendo más y más brillante, hasta que alcanza todo su esplendor."* Proverbios 4:18 (TLA)

Quién es el que te lleva ahí: *"Pues todo lo puedo hacer por medio de Cristo, quien me da las fuerzas."* Filipenses 4:13 (NTV)

INDETENIBLE

REFLEXIÓN *350*

•⊰⊱• AMENAZADO POR NADA •⊰⊱•

Cuando has pasado por todo no puedes ser amenazado con nada. A esto hace referencia el apóstol Pablo al decir:

"Yo sé cómo vivir en pobreza o en abundancia. Conozco el ecreto de estar feliz en todos los momentos y circunstancias: pasando hambre o estando satisfecho; teniendo mucho o teniendo poco. Puedo enfrentar cualquier situación porque Cristo me da el poder para hacerlo." Filipenses 4:12-13 (PDT)

"Yo, por mi parte, ya estoy a punto de ser ofrecido como un sacrificio, y el tiempo de mi partida ha llegado. He peleado la buena batalla, he terminado la carrera, me he mantenido en la fe. Por lo demás me espera la corona de justicia que el Señor, el juez justo, me otorgará en aquel día; y no sólo a mí, sino también a todos los que con amor hayan esperado su venida." 2 Timoteo 4:6-8 (NVI)

REFLEXIÓN 351

NO ABSORBAS LA OFENSA

Cuando Mahatma Gandhi estudiaba Derecho en Londres, un profesor de apellido Peters le tenía mala voluntad, pero el alumno Gandhi nunca le bajó la cabeza a pesar de que sus encuentros eran muy comunes. Un día Peters estaba almorzando en el comedor de la Universidad y Gandhi con su bandeja, se sentó a su lado y el altanero profesor le dijo: "Estudiante Gandhi, ¿Usted no entiende que un puerco y un pájaro, no se sientan a comer juntos?". Y Gandhi le contesto: Quédese tranquilo profesor, yo me voy volando" y se cambió de mesa.

El profesor Peters, verde de rabia porque entendió que el estudiante le había llamado Puerco, decidió vengarse con el próximo examen. Pero el alumno respondió con brillantez a todas las preguntas del examen, entonces el profesor le hace la siguiente interpelación: "Gandhi, si usted va caminando por la calle y se encuentra con una bolsa y dentro de ella está la sabiduría y mucho dinero, ¿Cuál de los dos se lleva?" A lo que Gandhi responde sin titubear: "¡Claro que el dinero, profesor!"

El profesor sonriendo le dice "Yo, en su lugar, hubiera agarrado la sabiduría, ¿no le parece?". Gandhi responde: "Cada uno toma lo que no tiene profesor". El profesor Peters, ya histérico escribe en la hoja del examen: "IDIOTA" y se la devuelve al joven Gandhi, quien toma la hoja y se sienta. Al cabo de unos minutos se dirige al profesor y le dice: "Profesor Peters, usted me ha firmado la hoja, pero no me puso la nota."

INDETENIBLE

A veces la gente intenta dañarnos con ofensas, pero si no lo permitimos estas ofensas volverán a su fuente de origen, al lugar de donde salieron.

La opinión que debe interesarte es la que Dios tiene de ti y todas las que están alineadas a esta. Sigue adelante por encima de las malas opiniones que otros tengan de ti y procura ver cumplido el propósito de vida que el Señor trazo para tu vida.

REFLEXIÓN 352

NO VUELVAS

"*Andando Jesús junto al mar de Galilea, vio a dos hermanos, Simón, llamado Pedro, y Andrés su hermano, que echaban la red en el mar; porque eran pescadores. Y les dijo: Venid en pos de mí, y os haré pescadores de hombres. Ellos entonces, dejando al instante las redes, le siguieron.*" Mateo 4:18-20 (RVR 1960)

Las diferentes crisis y desafíos que nos trae la vida generalmente nos llevan a tener diferentes manifestaciones. Entre ellas, querer retroceder al estado anterior, en vez de hacer frente a los nuevos retos. Como ejemplo de esto tenemos el caso de Pedro, a quien el Señor le había llamado a ser pescador de hombres, pero luego de la crucifixión de Cristo, vuelve al mar y toma el oficio que antes tenía.

"*Estaban juntos Simón Pedro, Tomás llamado el Dídimo, Natanael el de Caná de Galilea, los hijos de Zebedeo, y otros dos de sus discípulos. Simón Pedro les dijo: Voy a pescar. Ellos le dijeron: Vamos nosotros también contigo. Fueron, y entraron en una barca; y aquella noche no pescaron nada.*" Juan 21:2-3 (RVR 1960)

En este relato, podemos notar al menos tres aspectos interesantes que son:

- Cuando Dios te saca de algo no intentes volver a hacer lo mismo otra vez.
- Ciertas cosas que fueron de bendición para ti en un tiempo, cuando Dios le marca su culminación, no importa que tanto te

afanes en traerlas a tu vida otra vez, ya no te serán de bendición sino de tropiezo.

✤ Cuando eres marcado por Dios para algo, no importa que tan experto seas en el área de tu oficio secular no tendrás éxito verdadero, a menos que lleves a cabo el llamado que Dios te designo.

"El Señor dirige los pasos del hombre y lo pone en el camino que a él le agrada." Salmo 37:23 (DHH)

SOLO A SU MANERA

"¡Ay de los que llaman al mal bien y al bien mal, que tienen las tinieblas por luz y la luz por tinieblas, que tienen lo amargo por dulce y lo dulce por amargo!
¡Ay de los sabios a sus propios ojos e inteligentes ante sí mismos!
¡Ay de los héroes para beber vino y valientes para mezclar bebidas, que justifican al impío por soborno y quitan al justo su derecho!"
Isaías 5:20-23 (LBLA)

Lo correcto es correcto aunque todos estén en contra, y lo errado es errado aunque todos estén a favor. Por eso asegúrate de que haces las cosas, sólo a la manera de Dios.

INDETENIBLE

REFLEXIÓN *354*

❧ ASÍ LO DETERMINO ❧

¡No hay mortal sobre la tierra que pueda quitarte lo que Dios marcó para ti. Si tiene tu nombre, lleva tu talla y si lleva tu talla, solo te sirve a ti! Porque al respecto ha dicho tu Hacedor:

"Desde la eternidad y hasta la eternidad, yo soy Dios. no hay quien pueda arrebatar a nadie de mi mano; nadie puede deshacer lo que he hecho." Isaías 43:13 (NTV)

"Y el Señor le dijo: Dos naciones hay en tu seno, Y dos pueblos se dividirán desde tus entrañas; un pueblo será más fuerte que el otro, Y el mayor servirá al menor." Génesis 25:23 (LNBH)

"Y aconteció, luego que isaac acabó de bendecir a Jacob, y apenas había salido Jacob de delante de isaac su padre, que esaú su hermano volvió de cazar. e hizo él también guisados, y trajo a su padre, y le dijo: levántese mi padre, y coma de la caza de su hijo, para que me bendiga. Entonces Isaac su padre le dijo: ¿Quién eres tú? Y él le dijo: Yo soy tu hijo, tu primogénito, Esaú. Y se estremeció Isaac grandemente, y dijo: ¿Quién es el que vino aquí, que trajo caza, y me dio, y comí de todo antes que tú vinieses? Yo le bendije, y será bendito.

Cuando Esaú oyó las palabras de su padre, clamó con una muy grande y muy amarga exclamación, y le dijo: Bendíceme también a mí, padre mío. Y él dijo: Vino tu hermano con engaño, y tomó tu bendición. Y Esaú respondió: Bien llamaron su nombre Jacob, pues ya me ha suplantado dos veces: se apoderó de mi

primogenitura, y he aquí ahora ha tomado mi bendición. Y dijo: ¿no has guardado bendición para mí?
Isaac respondió y dijo a Esaú: He aquí yo le he puesto por señor tuyo, y le he dado por siervos a todos sus hermanos; de trigo y de vino le he provisto; ¿qué, pues, te haré a ti ahora, hijo mío?"
Génesis 27:30-37 (RVR 1960)

INDETENIBLE

REFLEXIÓN **355**

NO HAY MENÚ

*T*odo el que ha estado alguna vez en un restaurante, sabe que al llegar se le entrega un menú, donde aparece la lista de opciones de los diferentes platos y bebidas que el lugar ofrece.

Sin embargo, al ser convocados a la mesa de Dios, lo que hemos de comer no lo elegimos nosotros, porque El que nos invito ya hizo la elección y la hizo no basado en nuestros gustos, sino en nuestra buena alimentación.

"Todos los que tengan sed, vengan a beber agua; los que no tengan dinero, vengan, consigan trigo de balde y coman; consigan vino y leche sin pagar nada." Isaías 55:1 (DHH)

"Hay caminos que parecen derechos, pero al final de ellos está la muerte." Proverbios 14:12 (DHH)

EL VERDADERO VENENO

El marido fue a la casa de su Padre y le dijo: "¡Papá, no aguanto más a mi esposa, quiero matarla, pero tengo miedo que me descubran! ¿Me puedes ayudar?" A lo que el padre respondió: "Claro que sí hijo, pero tendrás que reconciliarte con ella para que nadie desconfíe de ti cuando ella muera. Debes cuidar de ella muy bien, ser gentil, agradecido, paciente, cariñoso, menos egoísta, retribuir siempre y escuchar más. Entonces, ¿Ves este frasco? todos los días colocaras un poco de este polvo en su comida. Así ella ira muriendo poco a poco."

Pasados 30 días, el hijo volvió y le dijo a su Padre: "¡Papá ya no quiero que mi esposa muera! Porque ahora siento que la amo más que nunca. ¿Qué puedo hacer para cortar el efecto del veneno?" El Padre, entonces le respondió: "¡No te preocupes hijo! Lo que yo te di fue polvo de arroz. Ella no va a morir, pues el verdadero veneno estaba en ti."

"Traten de vivir en paz con todos, y de obedecer a Dios; porque si no lo hacen, jamás lo verán cara a cara." Hebreos 12:14 (TLA)

REFLEXIÓN *357*

—•⊱•• **EXPANDE EL REINO** ••⊰•—

Una de las bendiciones que el Señor nos ha dado en los últimos tiempos, es la posibilidad de poder llevar su palabra a través de las redes sociales, algo a lo que no tuvieron acceso nuestros consiervos en épocas anteriores.

Muchas personas cada día se levantan con diversas necesidades, buscando respuesta, guía y dirección de Dios que al leer lo que publicas (si eres cristiano) esperan encontrar; porque tu corazón está lleno de Cristo y así como de lo que está lleno el corazón habla la boca, de lo que está lleno tu corazón hablan tus redes sociales.

Procura edificar, evade los chismes y los comentarios vagos que no añaden nada al que los lee.

Conviértete en una luz que brilla aunque no está físicamente presente. Saca provecho a todas las herramientas que el Señor ha permitido que tengas a la mano, expande el reino de Dios por medio de las redes sociales.

"Por último, hermanos, consideren bien todo lo verdadero, todo lo respetable, todo lo justo, todo lo puro, todo lo amable, todo lo digno de admiración, en fin, todo lo que sea excelente o merezca elogio." Filipenses 4:8 (NBD)

RESERVATE EL JUICIO

Resulta muy triste ver como a veces muchas personas suelen juzgar a otros sin la más mínima consideración. Resaltando de forma alarmante cada una de sus fallas y minimizando sus virtudes. Sintiéndose los amos del mundo, con facultad de señalar las fallas de todos, pero nadie les puede señalar sus propias fallas. Olvidando que el juicio es algo que solo le compete hacer al Señor.

"El que come, no menosprecie al que no come, y el que no come, no juzgue al que come; porque Dios le ha recibido. ¿Tú quién eres, que juzgas al criado ajeno? Para su propio señor está en pie, o cae; pero estará firme, porque poderoso es el Señor para hacerle estar firme. Uno hace diferencia entre día y día; otro juzga iguales todos los días. Cada uno esté plenamente convencido en su propia mente.

El que hace caso del día, lo hace para el Señor; y el que no hace caso del día, para el Señor no lo hace. El que come, para el Señor come, porque da gracias a Dios; y el que no come, para el Señor no come, y da gracias a Dios.

Porque ninguno de nosotros vive para sí, y ninguno muere para sí. Pues si vivimos, para el Señor vivimos; y si morimos, para el Señor morimos. Así pues, sea que vivamos, o que muramos, del Señor somos. Porque Cristo para esto murió y resucitó, y volvió a vivir, para ser Señor así de los muertos como de los que viven. Pero tú, ¿por qué juzgas a tu hermano? O tú también, ¿por qué menosprecias a tu hermano? Porque todos compareceremos ante el tribunal de Cristo." Romanos 14:3-10 (RVR 1960)

INDETENIBLE

REFLEXIÓN *359*

¿ A QUIEN REPRESENTAN ?

En casi todas las sociedades e iglesias hay personas que son centros de tempestades, de problemas, amarguras y luchas. Dondequiera que están, siempre están metidos en peleas entre ellos y si no lo están las provocan.

Este tipo de personas realmente están haciéndole al diablo su trabajo. Mientras que (gracias a Dios), por otra parte hay personas en cuya presencia no puede sobrevivir la amargura, que sirven de puente conector entre otros, que cierran brechas, reparan grietas y endulzan amarguras.

Tales personas hacen un trabajo semejante al de Dios, porque el gran propósito del Señor es hacer que haya paz para cada persona, consigo misma y entre unas y otras.

El que divide a las personas está haciendo la obra del diablo; el que une a las personas está haciendo la obra de Dios.

"El que practica el pecado es del diablo, porque el diablo ha pecado desde el principio. El Hijo de Dios se manifestó con este propósito: para destruir las obras del diablo." I Juan 3:8 (LBLA)

SINO EDIFICA, NO LO RECIBAS

En la antigua Grecia, Sócrates tenía una gran reputación de sabiduría. Un día vino alguien a encontrar al gran filósofo, y le dijo:

- ¿Sabes lo que acabo de oír sobre tu amigo? - Un momento - respondió Sócrates. Antes de que me lo cuentes, me gustaría hacerte un test. Se llama "el test de los tres tamices". -¿El test de los tres tamices? – pregunto el informante.
-Sí, te lo explicare. Un tamiz es la selección que se efectúa entre varias cosas o personas para separar las buenas, de aquellas que no lo son.
Así que antes de escuchar lo que vienen a contarme acerca de otros, tomo tiempo para filtrar lo que se me quieren decir. A esto le llamo el "test de los tres tamices". El primer tamiz es la verdad.
¿Has comprobado si lo que me dices es verdad? -No. Solo tengo lo que he oído hablar-. Respondió el hombre. -Muy bien. Así que no sabes si es la verdad. Continuamos con el segundo tamiz, el de la bondad.
Lo que quieres decir sobre mi amigo, ¿es algo bueno? - Ah no! Por el contrario.- Dijo el hombre.

Entonces Sócrates le respondió. -Quieres contarme cosas malas acerca de él y ni siquiera estás seguro si son verdaderas. Pero veamos si aún puedes pasar la prueba. El tercer tamiz, es el de la utilidad.
¿Es útil que yo lo sepa? -No, realmente no lo es.- Dijo el informante.

Entonces Sócrates concluyo: - Lo que querías contarme no es ni cierto, ni bueno, ni útil; entonces ¿Por qué querías decírmelo?.

*"El hombre perverso levanta contienda y el chismoso aparta a los mejores amigos."*Proverbios 16:28 (RVR 1960)

NO LE HAGAS CASO

Cada uno de nosotros tiene un área específica en la que continuamente nos ataca el adversario para hacer que nos detengamos.

A Pablo también le pasaba lo mismo pero ante esto, su respuesta fue:

"Mas yo de ninguna cosa hago caso, ni estimo mi vida preciosa para mí mismo; solamente que acabe mi carrera con gozo y el ministerio que recibí del Señor Jesús." Hechos 20:24 (RVA)

En otras palabras, Pablo expresa:

"No me dejo desenfocar por nada. Cuando no puedo hacer lo que quiero, hago lo que puedo. Si no puedo correr, camino; si no puedo caminar me arrastro. Mi ministerio es la enseñanza y la predicación, así que predico a los que aceptan mi mensaje y a los que no lo aceptan. Porque cumpliré con mi ministerio, tal como lo ha dispuesto el Señor".

NO LES RESPONDAS

*A*prende a tolerar críticas injustas por causa de tus logros, porque todos los que alcanzan grandes cosas, reciben grandes criticas.
Pero a pesar de que debemos soportar las críticas negativas, no podemos dejarnos detener por estas.

No detengas tu paso, para responder a aquellos cuya intención es solo dañarte. No inviertas tiempo en un crítico; invierte tiempo en un amigo. Al respecto Edward Guibbon dijo lo siguiente:
"Nunca cometo el error de discutir con personas cuyas opiniones no respeto".

Es mil veces más fácil criticar, que crear. Es por eso que los críticos nunca resuelven ningún problema. La persona que dice que algo no se puede hacer, no debería interrumpir a aquella que lo está haciendo.

Un crítico es semejante a aquel que no sabe bailar y dice que la orquesta no sabe tocar.
No pierdas tiempo respondiéndoles a tus críticos. No desciendas, elévate y procura nunca ser tú, uno de esos críticos.

"Pero Jesús no respondió ni a una sola acusación, por lo que el gobernador se llenó de asombro." Mateo 27:14 (NBD)

DALE PASO

"*En cuanto a la pasada manera de vivir, despojaos del viejo hombre, que está viciado conforme a los deseos engañosos, y renovaos en el espíritu de vuestra mente, y vestíos del nuevo hombre, creado según Dios en la justicia y santidad de la verdad.*" Efesios 4:22-24 (RVR 1960)

El cambio siempre tiene que ver con deshacer algo dentro de uno mismo.

Defender tus fallas y tus errores solo prueba que no tienes la intención de abandonarlos. Pero nunca olvides que es mejor ser "podados" para crecer que "cortados" para quemar.

Confronta tus debilidades y véncelas con el poder que te ha dado el Señor, usa las herramientas con las que Él te ha dotado y dale paso a la "Vida Abundante" que Él ha prometido darte.

"*Porque el anhelo profundo de la creación es aguardar ansiosamente la revelación de los hijos de Dios.*" Romanos 8:19 (LBLA)

INDETENIBLE

REFLEXIÓN 364

•╳• **MANTEN EL ENFOQUE** •╳•

*E*l término enfoque se define como: concentración intensa en el resultado que se quiere obtener por medio de una acción.
Las personas enfocadas tienen diversas características, entre ellas:

- Son resueltos.
- No vacilan cuando persiguen una meta.
- Tienen una pasión que no conoce límites.
- Tienen un sentido definido de destino.
- Tienen una visión ilimitada.
- Tienen una dedicación continua a la excelencia.

"Así que no os rebeléis contra el Señor ni tengáis miedo de la gente que habita en esa tierra. ¡Ya son pan comido! No tienen quién los proteja, porque el Señor está de parte nuestra. Así que, ¡no les tengáis miedo!" **Números 14:9 (NBD)**

CONCÉNTRATE

Las personas que alcanzan su destino, tienen todos una característica en común: un alto nivel de concentración en lo que se han propuesto.

Hay dos formas rápidas de llegar al desastre: no recibir consejo de nadie y recibir consejos de todo el mundo.
Aprende a decir "no" a lo bueno para que puedas decir "si" a lo mejor.
Para llegar donde Dios te quiere llevar, identifica estas tres cosas:

1. Que eliminar

2. Que guardar

3. Cuando decir no

"Yo estimo como pérdida todas las cosas en vista del incomparable valor de conocer a Cristo Jesús, mi Señor, por quien lo he perdido todo, y lo considero como basura a fin de ganar a Cristo."
Filipenses 3:8 (LBLA)

PALABRAS FINALES

$\mathscr{F}$inalmente, quiero recordarte que el Señor te conoce desde antes de la fundación del mundo. Sabe los planes que tiene para ti y te ha dado su gracia, su favor y sus dones que son irrevocables, a fin de que puedas llevar a cabo esos planes.

La obra que el Señor comenzó en ti, no quedara inconclusa. Él la inicio y Él la completará.
Así que aferrate a Dios porque cuando te aferras a El, los vientos fuertes no podrán moverte, las tormentas de la vida no podrán detenerte y nada de lo que el adversario quiera inventarse, podrá desviarte de tu destino.

"Y estoy convencido de que nada podrá jamás separarnos del amor de Dios. Ni la muerte ni la vida, ni ángeles ni demonios, ni nuestros temores de hoy ni nuestras preocupaciones de mañana. Ni siquiera los poderes del infierno pueden separarnos del amor de Dios. Ningún poder en las alturas ni en las profundidades, de hecho, nada en toda la creación podrá jamás separarnos del amor de Dios, que está revelado en Cristo Jesús nuestro Señor."
Romanos 8:38-39 (NTV)